자연과 사람을
되살리는 길

루돌프 슈타이너의 농업 강의

Geisteswissenschaftliche Grundlagen zum Gedeihen der Landwirtschaft.
Landwirtschaftlicher Kursus(GA327)
Korean translation © 2023 by Peacefarm Publications

일러두기

이 책은 3판(초판 2002, 재판 2015)으로 다음과 같이 용어를 변경하니 참고하기
바랍니다.

- 생명역동농법 예비제→생명역동농법 증폭제(증폭제라는 말은 독일어 preparate를 번역한
  단어이다. 참고로 일본에서는 조합제로 번역하고 있다)
- 떡갈나무→참나무
- 정기→에테르, 별기운→아스트랄, 정기체→에테르체, 성기체→아스트랄체

1924년 6월 7일 ~ 16일
코베르비츠

자연과 사람을 되살리는 길

루돌프 슈타이너의 농업 강의

평화나무출판사

「자연과 사람을 되살리는 길」 3판을 출간하며

이 책은 루돌프 슈타이너가 농업에 대해 강의한 내용을 속기해서 옮긴 강의록이다. 새로운 농법에 관한 이 강의가 있었던 그 당시에 루돌프 슈타이너는 2년 전 스위스 바젤의 도르나흐에 있는 인지학의 본거지인 괴테아눔이 방화로 소실되어 큰 심적인 타격을 받고 있었을 뿐만 아니라, 계속 이어지는 저술 활동과 예술, 교육, 자연과학, 의학, 철학, 우주학, 종교에 걸친 강의와 여행 등으로 시간을 내기 어려웠다. 그럼에도 불구하고 카이저링크 백작을 비롯한 여러 측근의 간곡한 요청으로 어렵게 강의가 이루어진 그때가 1924년이었으니, 올해로 100년을 한 해 앞두고 있다.

1924년 6월 7일에 시작하여 6월 16일까지 카이저링크 백작의 농장이 있던 코베르비츠(당시는 독일 영토였으나 2차 세계대전 후 폴란드 영토가 됨)에서 열린 이 강의에 참가한 사람은 백 명이 넘었다. 이 강의에는 인지학회 회원들을 비롯하여 의사, 수의사, 원예업자, 교수, 교사, 농부 등 다양한 분야의 사람들이 참석하였다. 참가자들은 처음에 이 강의록을 외부에 공개하지 않고 하나의 암시처럼 간직하기로 하였다고 한다. 그 후 루돌프 슈타이너의 강의 내용을 실험하는 연구팀이 결성되어 상당 기간 연구가 진행되면서 성과가 나타나자 이것을 공개할 토대가 마련되었다고 보고 세상에 공개하였다. 만일 그때 농업 강의가 열리지 못했다면 오늘날 생명역동농업은 존재하지 않았을 것이다. 강의가 끝나고 일 년도 채 되기 전에 루돌프 슈타이너는 지상에서의 생을 마감했기 때문이다. 일반적으로 30년 정도 되면 어떤 이론이나 주장의 타당성과 진위 여부가 검증된다고 한다. 벌써 30년씩 세 번이 지났고 그동안 세계 각지에서 수많은 사람이 실험하면서 검증하였으니 다소 의아하고 이해하기 어려웠던 슈타이너의 생명역동농법 이론이 확립되었다 하겠다.

　　루돌프 슈타이너의 이 강의록이 제시하고 있는 생명역동농업의 최종목표는 흙으로 대표되는 환경을 보존하고, 사람의 건강한 먹을거리를 지속적으로 만들어 내는 활력 있는 토양을 유지하는 것으로 사람의 정신과 육체를 조화롭고 건강하게 하는 것이다. 사람의 몸은 안전하고 생명력 넘치는 음식물을 통해 활력을 얻고 그 활력은 건강한 땅에서 만들어진다. 바로 이 땅을 비옥하고 활력 있게 하는 것이 생명역동농업이 지향하는 농업 방식이다. 이 책은 그러한 생명역동농업의 방향을 제시하는 원리서로서 전 세계 생명역동농업인들의 손에 들려 사용되고 있다.

1995년 우리나라에 생명역동농업을 처음 소개한 이는 지난해 작고한 프랑스인 필로 드니이다. 필로 드니 선생은 일본인인 가노 요시코 여사와 결혼하여 큐슈의 아소산 자락에서 30년 넘게 생명역동농법으로 농사를 지으며 살던 분이다. 필로 드니 선생으로부터 생명역동농업을 처음 들었을 때만 해도 황당하고 어렵게만 생각되었다. 그러나 그 뜻을 함께하는 사람들과 '생명역동농업농업실천연구회'를 만들었고 이십 년 가까운 시간이 지나는 동안 실천 의지를 같이 하는 회원들도 많이 늘어났다. 그에 힘입어 올봄에 『김준권의 생명역동농법 증폭제』(푸른씨앗, 2023)를 발간할 수 있었다. 이 책에 9가지 증폭제를 어떤 재료를 사용하여 어느 시기에 어떻게 만들고, 만든 증폭제를 어떻게 사용하는가에 대한 구체적인 내용을 담았다. 이제 우리나라에서 생명역동농법을 실천할 의지가 있는 사람이라면 누구나 그 책이 제시하는 방법에 따라 생명역동농업을 실천(행)할 수 있을 것이다.

　　이번에 『자연과 사람을 되살리는 길』 3판을 출간하면서 몇 가지 용어를 정리하였다. 초판이 나올 때 번역된 용어와 그 후 우리가 생명역동농업에서 사용하는 용어가 다른 것을 실제 사용하는 말로 바로 잡았다. 예를 들면, '예비제'로 되어 있던 것을 '증폭제'로 바꾼 것 등이다. 옮긴이인 변종인 선생을 비롯해 초판부터 지금까지 한글판 『자연과 사람을 되살리는 길』을 위해 수고한 모든 분께 깊이 머리 숙여 감사를 드린다.

2023년 9월
평화나무농장에서
생명역동농업실천연구회 대표

김준권

차례

✳

루돌프 슈타이너가 보여 준 새로운 농업의 방향

1922~1923년 사이에 에른스트 슈테게만Ernst Stegemann을 비롯해 농업과 관계를 맺고 있는 사람들이 루돌프 슈타이너를 찾아가서 곡물 종자와 농작물의 품질이 날이 갈수록 떨어지는 문제에 대한 해결책을 의논했다.

"어떻게 하면 종자의 품질과 농작물의 영양가를 다시 높일 수 있겠습니까?"

그때 사람들이 문제의 근거로 든 내용을 간추리면 다음과 같다.

옛날에는 밀 종자 중에 루체르네Luzerne라는 종자를 가지고 30년을 재배할 수 있었는데 시간이 지남에 따라 그 기간이 9년, 다시 7년으로 줄어들었다가 루돌프 슈타이너에게 해결책을 물을 즈음에는 4, 5년만 유지할 수 있어도 잘된 것으로 여겼다. 옛날에는 호밀, 밀, 보리 같은 곡물 종자를 자신의 밭에서 나오는 것으로 아무 문제없이 쓸 수 있었는데 요즘은 짧은 간격을 두고 다른 곳에서 새로운 종자를 들여와야 한다. 몇 년 지나면 더 이상 종자로 사용할 수 없는 종자의 종류가 이루 말할 수 없이 늘어날 것이다.

이 밖에 농업과 관련된 문제를 가지고 루돌프 슈타이너에게 문의한 사람은 수의사 요셉 베르Joseph Werr와 의사 오이겐 콜리스코Eugen Kolisko 그리고 그 당시 설립 과정에 있던 제약 회사 〈벨레다Weleda〉와 관계를 맺고 있는 사람들이었다. 이 사람들은 점점 늘어나는 동물의 병 가운데 특히 불임증과 구강암 그리고 부제병(발굽에 생기는 병)에 대한 해결책을 물었다. 이에 카이저링크Graf Carl von Keyserlingk 백작이 루돌프 슈타이너에게 농업에 관한 강의를 요청했고, 필자와 귄터 박스무트 Guenther Wachsmuth가 식물의 에테르와 일반 조형력에 대한 의문을 가지고 루돌프 슈타이너에게 조언을 구했다. 그때 식물의 병에 관한 질문에 대하여 루돌프 슈타이너는 필자에게 이렇게 설명했다.

"식물 자신이 실제로 병이 드는 것은 아닙니다. 왜냐하면 식물은 건강한 에테르에서 만들어지기 때문입니다. 그러나 식물을 둘러싸고 있는 환경, 특히 땅은 병들 수 있습니다. 따라서 사람들이 흔히 일컫는 식물이 걸리는 병에 대한 원인은 식물을 둘러싸고 있는 전체 환경과 땅에서 찾아야 할 것입니다."

그리고 에른스트 슈테게만은 루돌프 슈타이너로부터 농부가 가져야 하는 내면적 자세와 작물의 품종 개량에 대한 새로운 방향을 전해 받고 실제 농업 강의가 이루어지기 전까지 나름대로 많은 준비 작업을 했다.

1923년에 이르러 루돌프 슈타이너는 처음으로 생명역동농법 증폭제를 어떻게 만드는지 알려 주었다. 별다른 설명 없이 '이렇게 저렇게 하라'고 방법만을 말해 주었다. 따라서 귄터 박스무트와 필자가 처음으로 500번 증폭제(암소 뿔에 암소 똥을 넣어 가을부터 이듬해 봄까지 땅에 묻어 두었다 꺼내는 소똥 증폭제)를 만들기 위해 스위스 아를레스하임에 있는 장애인 학교 존넨호프Sonnenhof에서 경작하는 밭에 암소 뿔에 암소 똥을 넣어 묻었다. 그리고 다음해 봄에 루돌프 슈타이너, 이타 벡만Jita Wegmen, 귄터 박스무트와 필자는 괴테아눔(Goetheanum 인지학협회 본부)에서 일을 맡아보고 있는 동료들이 지켜보는 가운데 첫 증폭제인 소똥 증폭제를 파내기 위한 준비를 시작했다. 화창한 오후였다. 작년에 놓아 둔 몇몇 경계표식을 기억에서 더듬어 가며 짐작되는 곳을 파기 시작했다. 아무리 파도 증폭제는 나오지 않았다. 독자들은 우리가 그때 얼마나 많은 진땀을 흘렸는지 짐작이 가지 않을 것이다. 힘들어서라기보다 루돌프 슈타이너의 귀중한 시간을 빼앗는다는 생각이 우리를 더욱 땀흘리게 했다. 조바심하던 루돌프 슈타이너는 결국 다섯 시에 약속이 있어서 아틀리에로 가야 한다며 발걸음을 돌렸다. 바로 그때 삽이 소뿔에 닿았다. 루돌프 슈타이너는 가던 길을 멈추고 돌아와서 양동이에 물을 채워 가져오라고 했다. 그리고 소뿔 안에 들어 있는 내용물을 어떻게 물에 풀어서 저어야 하는가를 알려 주기 시작했다. 때마침 필자의 산책용 지팡이가 눈에 띄어 그 지팡이를 이용했다. 그때 루돌프 슈타이너가 중점을 둔 것은 힘차게 저어 소용돌이가 깊이 패이도록 하는 것과 소용돌이가 깊이 패이자마자 젓는 방향을 재빨리 바꾸는 것이었다. 다시 말하면 물거품이 일어날 정도로 힘차게 방향을 바꾸어 젓는 것이다. 반드시 손으로 저어야 한다든지 자작나무 가지여야 한다는 말은 하지 않았다. 그런 다음 루돌프 슈타이너는 물에 섞어 저은 증폭제를 어느 정도 넓은 면적에 뿌리라고 손으로 가리켰다. 전 세계로 퍼져 나간 새로운 농업 운동은 이렇게 시작되었다.

그때 필자에게 떠오른 생각은 '루돌프 슈타이너는 미리 짜여진 추상 이론을 가지고 어떤 사물에 다가가지 않고 지금 바로 주어진 사실에서 출 발한다'는 것이었고 이 생각은 지금까지도 많은 생각을 자아내게 하고 있 다. 루돌프 슈타이너가 제시한 어떤 연구가 조금씩 발전을 이루어 나갈 때마다 이러한 것을 다시금 확인할 수 있었다. 루돌프 슈타이너가 알려 준 많은 지침은 그 안에 이루 말할 수 없이 많은 것을 함축하고 있기 때문 에 비록 짧은 말에 지나지 않더라도(예를 들어 농업 강의 속에서) 농부나 자연 과학자들이 평생을 바쳐 연구해야 할 정도이다. 이러한 까닭으로 주 어진 지침을 아무리 깊이 연구해도 충분하지 않다고 말할 수 있을 것이 다. 따라서 주어진 지침을 가지고 짧은 시간 안에 어떤 결과를 끄집어 내 려고 이리저리 머리를 써 봤자 별 효과를 보지 못할 것이다. 바로 실행에 옮기는 것에 먼저 마음을 모아야 할 것이다.

루돌프 슈타이너는 언젠가 한번 아주 진지한 자리에서 (그러나 웃음 을 간직한 채) 다음과 같이 이야기한 바 있다. 인지학 활동을 이루어나가 는 데는 두 가지 유형의 사람들이 있다. 한 유형은 나이 든 세대로 모든 것 을 이해는 하지만 실행에 옮기지는 않는다. 다른 유형은 젊은 세대로 비록 완전히 이해하지 못하지만 바로 실행에 옮긴다. 농업이 나아갈 길은 아마 젊은 세대의 길일 것이다. 아주 험난한 길을 헤쳐 진리로 나아가야 하기 때문이다.

농업 강의가 끝나고 오랜 시간이 흐른 오늘(1956년)에 이르러 비로소 루돌프 슈타이너가 보여 준 새로운 농업의 방향이 무엇인가를 어느 정도 헤아릴 수 있을 것 같다. 물론 그때 보여 준 많은 방향이 다 이루어졌다는 말은 결코 아니다. 우리가 지금까지 많은 경험을 얻었음에도 불구하고 우리는 여전히 시작 지점에 서 있을 뿐이다. 날마다 새로운 경험이 새롭게 시야를 넓혀 주기 때문이다.

농업 강의가 열리기 훨씬 전에 이미 의사인 루드비히 놀Ludwig Noll이 어떤 금속이나 규산을 가지고 약용 식물 재배에 여러 가지 영향을 미칠 수 있다고 밝힌 적이 있다. 루돌프 슈타이너는 이 의견에 대하여 필자에게 다음과 같이 강조하였다. "루드비히 놀이 말하는 금속 첨가는 오직 약용 식물에만 적용할 수 있지 농작물에는 결코 적용해서는 안 됩니다." 루돌프 슈타이너는 약용 식물과 농작물의 차이를 분명하게 그었다. "약용 식물에다 농작물에 주는 만큼 거름을 주면 약용 식물은 그 효력을 잃을 것이고 농작물에다 금속을 사용하면 이 농작물은 오히려 건강을 해치는 작용을 할 것입니다." 싹을 빨리 틔우기 위해 사용하는 금속 첨가제나 기생충 퇴치에 사용하는 금속(구리, 납, 수은, 비소)을 비롯한 어떤 특정한 광물 가루도 우리가 살펴본 바로는 건강을 해치는 작용을 한다.

1924년이 되자 카이저링크 백작은 루돌프 슈타이너에게 농업 강의를 재차 요청했다. 그러나 그 당시 루돌프 슈타이너는 작업, 여행, 강의 등으로 워낙 바빴기 때문에 농업 강의에 거의 시간을 낼 수 없어 하루 이틀 미루고 있었다. 그러자 카이저링크 백작은 조카를 루돌프 슈타이너가 있는 도르나흐에 보냈다. 조카는 루돌프 슈타이너의 확답을 받기 전에는 돌아오지 않겠다고 단단히 마음먹고 길을 떠났다. 이에 힘입어서인지 마침내 농업 강의가 이루어졌다. 1924년 6월 7~16일 사이에 독일 브레슬라우 옆에 위치한 코베르비츠 지방에 있는 카이저링크 백작의 농장에서 강의가 열렸다. 그리고 농업 강의 이외에도 몇 차례의 인지학 강의와 청소년을 위한 강의 그리고 개인 상담 시간도 있었다. 필자는 농업 강의에 참석할 수 없었다. 왜냐하면 루돌프 슈타이너가 심하게 아픈 사람의 간호를 부탁했기 때문이다. 실망스러워하는 필자를 위로하기 위해 "강의 진행 사항을 편지에 써서 보내겠습니다."라고 했으나 편지는 오지 않았다. 분명 일이 너무 많았기 때문이었을 것이라고 이해는 했지만 가슴이 아팠다. 농업 강의에 대한 전반적인 사항을 전해 들은 것은 루돌프 슈타이너가 다시 도르나흐에 돌아왔을 때였다.

새로운 방법을 도입하기 전에 먼저 실험을 해 봐야 하지 않겠느냐는 필자의 질문에 루돌프 슈타이너는 이렇게 대답했다. "지금 무엇보다 중요한 것은 증폭제가 주는 혜택이 될 수 있으면 넓은 면적에 적용되어 병든 땅을 되살리고 곡식의 영양가를 높이는 것입니다. 여기에 먼저 중요성을 두어야 합니다. 실험은 나중에 해도 될 것입니다." 루돌프 슈타이너는 자신이 알려 준 방법을 곧바로 실천에 옮길 것을 바랐다. 농업 강의가 있기 전에 필자가 루돌프 슈타이너와 함께 슈투트가르트에서 도르나흐로 가는 도중에 나눈 대화 내용을 자세히 살펴보면 루돌프 슈타이너가 한 대답을 조금 더 잘 이해할 수 있을 것이다. 대화를 나누는 가운데 루돌프 슈타이너는 먼저 정신 수양이 왜 꼭 필요한가에 대해 이야기 하고 인지학을 중심으로 하는 모임 속에 어떤 점이 부족한지를 지적했다. 필자는 이 말을 듣고, 정신 수양에 대한 길을 루돌프 슈타이너가 정신세계에서 가져온 새로운 방법으로 갖은 애를 써서 거듭 보여 주어도 실제 사람들에게 그 효과가 그다지 잘 나타 나지 않고 또 실제 수양하는 사람들이 온갖 노력을 다해서 다가가도 실제 정신 경험에 이르기가 어려운 이유를 물었다. 그뿐만 아니라 이러한 새로운 방향에 대해 머리로는 충분히 이해를 해도 실천에 옮기는 의지가 왜 그렇게 미약한가도 물었다.

필자에게는 무엇보다도, 어떻게 하면 개인적인 공명심, 환상에서 오는 착각과 질투심 때문에 일을 그르치지 않고 제시된 방향을 올바로 또 적극적으로 실행에 옮길 수 있는 다리를 놓을 수 있는가 하는 것에 대한 대답을 듣길 바랐다. 루돌프 슈타이너는 앞서 말한 이 세 가지 부정적인 요소를, 어떤 일을 실천에 옮기는데 가장 방해가 되는 인간 내면에 자리잡고 있는 요소라고 이미 말한 바 있다. 그러나 뜻밖에도 전혀 다른 방향에서 대답이 나왔다. "이 문제는 사람들이 어떤 것을 먹느냐에 달려 있습니다. 오늘날 사람들이 먹는 것은 정신을 물질에까지 나타나게 하는 힘을 사람에게 전혀 줄 수 없습니다. 생각하는 것을 실제 행동으로 옮기는 마음을 내기가 어렵습니다. 요즘 사람들이 먹는 곡식이나 채소 안에는 사람이 필요로 하는 기운이 들어 있지 않습니다." 정신이 사람을 통해 나타나고 나타나지 않고는, 또 제시된 새로운 방향이 이루어질 수 있고 없고는 사람이 바로 어떠한 것을 먹느냐에 달려 있다는 대답은 정말 뜻밖이었다.

따라서 이런 대답으로 미루어 보면 생명역동농법 증폭제가 주는 혜택을 "병든 지구를 치유하기 위해 될 수 있는 대로 빨리, 될 수 있는 대로 더 넓은 땅에 주어야 합니다."는 말을 더 잘 이해할 수 있다.

바로 이러한 관점에서 코베르비츠에서 있었던 농업 강의를 보아야 한다. 바로 그곳에서 우주 기운이라고도 부를 수 있는 정신 기운에 대한 이해가 다시 불러일으켜졌고 이 정신 기운을 다시 식물 세계로 되돌리려는 시도가 이루어졌다. 이러한 농법을 실천에 옮길 때 주의할 점을 설명하는 가운데 루돌프 슈타이너는 "증폭제를 사용해 얻을 수 있는 혜택은 소수의 단체가 아니라 모든 농부가 누려야 합니다."고 말했다. 농업 강의를 열 때 한편으로는 농업에 관한 전문 지식과 다른 편으로는 인지학에 어느 정도 밝은 사람만 참석할 수 있었기 때문에 방금 인용한 말은 더욱 중요하다. 물론 루돌프 슈타이너가 설명한 것을 바로 이해하고 그 가치를 제대로 인정하기 위해서는 인지학에 밝아야 하는 것은 분명하다. 그러나 생명역동농법은 농부라면 누구라도 적용 할 수 있다. 나중에 어떤 사람들에게서 "인지학에 밝지 못하면 생명역동농법으로 농사를 지을 수 없다."라는 말이 나올지도 모르기 때문에 이 점은 반드시 밝히고 지나가고자 한다.

물론 생명역동농법을 적용하는 사람이 조금씩 다른 세계관을 가질 수는 있다. 그러나 이 농법을 지속하다 보면 생명 현상에서 서로 관계를 맺고 있는 여러 사항을 물리·화학 현상으로만 보는 농부들과는 다르게 보는 눈을 가지게 될 것이고 나아가서 자연 속에 작용하는 여러 기운에 대한 깊은 관심과 높은 인식을 얻을 수 있게 될 것이다.(어떤 사실을 단순히

적용하는 것과 적극적으로 새롭게 일구어 내는 것 사이에는 차이가 있다)

　루돌프 슈타이너는 특히 이 농업을 실제로 적용하는 농부와 이 농업의 정신적 중심지인 괴테아눔 자유 정신 과학 대학 자연 과학 분과 사이의 협력 관계도 중요하다고 했다. 자연 과학 분과에서, 정신과학을 통하여 얻은 새로운 농업 방향을 제시하면 농부들은 이를 실제로 적용해 보고 또 그때 일어나는 질문을 자연 과학 분과로 가져가고 자연 과학 분과에서는 다시 이 질문에 대하여 연구하는 관계가 이루어져야 한다는 것이다. '생명역동농업Biologisch-dynamische Landwirtschaft'이란 말은 루돌프 슈타이너가 한 말은 아니다. 이 말은 루돌프 슈타이너가 제시한 새로운 농업의 방향을 실천에 옮기려고 애쓰고 있는 사람들이 붙인 말이다.

　루돌프 슈타이너는 백 명 남짓한 사람들이 참가한 농업 강의에서 자연에 작용하는 에테르精氣, 아스트랄星期, 자아의 조형력을 전혀 새로운 각도에서 보여 주었다. 특히 땅, 식물, 동물의 건강이 우주의 기운에 다시 자연을 연결시키는데 달려 있다는 것을 보여 주었다. 루돌프 슈타이너가 가르쳐 준, 땅과 거름을 다루는 방법과 생명역동농법 증폭제는 무엇보다도, 현대 농업으로 인해 잃어가고 있는 자연의 기운을 다시 북돋아 주려는 데 그 과제가 놓여 있다.

　루돌프 슈타이너는 언젠가 필자에게 이렇게 말한 적이 있다. "중요한 것은 이 농법을 실제로 적용하는 것입니다." 루돌프 슈타이너가 현실을 얼마나 중요하게 여겼는지는 다음 말에서도 엿볼 수 있다. "정신 과학 대학에서 교직을 맡고 있는 사람들은 현실에서 멀어지지 않기 위해서 3년 정도는 교직에 있다가 다음 3년은 대학을 떠나서 바깥 사회에서 생활하는 것이 좋습니다."

농업 강의를 통하여 새로운 힘을 얻은 사람들의 모임은 실제 적용하는 쪽이나 연구하는 쪽 모두 날이 갈수록 커 갔다. 이 모임에는 권터 박스무트, 카이저링크, 슈테게만, 바츠Erhart Bartsch, 드라이닥스Franz Dreidax, 푀겔레Iimmanuel Vögele, 슈바르츠M.K. Schwarz, 레머 Nikolaus Remer, 루니Franz Rulni, 야코비Ernst Jakobi, 엑스타인Otto Eckstein, 하인즈Hans Heinz와 같은 사람들이 있었고 수의사로는 베르트Dr. Wert가 나중에 들어왔다. 실제로 농사를 짓는 농부와 괴테아눔 자연 과학 분과 사이의 긴밀한 협력으로 생명역동농업 운동이 일어났다. 이 운동은 곧바로 오스트리아, 스위스, 이탈리아, 영국, 프랑스, 북유럽, 미국으로 퍼져 나갔고 오늘날에는 전 세계에서 수많은 사람이 이 운동에 참여하고 있다.

농업 강의를 열 무렵에 생명역동농업과 화학 농업은 서로 반대 위치에 있었다. 화학 농업은 유스투스 폰 리비히Justus von Liebig의 이론을 바탕으로 삼고 있었다. 리비히는 식물이 땅에서 어떤 물질 요소를 흡수한다는 것을 발견한 뒤에 이 물질 요소가 바로 식물이 필요로 하는 영양분이라고 했다. 여기에서 농작물에 질소, 인, 칼륨, 칼슘 같은 무기 화학 비료를 주어야 한다는 이론이 다시 생겨났다. 이 화학 비료 이론은 오늘날까지도 현대 농업이 철칙처럼 받아들이고 있다. 그러나 이 이론은 리비히의 이론과 완전히 일치하지 않는다. 리비히 자신도 무기질 비료 이론이 모든 땅에 다 맞지는 않을 것이라고 했다. 무기질 비료를 주어도 부식토가 적은 땅에서는 여전히 무기물 결핍 현상이 나타났기 때문이다.

리비히가 한 다음과 같은 말의 의미를 조금이라도 깊이 생각해 보면 리비히는 자신의 추종자들이 만든 것처럼 그렇게 극단적인 물질주의자는 아니라는 것을 짐작하게 한다. "무기물에 들어 있는 기운은 무기물밖에 는 만들지 못한다. 사실은 무기물에 들어 있는 기운보다도 더 높은 기운 이 생명체 속에서 작용하여 생명체마다 독특한 형태를 이루게 하고 광물 과는 다른, 생명력으로 채워진 물질을 이루어 낸다. 무기물에 들어 있는 기운은 바로 이 높은 기운의 심부름꾼이다." "식물이라는 존재가 살아갈 수 있는 필수 조건은 온기와 햇빛 같은 우주의 기운이다."

생명체 속에서 작용하는 이 높은 기운에 대한 답은 루돌프 슈타이너 가 내 주었다. 루돌프 슈타이너는 리비히가 던진 문제를 식물에 있는 물 질 요소만 살펴보지 않고 선입견 없이 한걸음 더 앞으로 내딛음으로써 풀 어냈다.

오늘날에 와서는 물질주의자들에게 불리한 상황이 펼쳐졌다. 루돌프 슈타이너가 보여 준 새로운 방향을 거부할 수밖에 없는 물질주의자들이 현대 토양 생물 분야에서 밝혀낸 사실로 말미암아 이제는 다른 쪽으로 눈길을 돌리지 않을 수 없게 되었기 때문이다. 1924~1934년에 걸쳐 생명 역동농업을 중심으로 모인 사람들은 토양도 생명을 가진 유기체라는 사 실과 부식토가 맡고 있는 중요한 역할을 밝혀낼 수 있었다. 요즈음에는 이 모임에서 발견한 사실들이 일반적인 것이 되었다. 식물이 땅에서 어떤 영양분을 흡수한다는 것은 부인할 수 없는 엄연한 사실이다. 이 사실에 생명 유기체가 가지고 있는 법칙이 더하여진 것이다.

생명역동농업 가운데 생명 농업 부분은 이제 일반적인 인식에까지 다다랐다. 어쩌면 처음 세웠던 목표를 넘어선 것처럼 보인다. 그러나 식물이 자라는데 필요한 생태적 조건, 토양의 구조, 병충해의 구제 방법, 부식토 배양 방법에 대한 많은 지식도(물론 이 지식은 매우 중요하다) 식물의 성장에 놓여 있는 기운의 원천에 대한 물음에는 여전히 답을 주지 못하고 있다. 다른 관점에서 보면 '생태적 사고'가 받아들여지기는 했지만 물질화됐다고 볼 수도 있어서 루돌프 슈타이너가 그 바탕을 놓은 생명역동농업 부분은 여전히 제대로 이해되지 못하고 있는 듯하다.

물론 1924년 이래 과학이 이 생명역동농업의 방향으로 조심스럽게 다가오기 시작했고 이 방향에 대한 연구 발표 사례도 몇 차례 있었다. 다름 아닌 성장 촉진제, 효소, 호르몬, 비타민, 미량 원소 촉매제에 대한 연구들이 그것이다. 그러나 이러한 연구는 여전히 물질의 범위 안에서 맴돌고 있다.

요즈음 과학자들은 현대 과학의 수단으로 생명역동농법 증폭제를 1:10에서 1:1,000,000,000까지 묽게 하여도 증폭제에 들어 있는 미세한 작용을 볼 수 있다고 한다. 따라서 1:1,000,000 또는 1:100,000,000의 비율 속에 들어 있는 미세한 물질의 작용을 더 이상 믿을 수 없는 사실이라고 비웃거나 환상에 지나지 않는다고 말하지 않는다. 사람들은 또 식물의 광합성 과정에서, 즉 살아 있는 식물의 세포 속에서 어떤 요소가 만들어질 때 태양, 빛, 온기, 달의 영향이, 곧 우주에서 오는 기운이 화학적인 작용을 할 수 있는 기운과 물질 상태로 바뀐다는 것을 밝혀냈다.

1952년에 소비에트 연방 공화국 과학 아카데미의 회원이었던 윌리엄스W.R. Williams가 쓴 『농업의 근본』(영국 국립 토양 연구소 소장 잭스 G. V. Jacks가 영어로 번역)에서 다음과 같은 내용을 볼 수 있다.

"농업의 과제는 동적인 해의 기운, 곧 빛의 기운을 사람이 먹는 양식의 내면 기운으로 바꾸는 것이다. 빛은 농업의 기본 자재이다. (.....) 빛과 온기는 식물이 살아가는 데 없어서는 안 되는 요소이다. 빛은 원자재이다. 빛으로 농작물을 만든다. 온기는 기운이다. 온기로 식물 구조를 작동하게 한다. 햇빛의 힘찬 기운은 식물의 생명 조직체 안에서 물질 형태로 바뀐다. 따라서 우리가 맡아야 하는 첫 번째 구체적인 과제는 이런 기운을 식물의 생명 조직체 안으로 끌어들이는 것이다. 식물의 생명 조직체 안으로 들어온 이런 기운은 다시 인간의 삶의 내적 기운으로 바뀐다. (.....) 농업에 있어서 가장 기본이 되는 요인은 네 가지가 있다. 이 네 가지 요인은 그 출처에 따라 두 그룹으로 나눌 수 있다. 빛과 온기는 우주 요인에 들고 물과 영양분은 지구 요인에 든다. 우주 요인은 우주 공간에서 온다. (.....) 우주 요인은 식물에 직접 작용하고 지구 요인은 매개체 (물질 요소_필자 주)를 통해서 작용한다."

윌리엄스는 우주 요인과 지구 요인의 협력에 대한 인식을 농업에 있어서 가장 중요하게 여겼고, 예를 들어 부식토에 들어 있는 것과 같은 생명 요소는 그 다음으로 중요하게 여겼다. 이 글은 1952년에 발표된 것이다. 1924년에 루돌프 슈타이너는 우주의 기운을 직접 또는 간접적으로 다시 식물의 성장에 이끌어 들이는 것이 왜 중요한지 말했다. 다르게 말하면 식물이란 존재를 오직 물질적으로 지구 안에서만 한정시켜 보는 관점에서 벗어나야 한다는 말일 것이다. 언젠가 루돌프 슈타이너는 필자에게 이렇게 말했다. "20세기 중반에 이르기까지 정신과학을 통해 얻을 수 있는 인식이 실제로 삶 안에서 실천되지 않으면 자연과 인류에게 이루 말할 수 없이 큰 재난이 닥칠 것입니다."

루돌프 슈타이너와 필자는 어떻게 하면 눈에 보이지는 않지만 식물에 작용하고 있는 조형력造形力을 설명할 수 있는가와 이러한 조형력에 대한 반응을 실제로 볼 수 있는 것을 찾는 데서 시작했다.(여기에 루돌프 슈타이너가 제시한 한 방안을 바탕으로 필자가 식물 즙이 응고될 때 이루는 모양을 이용해서 식물에 작용하는 조형력을 나타낼 수 있는 방법을 발전시켰다) 그리고 유물론에 따른 연구 방법이 갖고 있는 취약점이나 한계점을 드러내려고 했다. 다시 말하면 물질 범위 안에서도 정확하게 분석할 수 있는 방법을 써서 물질 현상 건너편에 있는 것을 나타내고자 했다. 필자가 이런 연구를 진행할 때는 질적인 면뿐만 아니라 양적인 면도 함께 고려해야 했다. 예를 들면 필자가 대학에서 학기 시작 전에 루돌프 슈타이너에게 어떤 과목을 수강하면 좋을지 조언을 구했을 때 다른 과목 외에도 일주일에 여섯 시간 하는 실습 과목을 네 과목이나(화학, 분석, 물리, 식물학) 신청하도록 권했다. 한꺼번에 네 과목이나 실습을 하는 것은 불가능하다고 항의했으나 루돌프 슈타이너는 이렇게 대답했다. "당신은 충분히 해낼 수 있다고 봅니다."

루돌프 슈타이너는 필자가 공부할 때 자주 조언을 했다. 그러나 그 조언은 영리하게 머리를 써서 어떤 이론을 세우게 하는데 있지 않았고 실습 현장에서 그리고 실험실에서 하는 연구에 관한 것이었다.

이때 받은 조언은 그 뒤 필자의 오랜 연구 활동에 밑거름이 되었다. 그리고 그런 활동을 실험실 안에만 한정시키지 않고, 나아가 연구 결과를 생명역동농업뿐 아니라 농업 경제에 이르기까지 적용할 수 있도록 노력을 기울이게 했다. 한번은 루돌프 슈타이너가 이렇게 말한 적이 있다. "경제적으로 곧 수익을 생각하지 않고 일한다는 것은 있을 수 없습니다." 그러면서 필자가 자연 과학에 관한 과목뿐 아니라 경제에 관한 과목도 수강하도록 권했다. 경제학, 상업 발달사, 경영학뿐 아니라 군중 심리학에 이르기까지 그리고 그 밖에 이와 유사한 과목을 수강하도록 권했고 그 결과를 알려 달라고 했다. 루돌프 슈타이너는 각 과목에 관한 전문 지식뿐 아니라 교수들의 교수 방법과 성격에 대한 것까지 상세하게 알고 있었다. 예를 들자면 "누구누구는 풍부한 아이디어를 갖고 있는 아주 영리한 사람입니다. 그러나 전문 지식이 부족합니다." "누구누구는 말은 아주 우아하게 하나 그 말을 다 믿을 필요는 없습니다. 그렇지만 그 사람의 교수 방법은 자세하게 배울 가치가 있습니다."

루돌프 슈타이너가 제시하고 권유한 이런 것들을 감안해 보면 생명역
동농법을 실천하기 위하여 무엇을 해야 할 것인지 분명해진다. 농업 강의
가 끝난 뒤 실제 농사를 짓는 사람들로 이루어진 큰 단체가 만들어졌다.
이 단체에 주어진 과제는 자신들의 경작지에 생명역동농법을 바로 적용
하는 것이었다. 증폭제가 잘 작용할 수 있는 조건(부식토 형성을 막는 연
작을 하지 않는다든지)을 찾아야 했고 동식물을 키울 때 새로운 관점을
발달시켜야 했다. 따라서 루돌프 슈타이너가 제시한 여러 가지가 완전히
실행되기까지는 오랜 시간이 걸렸다. 여기에다 모든 농부가 배울 수 있는
방법을 제대로 찾아내기까지는 현실에 가로놓여 있는 힘든 과정을 또 거
쳐야 했다. 올바른 토양을 만들기 위해서는 무엇을 해야 하며, 연작의 피
해를 어떻게 줄이며, 거름은 어떻게 만들고, 동물은 어떻게 길러야 하며,
과수는 어떻게 가꾸어야 하는지 그리고 그 밖에 많은 문제를 실제 농사
를 지어 가면서 풀어 나가야 했다.

그 다음으로는 현대 농업 학자들과 맞부딪쳐야 했다. 이들에게 실험실
에서 찾아내고 경작지에서 관찰한 결과들을 보여 주어야 했다. 이때 루돌
프 슈타이너가 권유한 기술과 수량 화학 과목이 큰 도움이 되었다. 실제
로 이 분야에서 화학 농업이 주장하는 이론의 취약점을 잘 드러낼 수 있
었고 또 루돌프 슈타이너가 제시한 이후 30년이 지난 지금 생명역동농업
이 가지고 있는 우주 기운에 대한 견해와 현대 과학 사이에 다리를 놓을
수 있지 않을까라고 생각한다.

확고부동한 현대 과학의 이론을 처음으로 무너뜨릴 수 있었던 것은 아마 미량 원소의 발견이었을 것이다. 1924년에 루돌프 슈타이너는 공기 중에 그리고 그 밖에 퍼져 있는 미량 원소가 식물을 건강하게 키우는데 매우 큰 역할을 한다고 했다. 그러나 이 미량 원소를 식물이 뿌리를 통해서 받아들이는지 아니면 잎이나 그 밖의 기관을 통해 받아들이는지에 관해서는 언급하지 않았다. 1930년대 초기에 과학자들은 스펙트럼 분석을 통해서 모든 미량 원소들이 1:1,000,000에서 1:1,000,000,000의 비율로 공기 가운데 퍼져 있다는 것을 밝혀냈다. 이러한 미량 원소들을 공기로부터 받아들일 수 있다는 것은 가장 먼저 검은 이끼(Tillandsiausneodis 라틴어학명)에서 확증지을 수 있었다. 오늘날 캘리포니아와 플로리다 지방에서는 아연과 그 밖의 미량 원소를 거름으로 주어서 뿌리를 통해 받아들이게 하지 않고 바로 잎에다 뿌려서 받아들이게 하는 것이 보통이다. 왜냐하면 식물은 이러한 미량 원소를 뿌리보다는 잎을 통해서 좀 더 잘 받아들이기 때문이다.

　　요즈음 사람들은 한 가지 광물 비료를 지나치게 많이 주면 땅과 마찬가지로 식물도 오히려 미량 원소를 잃는다는 것을 밝혀냈다. 특히 미량 원소를 따로 땅에 더 넣어 주더라도 식물에게는 별 의미가 없다는 것도 밝혀냈다. 오렌지나무는 100,000,000:1의 아연 함유량의 유무에 따라 건강한 오렌지가 열리고 열리지 않고가 결정된다. 1924년에서 1930년 사이에 사람들은 생명역동농법 증폭제를 "그렇게 묽게 만들어서는 식물에 아무런 영향을 미치지 못한다."라며 비웃었다. 아연은 어떤 식물이 건강하게 자라는데 또 풍부한 수확을 얻는데 빠져서는 안 되는 아주 중요한 요소이다. 그러나 극도로 희석된 상태라야 한다. 이 아연은 특히 버섯 속에 잘 모여 있다. 루돌프 슈타이너가 버섯과 기생충 사이의 관계에 대해 주의를 기울이게 한 이유를 요즘에 비로소 이해할 수 있게 되었다. 다음은 『농업 강의』246쪽에서 루돌프 슈타이너가 한 말이다. "버섯류는 농작물에 해를 끼치는 기생충과 서로 깊은 관련이 있습니다. (……) 경작지 옆에 그렇게 넓지는 않더라도 버섯이 자라고 있는 목초지가 있으면 버섯과 근친 관계에 있는 박테리아나 다른 기생충이 다른 농작물에 가지 않습니다. (.....)" 버섯과 같은 조직체를 가지고 있는 식물로는, 흔히 일컫는 불완전균류(fungi imperfecti, 라틴어학명)나 식물로 완전히 분류할 수 없는 방선균(Actinomycetens, 라틴어학명)과 스트렙토미세스(Streptomyceten, 라틴어학명)도 있다. 요즈음은 이 방선균과 스트렙토미세스에서 항생제를 뽑아낸다. 필자가 찾아낸 바로는, 이러한 생명체들은 부식토를 만들거나 거름을 썩게 하는데 아주 중요한 역할을 차지하고 있다. 그리고 이것은 생명역동농법 증폭제 안에 특히 많이 들어 있다. 증폭제에는 수연(水鉛 −몰리브덴, 금속원소의 한 가지로 은백색의 광택이 나는 단단한 금속. 크롬과 비슷하다), 코발트, 아연뿐만 아니라 그 밖에 다른 여러 가지 미량 원소도 들어 있다. 오늘날에는 이 원소들이 가지고 있는 중요한 역할이 실험으로 잘 알려져 있다.

　미량 원소들이 땅과 맺고 있는 관계를 살펴보면 아주 진귀한 현상을 볼 수 있다. 식물에 들어 있는 영양소는 계절에 따라 다르다. 이것은 분석을 해 보면 알 수 있다. 계절에 따라 다를 뿐 아니라 하루 동안에도 달라진다. 시간에 따라 달라지는 이 차이는 좋은 땅과 나쁜 땅이 보여 주는 차이보다 때로는 더 크다. 시간에 따라 또는 계절에 따라 식물이 함유하는 영양소가 달라지는 것은 지구가 행성계 안에서 어떠한 위치에 놓여 있느냐에 달려 있다. 다시 말하면 우주에 그 원인이 놓여 있다는 말이다. 하루 또는 계절 중에 어느 한 시점의 우주가 식물 안의 영양소가 녹아 있는 상태나 모여 있는 상태를 다르게 만든다. 식물과 마찬가지로 동물에서도(내분비물, 호르몬) 우주의 영향에 따라 달리 나타나는 많은 생리 현상을 볼 수 있다. 이끼(Bryophyllum, 라틴어학명) 잎은 수산(蓨酸, 가장 간단한 화학 구조의 이염기성 유기산의 한 가지. 무수물無水物은 사방정계斜方晶系의 결정으로 식물 속에 널리 분포한다)을 가지고 있다. 이 수산의 농도는 낮에는 거의 시간마다 다르다. 땅의 변화보다는 빛에 따라 많은 변화를 보인다. 애석하게도 일찍이 세상을 떠난 요아힘 슐츠Joachim Schulz는 괴테아눔 연구소에서 루돌프 슈타이너가 알려 준 어떤 사실을 확인하기 위하여 한 가지 실험을 했다. 다름이 아니라 빛의 작용이 아침이나 저녁 시간에는 식물의 성장을 촉진시키고 한낮이나 한밤중에는 억제한다는 내용이었다. 필자도 슐츠의 연구 과정을 지켜보았다. 어떤 식물이 언제나 같은 영양소가 들어 있는 물에서 자라는 식물이라도 빛의 주기에 따라 식물 안에 있는 요소들의 함유량은 다르게 나타났다. 특히 질소의 변화가 아주 뚜렷했다. 아침과 저녁에는 질소의 함량이 많아지고 따라서 성장이 촉진되었으며 한낮에는 질소의 함량이 적어지고 성장도 위축되었다. 이런 실험의 결과로 미루어 우주의 작용이, 곧 빛, 온기, 특히 태양 그리고 또 다른 빛의 원천들이 식물로 하여금 다른 요소를 갖도록 한다는 것을 알 수 있게 되었다. 우주의 작용이 바로 식물 안에 있는 요소를 조절한다. 어떤 요소가 어떻게 흘러가서 어떤 식으로 식물의 성장에 영향을 미치는가는 기운의 원천인 천체들이 어떤 자리에 놓여 있느냐에 달려 있다.

오늘날 식물이 이루어 내는 광합성 과정에 대한 최첨단 연구는 유물론자들까지도 눈에 보이지 않는 과정을 인식할 수 있는 새로운 눈을 갖추도록 도와줄 것이다. 루돌프 슈타이너는 이 방면에서도 우리에게 새로운 방향을 제시한 선구자이다. 이 글의 범위로 보아서 이런 현상에 대하여 지금까지 알려진 많은 사실을 모두 언급하는 것은 불가능하다. 그러한 내용만으로도 책 한 권의 분량을 다 채울 것이기 때문이다. 우주 기운의 영향을, 식물 즙이 움직이는 과정, 특히 뿌리 부분에서 진행되는 과정이나 땅에 들어 있는 생화학 요소들이 우주 기운에 따라 바뀌는 것을 살펴본다면, 이제 그것을 단순히 한갓 '미신'으로 일축해 버릴 수는 없을 것이다.

아리스토텔레스와 그의 제자 테오프라스토스Theophrasus 시대에서 시작해서 알베르투스 마그누스Albertus Magnus 시대를 지나 중세 후기 혼적론에 이르기까지, 한편으로는 소수의 사람에게만 전해 내려온 전통에 따라, 또 다른 한편으로는 본능으로 이미 정신세계의 비밀을 엿볼 수 있었던 몇몇 사람은 특정한 식물 종류와 특정한 천체 자리가 서로 깊은 관계를 맺고 있다는 것을 알고 있었다. 천체 자리의 영향 아래 어떤 식물 종속은 더욱 세분화되고 또 어떤 식물은 다른 형태로 그 모습을 세상에 드러낸다는 것을 알고 있었다. 천체의 주기가 내분비샘이나 신진대사 때 이루어지는 생리 작용에, 그리고 식물 즙의 흐름이나 밀도에 깊은 영향을 미친다는 것은 실험을 해 보면 어느 정도는 실제로 경험할 수 있다. 루돌프 슈타이너와 함께 일을 한 사람 가운데 이미 많은 사람이, 즙이 종이 필터의 모세관을 통해 올라와 이루는 형태를 연구하거나(Lili Kolisko), 즙이 응고될 때 이루는 결정 형태를 연구하여(Pfeiffer, Krüger, Bessenich, Selawry) 우주에서 오는 기운이 어떻게 식물에 작용하는가를 볼 수 있었다.

　루돌프 슈타이너는 식물의 종자 개량에 대해서도 새로운 방향을 제시하였다. 이 방면에는 필자를 비롯하여 푀겔레Immanuel Vögele, 리세 Erika Riese, 쿤젤Martha Kuenzel, 슈미트Martin Schmidt가 때로는 함께 때로는 독자적으로 연구를 해 나갔다. 천체가 이루는 자리에 따라 어떤 생명이 시작된다는 관점에서 보면 모든 종속이나 아종亞種(생물 분류상의 한 단계. 종種의 아래 단계) 안에 들어 있는 원초생명은 시간이 지남에 따라 조금씩 줄어들어서 마침내 사라진다. 그러나 이때 원초생명 속에 들어 있던 형태는 특정한 기관(예를 들면 염색체)을 통해 유전된다. 그런데 무기질 비료를 일방적으로 주면 원초생명 속에 들어 있던 힘이 내몰려서 식물이 약해지고 마침내 종자의 질도 퇴화한다. 바로 이런 문제로 인해 사람들은 루돌프 슈타이너를 찾아갔고 이것이 생명역동농업의 시작이 되었다.

　생명역동농업은 우주의 영향 아래 놓여 있는 식물을 다시 전체 자연의 흐름 속으로 돌리는데 그 과제가 있다. 루돌프 슈타이너는 다음과 같이 내다보았다. "이대로 가면 20세기가 끝나기 전에 '폭력'을 당한 많은 식물이, 곧 자신의 원종속에서 멀어진 많은 식물이 더 이상 자신과 같은 종속을 번식시킬 수 없을 정도로 퇴화할 것입니다." 그리고 밀과 감자뿐만 아니라 귀리나 보리 역시 마찬가지로 이러한 상태에 놓일 것이라고 지적하고 어떻게 하면, 재배 식물과 같은 종속이지만 아직 완전히 힘을 잃지 않은 야생종에서 다시 건강한 종자를 길러낼 수 있는가를 대략적으로 말해 주었다. 새로운 종자 개량 작업은 어느 정도 잘 시작할 수 있어서 오늘날 이미 새로운 밀 종자를 구할 수 있을 정도로 발전하였다. 마르틴 슈미트가 아직 공식적으로 발표는 하지 않았지만 중요한 작업을 한 가지 해내었다. 밀이 언제 이삭을 맺느냐에 따라 오직 식량으로 쓰이는 밀과 종자로도 쓰이는 밀로 나누어진다는 것을 밝혀낸 것이다. 루돌프 슈타이너는 씨앗을 언제 뿌리느냐에 따라, 곧 씨뿌리는 시기가 여름 가까이인지 겨울 가까이인지에 따라 밀의 성질이 완전히 달라진다고 했다. 요즈음은 현대 식물학자들도 색소체를 이용하는 방법으로 두 종류의 밀 사이에 있는 단백질, 아미노산, 인지질, 효소의 차이를 찾아낼 수 있다. 밀 품종의 퇴화는 오늘날 바로 현실로 나타났다. 요즈음은 밀이 아무리 좋은 땅에서 자라더라도 단백질 함유량이 많이 떨어진다.(지난 30년 동안 미국의 몇몇 지방에서 관찰한 바에 따르면 13%에서 8%로 떨어졌다)

요즈음 감자를 재배하는 사람들은 어떻게 하면 맛있는 감자를 재배하느냐보다는 어떻게 하면 벌레가 먹지 않고 바이러스에 감염 되지 않은 감자를 재배하느냐가 먼저 다가오는 문제라는 것을 잘 안다. 생명역동농법으로 재배한 밀은 높은 단백질 함유량을 나타낸다. 감자 품종 개량도 상당한 수준에 이르렀으나 애석하게도 전쟁으로 말미암아 그 성과를 거의 잃어버렸다.

생명역동농업의 관점에서 병해충 문제를 살펴보면 많은 것을 배울 수 있다. 자연이 이루고 있던 생태적 균형이 깨지면 식물 종자들이 퇴화하고 이로 말미암아 병충해가 발생한다. 자연 스스로가 살 능력이 없는 것을 정리하는 것이다. 이에 따라 병충해는 자연에 들어 있는 원기운을 사라지게 하고 생태적 균형을 깨뜨린 죄에 대한 자연의 경고라고 볼 수 있다. 이렇게 자연이 경고를 하기까지 사람들은 기다린다. 미국의 공식 집계에 따르면 올해 떨어진 수확량으로 인해 전체 농가에 지급된 보상금은 50억 달러에 이르고 거기에다 병충해를 없애기 위한 농약 살포에 7억 5천만 달러가 쓰였다. 이제 사람들은 농약으로 병해충을 없애는 것이 별 효과가 없다는 것을 알게 되었다. 곧바로 저항력이 훨씬 더 강한 병해충이 나타난다는 것을 알았기 때문이다. 무기질 비료를 일방적으로 주면, 식물 세포에 들어 있던 단백질과 탄수화물이 이루는 균형이 깨져서 단백질은 잎의 바깥쪽으로 밀려 나가고, 식물의 잎을 둘러싸고 있던 보호막은 안으로 들어가게 되어 오히려 병해충이 더욱더 잘 달라붙게 만든다.(병해충에게는 더욱 맛있는 잎이 된다) 이런 사실을 이제는 현대 첨단 과학자들(Albrecht, Missouri)도 밝혀냈다. 농약으로 말미암아 자연이 죽어 가는 것을 지켜보는 것은 가슴 아픈 일이다. 오늘날에는 이름 있는 곤충 학자들도 화공 약품으로 만든 농약 살포가 자연뿐만 아니라 인간의 건강까지 해친다고 지적하고 생태계를 감시해야 한다고 주장한다. 미국 국립 실험 연구소에 따르면, 생태적 균형은 오직 농약 살포를 중지해야 가능하다고 한다. 루돌프 슈타이너는 생태적 균형을 이루는데는 우주 요건도 함께 고려해야 한다고 농업 강의에서 말한 바 있다. 여기에서도 괴테가 이룬 바를 더욱 발전시킨 루돌프 슈타이너의 정신과학은 시대의 흐름에 비해 한 걸음 앞서 나아간 것을 알 수 있다.

이 글이 루돌프 슈타이너가 제시한 새로운 농법의 넓은 영역 가운데 아주 좁은 한 부분만을 다룬 것이라는 사실을 필자는 잘 안다. 그리고 생명역동농업과 관계를 맺고 있는 동료들이 만일 이 주제에 대하여 썼다면 이 글과는 전혀 다르게 썼을 것이라는 것도 알고 있다. 따라서 독자들은 이 글이, 수많은 방을 가지고 있는 큰 저택에 대하여 오직 방 하나만을 보고 설명한 것이라고 이해해 주면 좋겠다.

에렌프리드 파이퍼°

° Ehrenfried Pfeiffer(오스트리아, 1899~1961)_ 루돌프 슈타이너의 권유로 스위스 바젤 대학교에서 생화학을 전공하고 결정력을 이용하여 생명 작용을 알아내는 방법을 발견했다. 한국 정부로부터 인분 처리에 관한 해결 방안을 의뢰받고 그 해결책을 찾던 중 이른 죽음으로 그 뜻을 이루지 못했다. 주요 저서로는 『땅이 가지고 있는 생산력의 보존과 갱신Die Fruchtbarkeit der Erde, Jhre Erhaltung und Erneuerung』이 있다. 이 글은 1956년 독일 슈투트가르트에 있는 자유정신생활출판사(Verlag Freies geistes Leben)에서 펴낸 『우리가 만난 루돌프 슈타이너Wirerlebten Rudolf Steiner』에서 가져온 것이다.

첫 번째 강의

1924년 6월 7일

농업 강의를 열며
우주의 영향에서 벗어난 인간과 동물의 삶

깊이 감사하는 마음으로 방금 카이저링크 백작이 한 말씀을 돌이켜 봅니다. 왜냐하면 인지학을 통해 어떤 것을 받아들이는 사람들에게만 감사한 마음을 갖는 것이 아니라 오늘날처럼 어려운 때에 인지학에 관심을 가지고 여기까지 온 모든 참가자에게도 인지학의 위치에서 마땅히 감사하는 마음을 갖기 때문입니다. 이런 까닭으로 방금 카이저링크 백작이 한 말씀에 대해 인지학의 정신에서 우러나오는 깊은 감사를 드립니다.

이번에 이렇게 카이저링크 백작 댁에서 농업 강의를 열게 된 것을 매우 만족스럽게 여깁니다. 전에 몇 차례 와 보았기 때문에 이곳이 얼마나 좋은 곳인가를 잘 압니다. 무엇보다도 이곳 코베르비츠를 감싸고 있는 정신-영혼의 분위기는 이번 농업 강의에 그야말로 좋은 조건이라고 생각합니다.

백작이 혹시 어떤 사람들에게는(오이리트미를 하는 분들에게 특히 해당되는 말이겠지만 다른 손님들에게도 얼마든지 해당될 수 있습니다) 이곳에서 지내기가 매우 불편할 것이라고 말했지만 우리가 모인 목적에서 보면 이곳보다 더 훌륭한 본보기를 보여 주는 장소를 찾기란 거의 불가능하다는 말을 해야 할 것 같습니다. 인지학을 바탕으로 삼고 있는 분야 가운데 농업 분야를 위해서는 이곳이야말로 정말 올바른 느낌을 주는 환경이라고 말하고 싶습니다. 그래서 이런 좋은 환경을 기꺼이 내어 준 카이저링크 백작 가문에 다시 한 번 깊은 감사를 드립니다. 마리 슈타이너도 나와 마찬가지로 축제일까지(곧 작업일로 바뀔 것입니다) 바로 이곳에서 지내게 되어 더욱더 깊은 감사를 드릴 것으로 압니다. 그리고 우리가 바로 이곳 코베르비츠에서 농업 강의를 여는 것을 계기로 인지학 활동과 관계를 맺고 있는 농업 정신은 더욱더 우리 곁에 머물며 우리를 이끌 것이라고 믿습니다.

우리가 슈투트가르트에서 주식회사 〈다가오는 날Kommenden Tag〉을 거점으로 농업의 발전을 위해 애를 쓰고 있을 때 농업과 함께 자란 정신을 가지고 처음부터 여러 가지 좋은 의견과 또 몸을 아끼지 않는 행동으로 우리에게 커다란 힘이 되어 준 분이 바로 카이저링크 백작이십니다. 백작의 이런 노력이 밑거름이 되어 백작이 우리를 이곳으로 불렀을 때 우리도 자연스럽게 이곳으로 올 수 있었습니다. 그리고 여러분도 기꺼이 이 농업 강의에 참여한 것으로 짐작합니다.

개인적으로도 카이저링크 백작께 깊은 감사를 드립니다. 도시에서 멀리 떨어진 이런 곳에서 여러 날 동안 이렇게 큰 행사를 치른다는 것이 얼마나 어려운 일인가를 충분히 짐작할 수 있습니다. 이런 까닭으로 카이저링크 백작께 다시 한번 진심으로 감사를 드립니다. 본인의 이런 감사한 마음을 기꺼이 받아 주시길 바랍니다. 이번 행사의 외부 사항을 책임지고 있는 백작이 혹시 있을지도 모를 불편한 점에 대해 염려했지만 여러분이 돌아갈 때는 모두 다 이곳의 숙박이나 접대에 대해 만족스러운 마음으로 돌아가리라 여깁니다. 강의 내용에 대해서는 질의 응답 시간도 함께해서 여러분이 잘 이해할 수 있도록 최선을 다할 것입니다. 그러나 여러분이 돌아갈 때 이곳의 숙박이나 접대에서 가졌던 것과 같은 만족스러움을 이번 강의에서도 느낄 수 있을지는 두고 보아야 할 것 같습니다. 왜냐하면 오래 전부터 여러 곳에서 인지학에서 이끌어 낸 농업 강의를 열어 주길 바랐지만 이제서야 처음으로 이루어지기 때문입니다.

이번 농업 강의에서는 정말 많은 부분을 다루어야 합니다. 왜냐하면 바로 농업이야말로 인간의 삶과 여러 부분에 걸쳐 깊은 관련을 맺고 있기 때문입니다. 어느 면에서 살펴보아도 인간 삶의 관심사는 결국 농업 쪽으로 쏠리게 되어 있습니다. 물론 이번에는 농업의 중심 부분밖에는 다룰 수가 없습니다. 그러나 중심 부분만 다룬다 하더라도 때로는 옆길로 들어가지 않을 수 없을 것입니다. 이번 강의가 인지학을 바탕으로 삼고 있기 때문에 어쩔 수 없이 그런 결과가 나타날 것입니다. 강의를 시작하기 전에 서론과 앞으로 다룰 중심 주제 사이에 어떠한 상관 관계가 있는지 금방 알아차리지 못할 정도로 멀리 떨어져 있는 주제까지 끌어와야 한다는 점을 먼저 이해하여 주시기 바랍니다. 앞으로 우리가 이루어야 할 일을 위해서 이번 주제와 별 상관이 없는 듯이 보이는 것으로 기초를 닦을 수밖에 없기 때문입니다.

농업도 새로이 일어난 정신 문화의 영향으로 큰 피해를 입었습니다. 이러한 새 정신 문화는 무엇보다도 경제 영역을 파괴하는 성격을 띠고 있습니다. 그러나 많은 사람이 이 파괴가 갖고 있는 진정한 의미를 제대로 짐작하지 못하고 있습니다. 인지학을 바탕으로 삼고 있는 몇몇 경제 단체는 이런 파괴 현상에 맞설 뜻을 갖고 나섰습니다. 이 경제 단체들은 경영자들과 상인들로 이루어진 단체였습니다. 이 단체들은 이런 파괴 현상에 대해 올바른 이해를 불러일으키려고 했으나 여기에 대항하는 힘이 워낙 강해서 처음 가졌던 뜻을 제대로 펼칠 수 없었습니다. 현재 사회를 지배하고 있는 세력에 비하면 개인의 힘은 너무나

무력해서 거의 없는 것이나 마찬가지입니다. 그래서 인지학을 중심으로 일어난 경제 분야의 개선 계획이 지금까지 조금도 이루어지지 않았습니다. 심지어 이 계획의 핵심 주제가 토론에 오른 적이 한 번도 없었습니다. 무엇 때문에 이렇게까지 되었을까요?

일반 이론이 아닌 실제 사실로 들어가기 위해서 농업을 예로 들어 설명하겠습니다. 요즈음 갖가지 경제 분야에 관한 책들이 나오고 있고 또 이 분야에 관한 강연도 자주 들을 수 있습니다. 그런 책에는 사회주의 이론으로는 어떻게 농업을 펼칠 것인가라는 항목도 들어 있습니다. 이렇게 국가 경제에 대한 이론을 책으로 펴내거나 강연을 하는 것은 사실 아무런 뜻이 없습니다. 그럼에도 오늘날 많은 사람은 이런 쓸데없는 일을 하고 있습니다. 농업에 관하여 또 농업이 사회생활에서 차지하는 위치에 대하여 말을 하려면 먼저 무나 감자, 그리고 곡식을 재배하는 것이 무엇을 뜻하는 것인지 분명히 알아야 그제서야 비로소 가능하다는 것을 모든 사람이 알아야 합니다. 직접적인 경험 없이는 국가 경제 원리에 대해서도 말할 수 없습니다. 이런 일은 실제로 겪어 보지 않고 이론만 가지고 정해서는 안 됩니다. 국가 경제 가운데 농업과 관련된 부분을 대학에서 강의만 듣고 이론을 세우는 사람들에게 이렇게 말하면 오히려 이치에 맞지 않는다고 합니다. 이 사람들은 자기들이 나름대로 세운 이론이 틀릴 리가 없다고 여기기 때문입니다. 농업에 관해 말할 수 있는 사람은 오직 직접 농사를 짓고 숲을 가꾸고 가축을 키우는 사람이어야 합니다. 국가 경제에 대해서도 경제에 직접 관여하지 않는 사람의 말장난은 이제 그만 그쳐야 합니다. 현재 사람들 입에 오르내리는 국가 경제에 대한 이론이 실제로는 말장난에 지나지 않는다는 사실을 바로 보지 못하면 농업에 대해서나 다른 부분에 대해서도 앞을 바로 볼 수 없을 것입니다.

어떤 일에 대해 제대로 모르면서도 그 일에 대해 여러 가지 의견을 내놓을 수 있다고 믿는 사람들은 인간의 삶의 영역 가운데 어떤 영역을 밑바닥까지 스스로 파고 들어갈 수 없기 때문에 그렇게 믿습니다. 무가 사계절을 지나면서 어떠한 밭에서 어떻게 자라는지는 전혀 살펴본 일도 없으면서 겉모양에 대해서, 또 얼마나 쉽게 또는 어렵게 잘 자라는지, 그리고 빛깔이나 구성 성분에 대해 말할 수 있다고 해서 무에 관해 안다고 할 수는 없습니다.

농업이 아닌 다른 영역에서도 이와 비슷한 경우가 있습니다. 그럴 때 나는 자주 다음과 같은 비유를 듭니다. 어떤 사람이 나침반 바늘이 한쪽은 언제나 북쪽을 가리키고 다른 쪽은 또 언제나 남쪽을 가리킨다는 사실을 찾아내고는 '왜 그럴까?' 하고 그 이유를 생각합니다. 그 사람은 그 원인을 나침반 바늘 속에서가 아니라 남쪽과 북쪽 끝에 자장 중심이 놓여 있는 지구 전체에서 그 원인을 찾습니다. 만일 어떤 사람이 나침반 바늘이 특이하게 움직인다고 해서 나침반 바늘 자체 안에서 원인을 찾는다고 하면 그 사람은 이치에 맞지 않는 행동을 한다고밖에 볼 수 없습니다. 왜냐하면 나침반 바늘이 왜 늘 특정한 방향을 가리키는가를 이해하려면 나침반 바늘이 지구 전체와 어떠한 상관 관계 속에 있는가를 알아야만 가능하기 때문입니다.

그러나 사람들은 많은 분야에서 나침반 바늘의 예처럼 금방 드러나는 무의미한 일을 오히려 의미 있는 일로 여기고 있습니다. 지금 무가 밭에서 자라고 있다고 합시다. 무가 잘 자라고 못 자라고는 수많은 주변 요소에 달려 있습니다. 더구나 어떤 요소는 지구뿐만 아니라 지구를 둘러싸고 있는 온 우주에 놓여 있기도 합니다. 그럼에도 이러한 요소를 다만 무가 바로 닿아 있는 좁은 범위 안에서만 찾는다면 이는 어리석은 일입니다. 그러나 오늘날 많은 사람이 넓은 우주에서 오는 영향은 아예 생각하지 못하고 오직 눈앞에 보이는 것으로 실제 생활을 이해하려 하고 또 방향을 정합니다. 이런 것들의 영향으로 인해 인간의 삶은 여러 영역에서 크나큰 피해를 입었습니다. 현대 과학이 아무리 발달하더라도, 아직 과학이 그렇게 발달되지 않았을 옛날부터 과학에 따르지 않고 본능에 따라 살던 사람들의 본능이 아직 남아 있지 않다면 피해는 더욱 클 것입니다. 요즈음 어떤 사람은 의사가 생리학에 따라 처방해 주는 대로 하루에 먹을 고기와 채소의 양을 정확하게 지키기 위해서 식탁 옆에다 저울을 놓고 식탁에 오르는 모든 음식물을 달기도 합니다. 물론 인간 생리학에 대한 지식을 갖추어야 한다고 생각하는 것은 이해가 갑니다. 그러나 그 사람이 저울에 달아 먹는 음식만으로 충분하지 않아서 배가 고프다고 말하는 것을 보면 그럴 때마다 그 사람이 아직도 그런 본능을 갖고 있으니 천만다행한 일이라고 생각합니다.

사람들은 과학이 들어오기 전까지만 하더라도 모든 일에 바로 이 본능을 밑바탕으로 삼았습니다. 그리고 이 본능은 때때로 훌륭한 역할을 해냈습니다. 농사력에 들어 있는 농사에 관한 이야기들이 얼마나 깊은 지혜로 가득 차 있고 또 알기 쉬운지 지금도 놀랍기만 합니다. 옛날 사람들은 그만큼 본능이 강해서 쉽게 미신에 빠지지도 않았습니다.

이런 이야기 속에는 씨를 뿌리고 곡식을 거두어 들일 때 도움을 주는 뜻 깊은 내용도 있고 또 가끔 미신을 불러일으킬 수 있는 요소를 물리치기 위한 다음과 같은 내용도 있습니다. "장닭이 거름 더미 위에서 울면 비가 오거나 지금 이대로다." 이런 이야기 속에는 무엇이든지 무조건 믿는 사람을 놀리는 익살이 들어 있습니다.

옛날 본능으로 되돌아가자는 뜻에서 이런 말을 하는 것은 결코 아닙니다. 오히려 인지학의 관점에서 정신에 대한 바른 이해를 갖추어 날이 갈수록 약해지고 있는 본능이 더 이상 주지 못하는 것을 되찾자는 것입니다. 그러려면 식물이나 동물의 삶뿐 아니라 지구 자체의 삶까지, 나아가서는 전 우주로까지 관찰 범위를 넓혀야 합니다. 물론 비가 오는 것을 단순히 달이 차고 기우는 것에 연결을 짓지 않아야 하지만 한편으로는 이런 일도 실제로 있었습니다. 이 이야기는 내가 다른 자리에서 자주 한 이야기입니다. 라이프치히에서 활동하고 있는 두 교수가 있었습니다. 그 가운데 구스타프 테오도르 페히너라는 사람은 눈에 보이지 않는 정신 영역에 대해서 어느 정도 지식을 갖추고 있었습니다. 페히너 교수는 단순히 미신에 기대지 않고 눈에 드러나는 면을 실제로 관찰한 결과, 비가 오는 시기와 오지 않는 시기가 어느 정도는 달과 또 달의 지구 공전과 관계가 있다는 사실을 알아냈습니다. 관찰 결과는 통계를 내어 알아낼 수 있었습니다. 다른 한 사람은 그때 널리 알려져 있던 슐라이덴 교수로 페히너 교수의 동료였습니다. 그는 이런 일에 대해서는 대수롭지 않게 여겼던 그 시대의 흐름대로 페히너 교수의 말을 과학적 이성에 맞지 않는다는 이유로 조금도 인정하지 않았습니다. 라이프치히 대학의 이 두 교수는 모두 부인이 있었습니다. 구스타프 테오도르 페히너 교수는 익살맞은 사람이었는데 슐라이덴 교수에게 이렇게 제안했습니다. "이 문제는 안사람들이 한번 정하도록 하지." 그때 라이프치히에는 오래된 어떤 풍속이 있었습니다. 그때는 빨래하는데 사용하는 물을 구하기가 쉽지 않았습니다. 먼 곳에서 물을 길어 와야 했습니다. 그래서 비가 오면 항아리나 물통을 처마 밑에 늘어놓고 빗물을 받았습니다. 슐라이덴 교수 부인과 페히너 교수 부인도 그렇게 물을 받았습니다. 그런데 물통을 늘어놓을 장소가 넉넉하지 않았습니다. 그래서 페히너 교수가 이렇게 제안했습니다. "내가 존경하는 동료 교수의 주장이 옳고 또 언제 물통을 내어놓아도 상관이 없다면 슐라이덴 교수 부인은 내가 알려 주는 대로 비가 적게 오는 달 주기에 물통을 내놓고, 내 안사람은 내 계산에 따라 비가 많이 오는 시기에 물통을 내놓기로 합시다." 페히너 교수가 찾아낸 사실이 터무니없다고 생각했다면 슐라이덴 교수 부인은 페히너 교수가 하자는 대로 했을 것입니다. 그런데 보십시오! 슐라이덴 교수 부인은 그렇게 쉽게 넘어가 주지 않았습니다. 자기 남편보다 오히려 페히너 교수의 연구를 따랐습니다

예, 그런 일이 있었습니다. 물론 과학이 내세우는 것이 옳을 수 있습니다. 그러나 현실은 과학이 옳다고 내세우는 것을 곧이곧대로 받아들일 수 없습니다. 자, 이제 이런 식으로 문제를 다루지 말고 진지하게 들어가 봅시다. 땅 위에서 인간의 삶을 이어가게 해 주는 이 농업을 살펴볼 때 지금까지 우리가 보아 왔던 것보다는 훨씬 더 먼 것도 보아야 한다는 말을 먼저 하고 넘어가야 할 것 같습니다.

오늘 인지학에서 알려 주는 것으로 모든 부분을 다 만족시킬 수 있을는지는 알 수 없습니다. 그래도 인지학에서 농업을 위해 줄 수 있는 것을 최대한 찾아보겠습니다.

이제 농업으로 들어가면서 인간의 삶에 가장 중요한 일을 먼저 서론으로 삼아 이야기하겠습니다. 오늘날 우리는 어떤 사물에 관해 말을 할 때 그 사물의 화학·물리적 구성 요소를 살펴보는데 가장 큰 가치를 두는 습관을 가지고 있습니다. 이번에는 화학·물리적 구성 요소

에서 시작하지 않고(한편으로는 식물이 자라는데 다른 한편으로는 동물이 살아가는데 아주 중요한) 화학·물리적 구성 요소 뒤편에 놓여 있는 것으로 한번 나아가 봅시다. 여러분, 한번 보십시오! 사람이나, 어느 차원까지는 동물이 살아가는 것을 살펴보면 사람이나 동물은 우주의 직접적인 영향에서 많이 벗어나 살고 있다는 것을 알 수 있습니다. 사람으로 올라갈수록 더욱더 우주의 직접적인 영향에서 벗어나 있다는 것을 알 수 있습니다. 사람이나 동물은 지구 영역 밖이나 아니면 지구를 둘러싸고 있는 대기권에서 오는 영향을 전혀 받지 않는 듯이 보입니다. 아니, 그냥 그렇게 보이는 것이 아니라 인간의 삶 가운데 많은 부분에서는 우주의 영향을 받지 않는다고 보는 것이 옳습니다. 물론 병으로 인해 겪는 어떤 고통은 대기에서 오는 어떤 영향에 따라 더욱 커진다는 것을 잘 알고 있습니다. 그러나 어떤 병이나 그 밖에 다른 삶의 모습이 얼마나 눈에 보이는 자연 현상의 주기와 꼭 맞추어 진행되는가에 대해서는 아직 아는 것이 별로 없습니다. 병이나 어떤 현상에서 나타나는 과정의 처음과 끝이 자연 현상의 처음과 끝하고 꼭 맞아 떨어지지 않기 때문입니다. 인간의 삶에 나타나는 가장 중요한 현상 가운데 하나인 여성의 월경을 보면 방금 말한 것을 쉽게 알 수 있습니다. 이 현상은 달의 주기와 같은 간격으로 일어나지만 똑같이 시작하지는 않습니다. 이 밖에도 남자나 여자의 신체 조직 안에 자연의 주기를 따르는 미세한 현상은 수없이 많이 있습니다. 그러나 서로 일치하지는 않습니다.

만일 우리가 태양의 흑점 주기를 한층 더 깊이 파고 들어가서 잘 이해할 수 있게 된다면, 예를 들어 인간 사회에서 일어나는 많은 일을 더 잘 이해할 것입니다. 그러나 사람들은 이런 현상에 별로 주의를 기울이지 않습니다. 왜냐하면 인간 사회의 생활이 태양의 흑점 주기와 일치하지 않기 때문입니다. 곧, 태양의 흑점이 나타날 때에 맞추어 인간 사회의 생활 가운데 일어났던 일이 태양의 흑점이 사라지는 시기에 맞추어 사라지지 않습니다. 인간 사회의 생활이 태양 흑점의 직접적인 영향에서는 벗어나 있기 때문입니다. 인간 사회에서 일어나는 어떤 일의 주기가 태양의 흑점 주기와 같더라도 같은 시간에 맞아 떨어지지는 않습니다. 인간 사회의 생활은 안으로는 길고 짧은 주기를 분명히 갖고 있지만 태양 흑점의 직접적인 영향에서는 벗어나 따로 서 있습니다. 그래서 인간의 삶은 소우주이며, 대우주를 따라간다라고 말하면 터무니없는 소리라는 대꾸를 들을 수도 있습니다. 그리고 어떤 병은 7일을 열주기로 갖고 있다고 하면 이렇게 반박할지 모릅니다. "자, 그러면 눈에 보이는 어떤 현상이 일어나면 열도 나타나고 또 그 현상과 같이 열도 이어지다가 그 현상이 끝이 나면 열도 그쳐야 하는 것이 아니냐?" 물론 열은 어떤 현상에 꼭 맞추어 나타나거나 그치지는 않습니다. 그러나 비록 시작하고 끝나는 시간이 외부 현상과 꼭 맞아떨어지지 않더라도 길고 짧은 내면 주기는 어김없이 가지고 있습니다.

이렇게 인간의 삶은 우주의 직접적인 영향에서는 거의 벗어나 있습니다. 동물은 사람에 비해서 우주의 영향에서 벗어난 정도가 조금 적고, 식물은 아직도 완전히 자연의 섭리와 우주의 영향 안에 들어 있습니다. 이런 까닭으로 지구 위에서 일어나는 모든 것이 우주에서 일어나는 일의 직접 또는 간접적 반영이라는 사실을 이해하지 못하면 식물에 대한 바른 이해도 있을 수 없습니다. 사람이 우주의 직접적인 영향에서 벗어나 있기 때문에 겉으로는 우주의 영향이 드러나지 않는다면 식물은 아직 우주의 영향을 그대로 나타내고 있습니다. 자, 이런 사정에 대해 여러분의 주의를 모으는 것으로 서론을 삼겠습니다.

자, 여러분! 하늘에는 지구 주위에 먼저 달이 있고 그리고 우리 태양계의 행성들이 있습니다. 옛날 본능을 과학으로 삼았던 때는 태양도 행성으로 여겼습니다. 그리고 행성들이 달, 수성, 금성, 태양, 화성, 목성, 토성의 차례로 지구 둘레를 돌고 있다고 생각했습니다. 그러나 이번에는 천문학에 대해 자세한 설명을 하지 않고 바로 행성들이 지구와 관계를 맺고 있는 쪽으로 먼저 여러분의 주의를 모으고 싶습니다. 지구에서 이루어지는 삶에는(넓은 뜻으로 보면) 규소 성분이 맡고 있는 역할이 아주 크다는 사실을 먼저 볼 수 있습니다. 이 규소 성분은, 예를 들어 다면체나 뾰족한 탑 모양을 이루고 있는 아름다운 석영 안에서 쉽게 볼 수 있습니다. 흔하게 볼 수 있는 수정은 규소 성분과 산소가 결합한 형태입니다. 이 수정 안에 들어 있는 산소를 걷어내면 오늘날 화학에서 일컫는 원소(예를 들면 산소, 질소, 수소, 유황 등등) 가운데 하나인 규소를 얻습니다. 석영 안에 들어 있는 규소가 지구 표면 위에 퍼져 있는 전체 원소의 27~28%나 된다는 것을 생각해 보십시오. 47~48%를 차지하는 산소를 뺀 다른 원소들은 단지 몇 %에 지나지 않습니다. 이에 비하면 규소는 정말 많은 편입니다.

식물이 자라고 있는 땅속에는(이렇게 땅에서 식물이 자라고 있다는 사실을 대부분 잊고 있습니다) 석영 같은 광석이 있습니다. 그 광석 속에 들어 있는 규소는 그냥 겉에서 보면 별로 중요하지 않은 듯합니다. 왜냐하면 규소는 물에 녹지 않기 때문입니다. 물이 그냥 스쳐 지나갑니다. 그러니까 아주 단순하게 보면 일반 생명 조건에는 별 관계가 없는 듯이 보입니다. 그러나 쇠뜨기(Equisetum, 라틴어 학명)를 보면 석영에 들어 있는 것과 같은 규소가 규산으로 아주 미세하게 퍼져 전체 성분의 90%나 차지하고 있습니다. 이런 점을 미루어 보면 규소가 얼마나 중요한 역할을 맡고 있는지 알 수 있습니다. 우리가 보는 것 가운데 절반 가까이가 규소로 이루어져 있습니다. 그럼에도 사람들이 이 규소를 별로 눈여겨보지 않고 또 아주 유용하게 쓸 수 있는 분야에서도 아직까지 전혀 관심을 두지 않는 것은 정말 이상한 일입니다. 인지학에 바탕을 둔 의학에서는 규소 성분을 수많은 치료제의 중요한 구성 요소로 다루고 있습니다. 많은 병증을 규산이 들어 있는 내복약이나 규소 성분을 넣은 목욕물로 치료하고 있습니다. 왜냐하면 병으로 인해 몸 바깥으로 드러나는 비정상 상태나 내부 기관에 고통을 주는 원인에 이상하게도 이 규소가 좋은 영향을 미치기 때문입니다. 이뿐만 아니라 규소는 자연 살림(옛날부터 자연을 일컫는 말입니다)에서 아주 중요한 역할을 차지하고 있습니다. 왜냐하면 규소는 석영이나 다른 광석 안에 들어 있을 뿐 아니라 공기 중에도 아주 미세하게 퍼져 있기 때문입니다. 사실은 곳곳에 들어 있습니다. 우리가 쓸 수 있는 땅의 절반 가까이, 곧 48%가 규소입니다. 여러분! 그러면 이 규소는 어떠한 작용을 할까요? 이런 질문을 던져 보아야 합니다.

우리 주변에 있는 규소가 반으로 줄어든다고 생각해 봅시다. 그러면 모든 식물이 끝이 뾰족한 탑 모양이 될 것이고 꽃도 오그라들 것입니다. 거의 모든 식물이 비정상으로 보이는 선인장 모양이 될 것입니다. 곡식도 아주 이상한 모양을 하게 될 것입니다. 줄기 아래쪽이 두텁고 살이 많으며 이삭은 오그라들어 제대로 영글지 못할 것입니다.

자, 이것이 한쪽에 나타나는 현상입니다. 다른 쪽을 살펴보면 규소 성분만큼 널리 퍼져 있지는 않지만 칼슘, 칼륨, 나트륨 성분과 또 이와 비슷한 성분 또한 곳곳에 퍼져 있는 것을 알 수 있습니다. 만일 이런 성분들이 지금보다 더 적어진다면 식물의 줄기는 모두 가늘어지고 꼬부라져 모든 식물이 넝쿨 식물이 될 것입니다. 곡식도 꽃은 피우겠지만 열매를 맺지 못할 것이고 비록 열매를 맺더라도 영양소는 별로 지니지 못할 것입니다. 칼슘 성분과 규소 성분이(이 두 성분을 본보기 삼아 말한다면) 서로 균형을 이루며 작용해야 식물이 오늘날과 같은 모양으로 자랄 수 있습니다.

자, 이 부분을 조금 더 살펴봅시다. 여러분, 보십시오 모든 규소 성분 안에는 지구에서 나오지 않은 기운이 작용합니다. 규소 성분에는 지구를 중심으로 볼 때 태양보다 멀리 있는 행성인 화성과 목성 그리고 토성에서 오는 기운이 작용하고 있습니다. 이러한 행성에서 오는 기운이 규소나 규소와 비슷한 성질을 통하여 식물이 자라는데 간접적으로 작용하는 것입니다. 그러나 지구를 중심에 두고 보았을 때 지구 가까이에 있는 행성인 달과 수성 그리고 금성에서 오는 기운은 칼슘 성분을 통해 식물이 자라는데 그리고 동물이 살아가는 데에 간접적으로 작용하고 있습니다. 그래서 우리는 농사를 짓고 있는 모든 경작지를 보고 "이 경작지는 규소 성분과 칼슘 성분이 작용하고 있고 그 규소 성분에는 토성, 목성, 화성의 기운이 그리고 칼슘 성분 안에는 달, 금성, 수성의 기운이 작용하고 있다."라고 말할 수 있습니다.

자, 그러면 이제 지금까지 살펴본 것과는 달리 식물 자체를 두고 봅시다. 식물의 생장을 살펴보면 두 가지 사실을 발견하게 됩니다. 한 가지는, 모든 식물은 자기 자신 속에 스스로를 간직하고 있으며 또 번식력이나 생식력을 키워 자신과 똑같은 것을 만들어 낼 수 있다는 것입니다. 다른 한 가지는, 식물은 다른 자연계의 존재와 비교해 볼 때 상대적으로 낮은 자연계 존재로서 높은 자연계 존재의 먹이가 된다는 것입니다. 이 두 흐름은 식물 생장에 처음에는 서로 관계가 없는 듯이 보입니다. 왜냐하면 식물이 세대를 이어가는 번식 과정에서 보면 자연의 조형력에는 어떤 식물이 우리의 양식이 되든 되지 않든 아무런 상관이 없기 때문입니다. 그러나 식물 속에는 이 두 가지 서로 다른 작용이 함께 나타납니다. 자연의 조화 가운데 생식력과 성장 그리고 번식력에 관계되는 것은 달과 금성 그리고 수성에서 오는 우주 기운으로, 칼슘 성분을 통해 간접적으로 지구에 작용합니다. 우리가 먹지 않는 끊임없이 자라는 식물을 보면 우주의 작용이 금성과 수성 그리고 달 기운을 통해 지구에 있는 식물의 번식에 영향을 준다고 생각할 수 있습니다. 그러나 만일 식물이 동물과 사람에게 좋은 양식이 되는 성분을 갖추었다면 여기에는 화성과 목성 그리고 토성이 규소 성분을 통해 간접적으로 작용한 것입니다. 규소 성분은 식물을 넓은 우주로 열리게 하고 식물의 감각을 일깨워 전 우주 가운데 지구에서 멀리 떨어진 행성인 화성과 목성 그리고 토성에서 보내오는 기운을 받아들일 수 있게 합니다. 이와는 달리 달과 금성 그리고 수성에서 오는 기운은 식물이 잘 번식할 수 있게 만드는 것입니다. 자, 그런데 이런 말은 처음 들을 때는 한낱 지식의 대상으로 여겨질 수도 있습니다. 그러나 깊은 영역에서 오는 이런 지식은 단지 지식에 그치도록 두지 않고 스스로 실생활에 적용할 수 있도록 여러분을 이끌 것입니다.

여러분, 그러면 이런 질문이 생길 수 있습니다. 달과 금성 그리고 수성에서 오는 기운은 지구 안으로 들어와서 식물의 생장에 영향을 미치는데 무엇을 가지고 그런 기운을 북돋아 주거나 막을 수 있습니까? 식물의 생장에 영향을 미치는 달이나 토성 기운을 무엇으로 북돋아 주거나 막을 수 있습니까?

한 해가 지나는 것을 보면 비가 올 때도 있고 오지 않을 때도 있습니다. 오늘날 물리학자들이 비가 오는 현상을 살펴보는 것은 비가 오면 오지 않을 때보다 물이 지구 위에 더 많이 떨어진다는 정도입니다. 물리학자들에게 물은 산소와 수소로 이루어져 있는 추상-이론적 물질에 지나지 않습니다. 곧 산소와 수소로 이루어져 있다는 정도로 물을 알고 있을 뿐입니다. "물을 전기 분해하면 두 가지 원소로 쪼개진다. 그 가운데 한 원소는 이렇게, 다른 원소는 또 다르게 활동한다."라고 말합니다. 그러나 물을 이렇게 원소 단위로 나누었다고 해서 물에 대해 다 말했다고 할 수는 없습니다. 물에는 화학에서 말하는 수소와 산소말고도 더 많은 뜻이 담겨 있습니다. 물은, 예를 들어 달에서 오는 힘을 지구 영역에 잘 퍼질 수 있도록 작용하는 데 큰 몫을 차지합니다. 달과 지구 위에 있는 물 사이에는 어떤 상관 관계가 있습니다. 비가 며칠 온 뒤에 보름 달이 떴다고 생각해 봅시다. 이때는 달에서 나오는 기운으로 말미암아 지구 위에서는 엄청난 일이 벌어집니다. 이 달 기운이 식물 속으로 들어가 식물이 쑥쑥 자라도록 크게 부추깁니다. 만일 보름달이 뜨기 전에 비가 오지 않았다면 이처럼 크게 작용하지는 못합니다. 씨앗을 뿌릴 때 비와 달을 함께 연관을 짓는 것이 어떤 의미가 있는가, 아니면 생각 없이 아무 때나 씨앗을 뿌려도 되는가에 대한 문제는 나중에 다룰 것입니다. 물론 아무 때나 씨앗을 뿌려도 싹은 틉니다. 그러나 같은 씨앗이라도 비가 며칠 온 뒤 보름달이 떴을 때 뿌리면 무성하고 튼튼해지는 반면 해가 며칠 난 뒤 보름달이 떴을 때 뿌리면 약하고 볼품없이 됩니다. 이것만 보아도 '씨앗을 뿌릴 때 비와 보름달에 맞추는 것이 좋지 않은가!'라고 말할 수 있지 않습니까? 옛날 농사 격언에는 이런 문제에 대한 해답이 있었습니다. 알맞은 농사 격언을 하나 찾으면 무엇을 해야 할지 걱정하지 않아도 되었습니다. 그러나 오늘날에 와서는 이런 농사 격언을 한낱 미신으로 치부해 버립니다. 그렇다고 과학이 이런 문제에 대한 답을 갖고 있지도 않습니다. 사실 이런 문제를 과학적으로 밝혀 보려고 하지도 않습니다.

　조금 더 들어가 봅시다. 우리는 지구가 대기권에 둘러싸여 있다는 것을 압니다. 그리고 이 대기권에는 공기의 화학적 성질말고 무엇보다 때로는 따뜻하고 때로는 찬 성질이 있습니다. 어떤 시기에는 이 대기 안에 따뜻한 기운이 한꺼번에 한 곳으로 잔뜩 모여 대기를 팽팽하게 당길 때가 있습니다. 이때 기운이 지나치게 세어지면 벼락이 내려 그 기운이 풀어집니다. 그러면 이 따뜻한 기운이 식물과 어떤 관계를 맺는지 살펴봅시다. 정신-감각 기관으로 보면 물이 규소와 별다른 관계를 맺지 못하는 반면 이 따뜻한 기운은 규소와 아주 강한 관계를 맺고 있고 토성과 목성 그리고 화성에서 오는 기운이 바로 이 규소를 통해 식물에게 특이하게 작용한다는 것을 알 수 있습니다. 토성과 목성 그리고 화성에서 오는 기운을 살펴볼 때는 달에서 나오는 기운을 살펴볼 때와는 매우 다르게 살펴보아야 합니다. 왜냐하면 달이 지구를 도는 주기가 30일 또는 28일밖에 되지 않는데 비해 토성이 태양을 한 바퀴 도는 데는 30년이 걸린다는 사실을 고려해야 하기 때문입니다. 그러니까 토성은 지구에서 15년 동안만 볼 수 있습니다. 그래서 토성은 식물의 성장에 있어 달과 매우 다른 관계를 맺고 있습니다. 물론 토성의 빛은 지구를 뚫고 지나가기 때문에 토성 빛이 비치는 곳 바로 위에만 영향을 끼치는 것이 아니고 그 맞은편까지 영향을 미칩니다.

　그림으로 나타내어 보겠습니다.(그림1 참조) 자, 여기에서 토성의 주기가 시작했다고 합시다. 토성은 30년 주기로 천천히 태양을 돌기

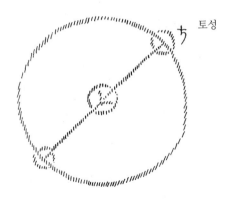

토성

그림 1

때문에 토성 빛이 바로 비치는 부분뿐 아니라 지구를 뚫고 지나가서 맞은편에도 작용합니다.

토성 기운이 지구 위에 있는 식물의 생장에 강하게 작용하고 하지 않고는 지구의 기온 상태에 달려 있습니다. 토성 기운은 기온이 차면 다가오지를 못하고 따뜻하면 다가올 수 있습니다. 그러면 이 토성 기운이 식물에 작용하는 것을 어디에서 볼 수 있습니까?

토성이 지구에 있는 따뜻한 기운에 도움을 받아 식물에 작용하는 것은 1년 안에 씨앗을 남기고 죽는 일년생 식물에서는 볼 수 없고 다년생 식물에서 볼 수 있습니다. 왜냐하면 따뜻한 기운을 통해 간접적으로 식물로 들어가는 토성 기운의 영향은 다년생 식물이 되게 하는 나무 껍질 속에서 볼 수 있기 때문입니다. 다시 말하면 일년생 식물이나 사는 기간이 짧게 한정되어 있는 식물이 나고 죽는 데는 공전 주기가 짧은 행성들이 관련되어 있다고 할 수 있습니다. 이와는 달리 나무를 짧은 기간 살다가 죽게 두지 않고 또 껍질로 싸 주고 또 다년생으로 만들어 주는 데는 따뜻하고 찬 기운을 통하여 간접 작용하는 토성처럼 30년 그리고 목성처럼 12년이나 되는 긴 공전 주기를 가지고 있는 행성들의 힘이 관련되어 있기 때문입니다. 이런 까닭에 만일 어떤 사람이 참나무를 심고자 할 때 화성 주기에 관하여 미리 잘 알고 있으면 아주 바람직합니다. 왜냐하면 화성 주기에 맞추어 참나무를 심으면 생각 없이 아무 때나 심은 참나무보다 훨씬 잘 자랄 것이기 때문입니다. 침엽수는 토성의 영향을 크게 받습니다. 여러분이 만일 침엽수를 심어 숲을 가꾸려고 생각한다면 토성이 올라오는 시기에 심으면 다른 기간에 심을 때보다 훨씬 좋은 숲을 이룰 것입니다. 이런 일을 바로 꿰뚫어볼 수 있는 사람은 어떤 나무를 보면 그 나무가 잘 클 것인지 아닌지 또는 어떤 사람이 나무를 심었을 때 천체의 힘이 자연에 작용하는 상관 관계를 알고 심었는지 모르고 심었는지 정확하게 알 수 있습니다. 이런 일은 눈앞에 쉽게 드러나지는 않지만 삶이 이루어지는 깊은 곳을 들여다보면 다 드러나기 때문입니다.

　예를 들어 지구와 천체 주기에 대한 관계를 모르고 심은 나무를 땔감으로 쓰면 알고 심은 나무가 주는 그런 건강한 열기운을 받을 수 없습니다. 자, 이렇게 눈에 보이지 않는 현상이 사람들의 일상 생활에 엄청나게 크게 작용합니다. 그러나 오늘날 사람들은 이런 눈에 보이지 않는 현상에 아무런 관심조차 보이지 않게 되었습니다. 사람들은 눈에 보이지 않는 현상을 생각하지 않아도 되면 오히려 다행으로 여깁니다. 사람들은 모든 일이 작동 장치를 올리면 움직이는 기계처럼 진행된다고 나름대로 생각합니다. 자연에서 일어나는 모든 현상에 대해서도 물질주의 방식대로 미루어 마음속에 떠올립니다. 그러나 이런 물질주의의 흐름으로 말미암아 실생활에 어마어마한 영향을 미치는 (눈에 보이지 않는) 현상들은 마침내 모두 수수께끼가 되어 버렸습니다. 왜 요즈음은 내가 청소년 때 맛보았던 감자를 다시 먹을 수 없을까요? 여러 곳에서 시도해 보았지만 마찬가지였습니다. 내가 그때 먹었던 곳에서도 이제 다시는 그런 감자를 먹을 수 없습니다. 시간이 지남에 따라 곡식이나 채소 안에 들어 있는 생명력이 완전히 줄어들어 버린 것입니다. 우주에서 오는 은밀한 작용을 더 이상 이해할 수 없기 때문에 지난 몇십 년 사이에 식물에 들어 있는 생명력이 줄어드는 현상은 더욱 두드러지게 나타났습니다. 그러나 이런 은밀한 우주의 작용은 오늘 강의 첫머리에 잠깐 말하고 지나갔던 그런 길을 따라 다시 찾지 않으면 안 됩니다. 오늘은 현재 우리가 가지고 있는 문제가 우리가 내다보는 테두리 너머에 그 원인이 놓여 있다는 것을 먼저 알려드렸습니다. 이제 앞으로 남은 기간에는 강의를 단순히 이런 식으로만 이어가지 않고 실제 적용에 대한 문제도 함께 살펴보면서 더욱 깊이 있게 들어갈 것입니다.

두 번째 강의
1924년 6월 10일

지구와 우주의 기운

이제 처음 몇 시간은 농업을 발전시키는 데 무엇을 먼저 알아야 바로 적용할 수 있는 실천 방안까지 찾을 수 있는가 하는 것에 대하여 이야기하겠습니다. 그러므로 여러분은 지금부터 농작물이 어떻게 생기고 전 우주와 어떠한 관계를 맺고 있는가를 살펴보는데 먼저 마음을 모아야 할 것입니다.

농사를 짓고 가축을 키우는 농장은 농장마다 나름대로 고유한 성질을 갖추고 있는 독립된 개체가 될 수 있어야 충분히 제 가치를 지닐 수 있습니다. 그러므로 모든 농장은 (비록 완전히 이룰 수는 없을지라도) 독립된 고유의 개체 상태를 이룰 수 있도록 애를 써야 할 것입니다. 다시 말하면, 농장을 꾸릴 때 농장에서 필요한 모든 것은 농장 자체 안에서 이끌어 낼 수 있어야 한다는 말입니다. 그러므로 알맞은 숫자의 가축도 마땅히 키워야 합니다. 원칙적으로 따지자면 농장에 외부에서 들여오는 거름이나 거름 비슷한 것은 이미 그 농장이 정상에서 벗어나 있기 때문에 다시 정상으로 되돌리기 위해 어쩔 수 없이 들여오는 치료제로 여겨야 합니다. 농사를 지을 때 필요한 모든 것이 농장 자체에서 해결되어야 제대로 가꾸어진 건강한 농장이라고 할 수 있습니다. 방금 말한 것이 '왜 자연스러운가'는 앞으로 알게 될 것입니다.

어떤 사물을 그 사물의 실제 본질에 비추어 살펴보지 않고 단지 겉으로 보이는 것으로 또는 단순히 물질로 이루어진 것만을 살펴본다면

'이웃 농장에서 소똥을 가져와서 사용하는 것이나 자기 농장 안에서 나오는 소똥을 사용하는 것이나 똑같지 않은가?'라는 질문이 당연히 일어날 것입니다. 물론 앞서 말한 대로 완전한 독립적 개체 농장을 만들 수는 없을 것입니다. 그러나 농사를 이치에 맞게 지으려면 왜 이러한 농장을 꼭 만들어야 하는가에 대한 이해 정도는 하고 있어야 합니다.

농사를 지어 일구는 것이 자라는 땅과 지구 바깥에서 들어오는 영향을 함께 살펴보면 방금 내놓은 주장이 옳다는 것이 드러날 것입니다. 오늘날 대부분의 사람이 말하는 지구 바깥에서 들어오는 영향에 관한 것은 그저 막연한 추상 이론에 지나지 않습니다. 사람들은 태양에서 나오는 빛과 열, 그리고 이로 인해 일어나는 대기 현상과 농작물이 자라고 있는 땅 사이에 어떤 관계가 있다는 것은 압니다. 그러나 여기에 정확하게 무엇이 어떻게 관계되어 있는지에 대한 바른 설명은 오늘날 세상을 보는 관점을 가지고는 얻지 못합니다. 왜냐하면 이 관점으로는 사물의 본질까지 파고들어 갈 수 없기 때문입니다.

그러면 오늘은 농업의 밑바탕인 땅에다 우리의 주의를 모으는 것으로 시작하겠습니다. 앞으로 다른 관점에서도 살펴볼 것입니다. 이 땅을 (이렇게 줄을 그어 땅을 표시하겠습니다) 사람들은 보통 단순히 광물 성질을 가지고 있는 것으로만 봅니다. 기껏해야 부식토가 쌓이거나 거름을 땅속에 넣어야 비로소 어떤 생명체가 생긴다고 봅니다. 이 땅이 어떤 생명뿐 아니라 스스로 이미 어떤 식물 같은 것을 품고 있고, 또 땅속에 아스트랄까지 작용하고 있다고는 보지 않습니다. 이런 것은 오늘날 거의 인정을 하지 않습니다. 아니 생각조차도 하지 않습니다. 조금 더 깊이 들어가 보면 땅속에 들어 있는 이러한 생명이 그 정도는 미세하지만 여름과 겨울에 따라 전혀 다른 것을 볼 수 있습니다. 이런 사실은 실제 삶에 엄청나게 중요하지만 오늘날에는 전혀 관심을 가지고 보지 않습니다. 땅을 살펴보려면 먼저 땅이란 것이 자연 곳곳에서 자라고 있는 생명체의 한 기관과 같은 것이라는 데 주목해야 합니다.

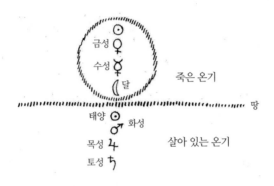

그림 2

땅은 정말 하나의 생명 기관입니다. 비교를 하자면 사람의 횡격막과 비교할 수 있습니다. 물론 정확한 비교는 아닙니다. 그러나 이러한 비교를 통해 땅이 하나의 생명 기관이라고 한 말을 조금 더 쉽게 상상할 수 있으리라 여겨집니다. 사람을 횡격막을 중심으로 보면 그 위에 무엇보다도 호흡과 혈액 순환을 조절하는 기관과 머리가 있습니다. 그리고 그 밑으로는 또 다른 기관들이 있습니다. 이런 식으로 땅을 사람의 횡격막에 비교하면 다음과 같이 말할 수 있습니다. 우리가 지금 살펴보고 있는 농업 존재의 머리는 땅속이고 사람들은 모든 동물과 함께 이 존재의 배 속에 살고 있습니다. 땅 위에 있는 모든 것은 (말로 표현하자면) 이 농업 존재의 내장에 딸려 있는 것입니다. 농사를 짓는다는 것은 실제로는 이 농업 존재의 배 속을 이리저리 다니는 것입니다. 그리고 식물들도 이 농업 존재의 배 속에서 자랍니다. 그러므로 우리는 머리를 땅 밑에다 두고 있는 존재와 마주하고 있는 것입니다. 사람과 관계를 지어 이 농업이라는 존재를 비교하면 이 존재는 머리를 밑에 두고 있는 개체입니다. 동물은 조금 다릅니다. 앞으로 차차 알게 될 것입니다. 그런데 왜 내가, '이 농업의 개체 존재는 머리를 밑에다 두고 있다.'라고 말하겠습니까?

거기에는 다음과 같은 까닭이 있기 때문입니다. 지구에 바로 맞닿아 있는 것, 곧 우리가 그 속에 들어 있으면서 숨을 쉬는 공기, 수증기, 온기와 식물이 받는 바깥 공기, 바깥 온기, 바깥 물기는 실제로 사람의 하반신에 있는 기관과 같기 때문입니다. 이와는 달리 땅 밑에서 일어나는 모든 것은 사람 머리가 전 신체 기관에 영향을 미치는 것처럼(인생 전 기간에 걸쳐 머리가 신체에 영향을 미치지만 어릴 때는 더욱 크게 미칩니다) 전체 식물의 성장에 영향을 미치기 때문입니다. 이렇게 보면 땅 위와 아래에서 끊임없이 이어지는 활발한 상호 작용이 있다는 것을 알 수 있습니다. 그리고 땅 위에서 이루어지고 있는 작용은 태양의 작용을 돕고 또 변화를 주는 달, 수성, 금성(먼저 영향이 미쳐오는 장소로 보길 바랍니다)의 작용에 달려 있습니다. 다시 말하면, 지구 가까이 있는 행성들은 땅 위에 있는 모든 것과 관계를 맺고 있고 또 영향을 줍니다. 이와는 달리 (지구를 중심으로 볼 때) 태양보다 멀리 있는 행성들은 땅 밑에 있는 모든 것에 작용하고 태양이 땅 밑에서 작용하는 것을 돕습니다. 이런 사정을 식물의 성장과 연관시켜 보면 땅 밑에서 일어나는 것은 먼 우주(외행성)에서 오는 작용이고, 땅 위에서 일어나는 것은 지구 가까이(내행성)에서 오는 작용입니다.(그림2 참조)

먼 우주에서 식물의 성장에 작용할 때는 식물에 직접 비추어 작용하는 것이 아니고 땅에서 먼저 받아들인 다음 다시 땅 위로 비추어 주는 것입니다. 곧 땅 밑에서 위로 올라가서 식물의 성장에 이롭거나 해로운 영향을 미치는 것은 실제로는 되비쳐진 먼 우주의 작용입니다. 땅 위에 있는 공기나 물에 바로 영향을 미치는 지구에 가까운 우주의 작용은 공기나 물에 모이고 또 그것을 통해 식물에 영향을 미칩니다. 이렇게 보면 땅의 내부 구조와 식물의 성장 사이에 어떠한 관계가 놓여 있다는 것을 알 수 있습니다. 먼저 식물을 살펴본 뒤에 차차로 동물에게까지 그 범위를 넓혀서 살펴보도록 하겠습니다.

땅속을 살펴보면 땅속에는 아주 먼 우주에서 와서 땅에 영향을 미치는 것과 관계를 맺고 있는 것이 들어 있다는 것을 볼 수 있습니다. 이것은 우리가 보통 모래나 바위라고 부르는 것입니다. 보통 사람들은 흔히 이 모래나 바위는 물을 받아들이지 않고 영양소도 전혀 가지고 있지 않다고들 말합니다. 그러나 다른 것들과 비교해 보아도 식물 성장에 있어서 그 중요성이 조금도 뒤떨어지지 않습니다. 이 다른 것에 대해서도 앞으로 살펴볼 것입니다. 식물의 성장은 아주 먼 우주에서 오는 기운에 완전히 달려 있습니다. 그리고 이 기운은 또 모래나 바위와 아주 밀접한 관계를 맺고 있습니다. 그렇기 때문에 모래나 바위는 식물의 성장에 이루 말할 수 없을 만큼 중요합니다. 땅의 생명-에테르와 땅의 화학 작용이라고 하는 것은 특히 규소 성분이 들어 있는 모래가 먼저 받아들였다가 나중에 되비추어서 일어납니다. 땅 자체가 어떻게 내면적 생명력을 띠게 되고 어떻게 화학 작용을 일어나게 하는가는 온전히 땅이 모래 성분을 어느 정도로 가지고 있느냐에 달려 있습니다. 식물의 뿌리가 땅속에서 자라는 것도 우주의 생명과 우주의 화학 작용이 돌이나 바위를 통해 어느 만큼 간접적으로 받아들여지느냐에 달려 있습니다. 이런 까닭으로 돌이나 바위가 땅속 어느 정도 깊이에 들어 있어도 됩니다. 그러므로 식물의 성장을 연구할 때는 언제나 식물이 자라고 있는 지반에 대해서도 잘 알아야 합니다. 그리고 땅에 (비록 깊은 곳에 들어 있다 하더라도) 규소 성분이 들어 있어야 한다는 것을 잊지 말아야 합니다.

그러나 다행스럽게도 규소는 규산 형태나 다른 결합으로 지구에 47~48%까지 퍼져 있어서 규소가 작용하는 데 필요한 양은 어디서나 충분합니다. 그러면 이제 이런 식으로 뿌리가 규소를 통해 연결지은 것을 어떻게 식물 위로 끌어올릴 수 있는가가 또 문제가 됩니다. 우주에서 규소를 통해 끌어온 것은 당연히 위로 올라가야 합니다. 그리고 땅 위에서, 아니 배 속에서 이루어진 것과 규소를 통하여 우주에서 가져와서 머리를 유지시키는 것 사이에는 끊임없는 상호 작용이 이루어져야 합니다. 왜냐하면 머리가 비록 우주로 말미암아 유지되지만 배 속에서(땅 위에서) 이루어지는 것과 밀접한 상호 작용을 이루어야 하기 때문입니다. 우주에서 들어와 땅속에서 모아진 것은 언제나 다시 위로 올라갈 수 있어야 합니다. 여기에 필요한 것이 바로 땅속에 있는 찰흙입니다. 모든 찰흙 종류는 땅속에 들어오는 우주 존재의 작용을 위로 올라가게 하는 촉진제입니다. 앞으로 우리가 실제 농사에 들어가면 이제 막 얻은 지식이, 찰흙이나 규소 성질이 많은 땅을 어떻게 다루고 그러한 땅에 어떠한 식물을 심을 것인가에 대한 방침을 올바르게 세울 수 있도록 도움을 줄 것입니다. 그러나 먼저 그러한 땅에 도대체 무슨 일이 일어나는지 알아야 합니다. 찰흙에 대한 설명을 한다든지 찰흙을 어떻게 처리해야 땅이 생산력을 가질 수 있게 된다든지 하

66

는 것을 아는 것도 물론 중요합니다. 그러나 그보다 먼저 알아야 할 것은 이 찰흙이 우주의 작용을 위로 잘 올라가게 하는 촉진제라는 것입니다.

그러나 이렇게 위쪽으로 가는 우주의 흐름만 있어서는 안 됩니다. 식물이 여름과 겨울을 지나며 땅 위의 공기 속에서 만들어 내는 모든 것은 배 안에서 이루어지는 일종의 외부 소화라고 할 수 있습니다.(이렇게 만들어 내는 것을 '지구에 속한 것'으로 부르고 싶습니다) 이렇게 소화한 모든 것 또한 땅속으로 다시 들어가서 우주의 작용과 실제로 상호 교환이 일어나야 합니다. 땅 위에 있는 물과 공기를 통하여 만들어진 여러 힘과 극소량의 미세한 물질은 땅에 있는 많고 적은 칼슘을 통하여 땅속으로 이끌려 들어갑니다. 땅속에 들어 있는 칼슘 성분과 땅 바로 위에 퍼져 있는 극소량의 칼슘 성분은 모두가 바로 '지구에 속한 것'을 다시 땅속으로 끌어들이기 위해 있습니다.

여러분. 허튼 소리를 일삼고 있는 현대 과학이 아닌 진정한 과학으로 다가가면 방금 말한 사실을 정확한 수치로도 나타낼 수 있을 것입니다. 그리고 예를 들어 땅 위에 있는 온기, 곧 태양, 금성, 수성, 달 영역에 들어 있는 온기와 목성, 토성, 화성의 영향 아래 들어 있고 땅속에서 효력을 나타내는 온기 사이에는 어마어마하게 큰 차이가 있다는 것도 알 수 있을 것입니다. 이 두 가지 온기 가운데(식물에서 보면) 하나는 꽃 온기와 잎 온기로, 다른 것은 뿌리 온기라고 부를 수 있습니다. 이 두 온기는, 땅 위의 온기는 죽은 온기 그리고 땅 밑의 온기는 살아 있는 온기라고 서로를 구분 지을 수 있을 만큼 분명하게 다릅니다. 땅속에 있는 온기는 내면적 생명 원리 또는 어떤 살아 있는 것을 뚜렷하게 자신 속에 가지고 있는데, 겨울에 가장 많이 가지고 있습니다. 땅속에서 작용하는 이런 온기를 사람이 겪어야 한다면 사람은 모두 이루 말할 수 없이 어리석어지고 둔해질 것입니다. 그래서 사람이 사리에 밝으려면 죽은 온기를 몸속으로 받아들여야 합니다. 바로 이 죽은 온기는 땅속의 칼슘 성분이나 다른 물질 성분을 통해 땅속으로 끌려 들어가는 순간에 또는 외부의 온기가 내부의 온기로 넘어가는 바로 그때 살짝 어떤 특정한 살아 있는 상태로 넘어갑니다. 오늘날 사람들은 땅 아래와 위에 있는 공기 사이에 어떤 차이가 있다는 것을 알고 있습니다. 그러나 땅 아래와 위에 있는 온기 사이에 있는 차이에 관해서는 별 주의를 기울이지 않습니다. 사람들은 땅속에 있는 공기는 탄소를, 그리고 땅 위에 있는 공기는 산소를 더 많이 갖고 있다는 사실을 압니다. 그러나 그 원인에 관해서는 알지 못합니다. 그 원인은 공기도 온기와 마찬가지로 땅속으로 빨려 들어가면 살짝 살아 있는 성향이 스며들기 때문입니다. 이렇게 온기나 공기는 땅속으로 들어 가면 살짝 살아 있는 성향을 얻습니다.

물이나 자신 속에 단단한 땅 성질을 가지고 있는 것은 이와는 다릅니다. 이것들은 바깥에 있을 때보다 땅속에 있으면 더욱 죽어 있습니다. 자신들의 바깥 삶을 잃어버립니다. 그러나 바로 그렇게 함으로써 먼 우주 기운에 자신을 내어놓는 능력을 얻습니다. 광물 성분이 먼 우주 기운에 자신을 내어놓으려면 땅에서 바로 오는 영향에서 벗어나야 합니다. 광물 성분은 현재의 시간 개념으로 1월 15일~2월 15일 사이, 곧 겨울철에 땅속에서, 땅에서 바로 오는 영향을 가장 쉽게 벗어날 수 있고 먼 우주의 영향을 잘 받을 수 있습니다. 이런 사실은 언젠가는 하나의 정확한 지침으로 받아들여질 것입니다. 이 시기는 지구 안에 있는 광물 성분이 가장 큰 결정력, 곧 가장 큰 형성력을 발달시킬 수 있는 시기입니다. 한겨울에 지구 내부는 광물 덩어리 안에서 가장 적게 자신에게 매달려 있고 먼 우주에서 오는 결정력의 영향 아래 자신을 내놓습니다. 이러한 성질이 바로 지구 내부가 가지고 있는 성질입니다.

여러분, 이렇게 생각해 보십시오. 1월이 다 지나가면 지구의 광물 성분은 결정체가 되고자 하는 갈망을 아주 강하게 가집니다. 이때 땅속으로 들어가면 갈수록 광물 성분은 자연 살림살이 안에서 순결정체로 되고자 하는 갈망을 더욱 강하게 가집니다. 식물은 이때 광물에서 일어나는 것에 대해 가장 중립의 위치를 지키고 있습니다. 이때 식물은 땅속에서 가장 많이 자신에게 머물러 있고 광물 성분에게는 가장 적게 자신을 내어놓습니다. 이와는 달리 광물이 결정체로 넘어가는 앞 뒤 시기(주로 앞의 시기)에 광물은 식물의 성장에 이루 말할 수 없이 중요해집니다. 이때 광물은 식물의 성장에 아주 중요한 힘을 뻗칩니다. 어림잡아 11월에서 12월 사이 어느 한 시기에 땅속은 식물의 성장에 아주 특별한 작용을 한다고 말할 수 있습니다. 그러면 '이러한 현상을 어떻게 하면 실제로 식물의 성장에 이용할 수 있을까?'라는 의문이 일어날 것입니다. 왜냐하면 식물의 성장을 바르게 이끌기 위하여 이런 사실을 이용한다는 것이 이루 말할 수 없이 중요하다는 것을 알게 될 것이기 때문입니다.

겨울철에 위쪽으로 영향을 미쳐야 할 것을 땅 자체가 쉽게 실어나르지 못할 때는 땅에다 어느 정도 찰흙을 넣어 주는 것이 좋습니다. 이렇게 하면 땅속 결정력을(눈 결정체에서 쉽게 볼 수 있습니다) 땅 위로 끌어올려서 식물의 성장에 쓰일 수 있도록 땅을 준비시켜 줍니다. 이 결정력은 땅속으로 들어갈수록 더욱 밀도가 높고 강해집니다. 그리고 끝까지 이르지 못한 결정력도 1월이나 2월이 되면 결국 끝까지 도달하게 됩니다.

자, 이렇게 겉보기에는 식물의 성장과 먼 것 같은 사실이 오히려 식물의 성장에 아주 바람직한 방향을 보여 줄 수 있고 엄청나게 큰 도움을 줄 수 있다는 것이 나타나지 않습니까? 이런 방향 제시가 없으면 이것저것 시도해 보다가 얼마든지 길을 잃어버릴 수도 있습니다. 여러분! 이 농업 분야는 무엇보다도 땅 밑에 있는 존재와 깊은 관계를 맺고 있고 이 존재의 삶은(이 존재도 시간 속에 살아가는 존재로 나타낼 수 있습니다) 겨울에 특히 강하고 여름에는 어느 정도 죽는다는 것을 잘 기억해 두십시오.

자, 이제 땅을 기름지게 하는 데 가장 중요한 것이 무엇인지 살펴봅시다. 여러분, 가장 중요한 점은 (인지학자들에게는 자주 하는 말입니다) 우주의 기운이 땅에 잘 작용할 수 있는 조건이 무엇인지 아는 것입니다. 이 사실을 제대로 이해하기 위해 먼저 씨앗이 생기는 데에서 시작해 봅시다. 사람들은, 싹이 트는 이 씨앗을 보통 아주 복잡한 분자 구조를 갖고 있는 것으로 봅니다. 그리고 씨앗이 이루어지는 것을 복잡한 분자 구조로써 파악하는 데 큰 가치를 둡니다. 사람들은, 분자는 하나의 정해진 구조를 갖고 있는데(단순한 분자는 단순한 구조, 복잡한 분자일수록 더 복잡한 구조) 단백질 분자에 이르면 그 구조가 어마어마하게 복잡하다고 말합니다. 사람들은 이제 씨앗 안에 들어 있는 것은 복잡한 단백질 구조라고 생각해 낸 것에 스스로 놀라고 감탄합니다. 그리고 다음과 같이 생각합니다. "씨앗 안에 들어 있는 단백질 분자 구조는 어마어마하게 복잡함에 틀림없다. 그렇지 않으면 어떻게 그 어마어마한 생명 조직이 생기겠는가? 이 생명 조직은 생명 조직이 싹트기 전에 이미 씨앗 안에 들어 있었다. 그러므로 씨앗 안에 들어 있는 이 미세한 조직 또는 초미세한 조직도 어마어마하게 복잡하게 만들어져 있음에 틀림없다."

이런 생각은 어느 정도까지는 맞습니다. 땅 위에서 단백질이 만들어질 때 그 분자 구조도 더 이상 복잡해질 수 없을 정도까지 발전합니다. 그러나 이렇게 복잡한 구조에서는 새로운 생명 조직이 나올 수 없습니다. 결코 없습니다. 왜냐하면 생명 조직은 어미 동물이나 식물에서 태어나 씨앗으로 만들어진 대로 다음 세대로 이어지지 않기 때문입니다. 이런 생각은 조금도 맞지 않습니다. 어떤 생명 조직이 더 이상 갈 수 없을 정도로 복잡하게 구성되었으면 이 구조는 허물어지고 여기에 하나의 작은 혼돈이 일어난다는 것이 실제로 맞는 생각입니다. 복잡한 구조는 우주의 먼지 속으로 허물어져 버린다고 말할 수 있습니다. 씨앗이 더 이상 다다를 수 없을 정도까지 복잡하게 만들어졌다가 우주의 먼지 속으로 허물어지고 거기에 작은 혼돈이 일어나면 그때서야 주변에 있는 전 우주가 씨앗에 두루 작용하기 시작해 씨앗에 우주의 자취를 새겨 넣고 전 우주의 작용을 통하여 이루어 낼 수 있는 것을 혼돈에서 이끌어 냅니다.(그림3 참조)

사람들은 사실 씨앗 속에서 전 우주가 새겨진 모습을 보는 것입니다. 씨앗이 만들어질 때마다 땅 위의 생명 조직 과정은 혼돈에 이르기까지 나아갑니다. 그리고 그때마다 전 우주가 씨앗에 들어 있는 혼돈에서 새로운 생명 조직을 이끌어 냅니다. 원식물의 생명 조직은 자신과 같은 성질을 이미 씨앗에 가지고 있기 때문에 주변의 우주가 작용할 때 민들레 씨앗에서 매자나무가 나오는 것이 아니라 다시 민들레가 나오도록 하는 것입니다. 식물 하나하나에 새겨지는 것은 언제나 우주에서 별들이 이루는 어느 한 위치입니다.

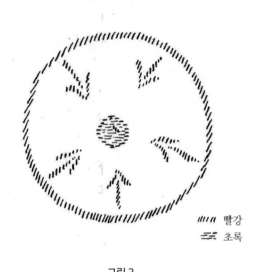

/////// 빨강
==== 초록

그림 3

이제 우리가 우주 기운을 지상 세계로 가져오려면 지상에 속한 것을 최대한 혼돈 속으로 몰아넣어야 한다는 것을 알 수 있습니다. 우주의 영향을 미치게 하고 싶은 곳곳에 지상에 속한 것을 될 수 있는 대로 최대한 혼돈 상태에 몰아넣어야 합니다. 식물이 자라는 데는 물론 자연 스스로 어느 정도까지 혼돈이 일어나도록 돌봅니다. 그리고 모든 새로운 생명 조직은 우주에서 일구어지므로 다시 씨앗이 만들어질 때까지 생명 조직 안에 이 우주에 속한 것을 잘 간직하도록 돕는 것도 꼭 필요합니다.

전 우주의 한 순간이 새겨져 있는 어떤 식물의 씨앗 하나를 땅속에 심는다고 합시다. 이 씨앗에는 특정한 천체의 위치가 영향을 미친 특정한 형태가 갖추어져 있습니다. 씨앗이 땅에 심어지면 바로 그때 지구 외부의 기운이 아주 강하게 씨앗에 작용하고 씨앗은 우주에 속한 것에 저항해 될 수 있는 한 모든 방향으로 무성하게 자라고 싶은 갈망으로 가득 찹니다. 왜냐하면 지구에서 작용하는 것은 우주에서 받은 형태를 꼭 그대로 지켜나가려 하지 않기 때문입니다. 우주에 속한 것은 식물의 형태로 씨앗 속에 들어 있습니다. 이 씨앗은 먼저 혼돈으로 몰아넣어져야 합니다. 그러나 다른 한편으로는 씨앗에서 싹이 트고 잎이 나올 때 다시 이 식물 안으로 지상에 속한 것을 넣어 주어야 합니다. 식물이 자라도록 지상에 속한 것을 가져다 주어야 합니다. 식물을 자라게 하려면 땅에 이미 있는 삶(아직 완전한 혼돈에 빠지지 않고 씨앗으로 만들어지기 전에 식물 조직 속으로 들어가는 것을 멈춘 삶)을 식물의 삶 속으로 넣어야 합니다. 이때 자연의 혜택으로 이미 부식토가 이루어져 있는 지역은 아주 유리합니다. 인공적으로는 자연 부식토가 일구어 내는 것을 따라갈 수가 없기 때문입니다.

부식토를 이루고 있는 바탕은 무엇입니까? 자연의 흐름 속에 받아들여진, 식물의 삶에서 나온 것이 그 바탕에 깔려 있습니다. 우주에 속한 것은 혼돈에 이르지 않은 것을 어느 특정한 방식으로 되돌려 보냅니다. 혼돈 상태까지 이르지 않은 것을 식물이 자라는데 함께 쓰면 지상에 속한 것을 실제로 식물 속에 잘 붙들어 둘 수 있습니다. 우주에 속한 것으로는 씨앗이 만들어지는 흐름에 영향을 미치도록 할 수 있고 지상에 속한 것으로는 잎이나 꽃 등을 만들도록 그 영향을 미치게 할 수 있습니다. 그리고 이 모든 과정에 우주에 속한 것이 그 작용을 비추어 줍니다. 이 과정은 사실 아주 정확하게 관찰할 수 있습니다.

여기 뿌리에서 위로 자라는 식물이 있다고 합시다. 줄기 끝에서 씨앗이 들어 있는 열매를 맺습니다. 그리고 잎도 내고 꽃도 피웁니다. 자,

여러분! 잎과 꽃 속에 있는 지상적인 것은 지상의 물질로 채워진 형태입니다. 잎이나 꽃이 두터워지고 무성하게 자라는 원인은 아직 혼돈에 이르지 않은 지상에 속한 것을 우리가 식물 안에 들여 넣는데 놓여 있다고 할 수 있습니다. 이와는 달리 옆 둘레로 발달 하지 않고 줄기를 따라 오직 수직으로 온 힘을 다해 발달하는 씨앗은, 우주 기운이 식물의 잎과 꽃을 두루 비춥니다. 이것도 실제 바로 볼 수 있습니다.

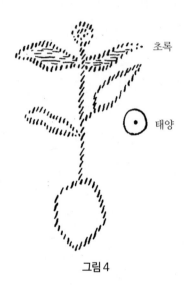

초록

태양

그림 4

식물의 녹색 잎을 한번 보십시오.(그림4 참조) 녹색 잎은 그 모양, 두께 그리고 그 빛깔 안에 지상에 속한 것을 지니고 있습니다.

그러나 만일 식물의 잎 안에 태양이 가지고 있는 우주 기운이 함께 살아 있지 않다면 녹색을 띨 수 없을 것입니다.

꽃이 가지고 있는 빛깔도 한번 봅시다. 꽃에는 태양의 우주 기운뿐 아니라 태양을 도와주는, 지구에서 멀리 떨어진 행성인 화성, 목성, 토성의 기운도 들어 있습니다. 이런 사정을 식물과 연관시켜 장미꽃을 보면 장미꽃이 가지고 있는 빨간 빛깔에서는 화성의 기운을 볼 수 있습니다. 노란 해바라기를 봅시다. 이 꽃을 태양 꽃이라고 부르는 것은 사실 맞는 말이 아닙니다. 꽃 모양을 따서 그렇게 부르지만 꽃이 가지고 있는 노란 빛깔로 보면 사실은 목성 꽃이라고 불러야 맞을 것입니다. 왜냐하면 태양의 우주 기운을 받쳐 주는 목성 기운은 꽃에다 흰 빛깔과 노란 빛깔을 만들어 주기 때문입니다. 이제 파란 빛깔을 띠고 있는 치커리 꽃에 다가가 보면 치커리 꽃이 가지고 있는 파란 빛깔 속에 태양의 작용을 받쳐 주고 있는 토성의 작용을 짐작할 수 있습니다. 빨간 꽃 속에서 화성을, 그리고 희고 노란 꽃 속에서 목성을, 그리고 파란 꽃 속에서 토성을 볼 수 있고 태양은 녹색 잎 가운데에서 볼 수 있습니다.

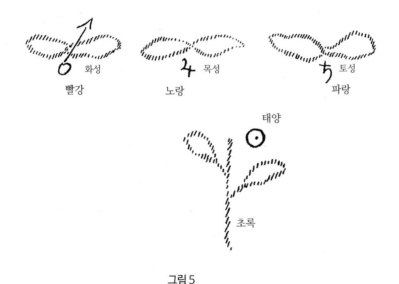

그림 5

그러나 꽃잎의 빛깔 속에 나타나는 것은 특히 뿌리에 강한 기운으로 작용합니다. 왜냐하면 멀리 있는 행성에서 살며 기운을 일으키는 것이 땅속에서도 작용을 하기 때문입니다. 우리가 어떤 식물을 땅에서 뽑아 보면 이렇게 말해야 합니다. 식물의 뿌리에 우주에 속한 것이 들어 있다면 꽃에는 지상에 속한 것이 가장 많이 들어 있습니다. 단지 꽃의 빛깔에 우주에 속한 것이 아주 옅게 드러나 있습니다. 이와는 달리 지상에 속한 것이 강하게 뿌리 속으로 깃들면 뿌리를 어떤 형태로 이끕니다. 왜냐하면 식물은 지상 영역 안에서 생기는 것을 가지고 만들 수 있기 때문입니다. 형태가 옆으로 퍼지는 것은 지상에 속한 것입니다. 만일 뿌리가 갈라지거나 가지가 생기고 옆에 또 다른 뿌리가 생기는 것은 (꽃의 빛깔 속에서 우주에 속한 것이 위쪽으로 작용한 것처럼) 지상에 속한 것이 아래쪽으로 작용한 것입니다. 그래서 단일 형태로 자란 뿌리를 우주의 뿌리라고 할 수 있습니다. 이와는 달리 가지처럼 갈라진 뿌리는 (우주에 속한 것이 꽃의 빛깔에서 그 영향을 나타내듯이) 지상에 속한 것이 땅속에 영향을 미친 것으로 볼 수 있습니다.

태양에 속한 것은 그 중간에 있는 것입니다. 태양의 요소는 꽃과 뿌리 사이의 모든 것과 상호 교환 작용을 합니다. 무엇보다도 녹색 잎에 가장 큰 영향을 미칩니다. 태양에 속한 것은 횡격막에 비유한 땅이고 우주에 속한 것은 땅속에 있으며 식물 위로 영향을 미칩니다. 그러나 땅 위에 작용하는 지상에 속한 것은 칼슘 성분의 도움으로 땅속에도 들어가서 영향을 미칩니다. 그래서 지상에 속한 것이 칼슘 성분을 통해 강하게 뿌리까지 끌어당겨진 식물은 (가시완두처럼 동물에게 좋은 먹이가 되는 풀, 그러나 순무는 아닙니다) 나뭇가지처럼 사방팔방으로 뿌리를 뻗습니다. 그래서 식물을 알려면 뿌리의 모양이나 꽃의 빛깔을 살펴서 우주에 속한 것과 지상에 속한 것이 서로 어떻게 작용하고 있는가를 주의해서 보아야 한다고 말할 수 있습니다.

우리가 어떤 방법으로 우주에 속한 것을 식물 안에 꼭 붙들어 둘 수 있다고 합시다. 그러면 이 우주에 속한 것은 꽃 피우고 씨앗을 맺는데 자신을 나타내지 않고 아마 줄기에서만 한껏 삶을 누릴 것입니다. 이 우주에 속한 것은 식물 안의 어느 성분 안에서 살고 있을까요? 우리가 앞서 살펴본 바에 따르면 규소 성분 안에서 살고 있습니다. 쇠뜨기를 한번 보십시오. 이 식물은 우주에 속한 것을 끌어와서 자신을 온통 우주에 속한 것으로 채우는 성질을 갖고 있습니다. 사실 이 식물 안에서 규산이 차지하고 있는 비율은 90%나 됩니다. 이 식물은 이른바 우주에 속한 것을 지나칠 정도로 많이 지니고 있습니다. 그러나 이 우주에 속한 것은 꽃을 피우는데 나타나지 않고 주로 줄기에 나타납니다. 다른 예를 한번 들어보겠습니다.

줄기를 지나 잎을 향해 위로 뻗쳐 올라가려는 것을 뿌리 안에 붙들어 두는 시도를 한다고 합시다. 오늘날 사람들은 이런 일을 별로 해보려고 하지 않습니다. 왜냐하면 오늘날에는 여러 가지 사정으로 이미 식물의 종류를 고정시켜 두고 있기 때문입니다. 아주 오랜 옛날에는 그 사정이 달랐습니다. 그때는 한 종류의 식물을 다른 종류로 쉽게 바꿀 수 있었습니다. 그때는 이런 시도가 커다란 관심거리였습니다. 오늘날에도 그때와 마찬가지로 이런 일을 다시 한번 생각해 보아야 합니다. 왜냐하면 특정한 식물이 잘 자라는 환경 조건을 찾아야 하기 때문입니다.

우주 기운을 꽃과 씨앗으로 완전히 뻗게 하지 않고 밑에 남겨 두어서 어떤 둥치나 잎이 되려는 것을 뿌리에 붙들어 두려면 어떻게 해야 할까요? 이렇게 하고자 하는 식물은 모래가 많은 땅에서 자라도록 해야 합니다. 모래에 들어 있는 규소 성분이 바로 이 우주에 속한 것을 잘 붙들어 두기 때문입니다. 이런 까닭으로 감자는 모래가 많은 땅에 심어야 합니다. 그러면 감자는 꽃 피우는 것을 억눌러 감자 자체 속으로 붙들어 둡니다. 그렇지 않으면 우주 기운을 감자 속에 붙들어 두지 못합니다. 감자는 뿌리가 아니고 잎이나 줄기를 만드는 기운이 뿌리 속에 붙들려 있는 뿌리-줄기입니다.

앞서 말한 이 모든 것에서 식물 성장의 밑바탕이 되는 것을 말할 수 있습니다. 그 밑바탕은 가장 먼저 식물의 어느 부분에서 우주 요소와 지상 요소가 나타나는가를 살펴보는 것입니다. 그리고 어떻게 하면 특정한 성질을 가지고 있는 땅을 우주 요소가 더 꽉 차도록 만들어 뿌리나 잎에 이 우주 요소를 들여보낼 수 있을 것인가를 살펴보거나 또 어떻게 하면 뿌리에 모여 있는 우주 요소를 옅게 만들어서 식물 위로 끌어당겨 예쁜 꽃을 피우게 하거나 맛있는 열매가 맺히도록 할 수 있는가를 살펴보는 것입니다. 살구나 자두가 가지고 있는 좋은 맛은 꽃의 빛깔과 마찬가지로 열매까지 올라온 우주 요소입니다. 여러분은 사실 사과 속에서 목성을 먹고 자두 속에서 토성을 먹습니다. 만일 현대 인류가 오직 현재의 인식 수단으로 얼마 되지 않는 태고 시대의 식물에서 오늘날 우리가 가지고 있는 다양한 과일나무를 일구어 내야 한다면, 태고 시대의 인류가 본능으로 갖고 있던 원초적 지혜를 통해 원시종에서 고등 과일나무로 발달시킨 것만큼 일구어 낼 수 없었을 것입니다. 지난날 이미 일구어 낸 과일나무 종류를 유전을 통해 잇지 못하고 매번 새로 만들어 내야 한다면 현재 인류의 영리한 머리만 가지고는 별 손을 쓸 수 없을 것입니다. 왜냐하면 사람들은 자연이 이루어

내는 실제 과정 속으로 들어가서 그 과정을 이치에 맞게 보지 못하고 오직 이런 저런 시도를 통해서만 이루어 내려고 하기 때문입니다. 그러나 우리가 이 땅에서 어느 정도 농사라도 지으려면 그렇게 사물의 깊은 곳까지 들어가서 사물의 이치를 제대로 이해하여야 합니다. 이것이 바로 우리가 다시 찾아야 하는 농사의 기본 조건입니다.

우리가 잘 아는 슈테게만 씨가 "농작물의 품질을 현재의 상태로 유지한다는 것은 사실 농작물의 품질을 떨어뜨리는 것이다."라고 한 말은 아주 옳습니다. 이렇게 품질이 떨어지는 것은(이런 말을 어쩌면 잘못 받아들일 수도 있습니다) 지난 몇십 년 사이에 암흑의 시기Kali Yuga가 끝이 나면서 일어날 인간의 영혼 상태의 변화와 관련되어 있습니다. 이뿐만 아니라 현재 인간은 자연 내부의 커다란 전환기 앞에 서 있습니다. 옛날부터 지금까지 이어져 내려왔고 또 이어서 전해주고 있는 자연에 대한 지식이나 타고난 재능은 지금까지 우리가 전해 받아 왔던 약제와 마찬가지로 그 가치를 잃어 가고 있습니다. 우리는 이런 일과 관계를 맺고 있는 자연을 전체적으로 바로 알기 위해 다시 새로운 지식을 쌓아야 합니다. 인류는 현재 자연과 우주에 놓여 있는 전반적 관계에서 출발하여 여러 방면에 걸쳐 다시 배우지 않으면 인간의 삶도 사라지고 자연도 퇴화하도록 내버려 두는 수밖에 다른 선택의 여지가 없습니다. 지난날 자연에 놓여 있는 질서 속으로 깊이 들어가는 지식이 실제 필요했듯이 오늘날도 마찬가지로 그러한 지식이 다시 필요합니다. 오늘날 사람들은 공기가 (앞에서 이미 말했습니다) 땅속에서 어떤 상태에 있는지 아주 조금 압니다. 그러나 빛이 땅속에서 어떤 상태에 있는지는 거의 모릅니다. 사람들은 우주 광물인 규소가 땅속에서 빛을 받아서 그 빛을 작용하게 하고, 이와는 달리 지상-생명 요소에 가까이 있는 부식토는 빛을 받지 않고 그래서 빛을 작용하게 하지 않고 빛이 없는 작용을 일으킨다는 것에 대하여 모릅니다. 그러나 이런 사실들을 실제 꿰뚫어보고 알아야 합니다.

지구 위에는 식물만 자라고 있지 않습니다. 지역에 따라 그 지역에 살고 있는 특정한 동물도 있습니다.(사람에 관해서는 앞으로 이야기할 것이기 때문에 그냥 넘어가겠습니다) 그러나 동물에 관해서는 그냥 넘어갈 수가 없습니다. 왜냐하면 동물에게는 같은 지역에서 자라고 있는 식물과 함께 가장 뛰어난 우주적 차원의 분해를 스스로 해내는 특성이 있기 때문입니다. 만일 어느 농장에 알맞은 수의 소, 말을 비롯한 다른 동물을 기르고 있다면 이 동물들이 농사를 짓는데 필요한 만큼, 그리고 혼란에 빠진 농사를 보충시키기에 필요한 만큼 알맞게 배설물을 내어놓습니다. 이 사실을 실제 실험을 통해 확인을 해 보십시오 그러면 방금 한 말이 틀림없다는 것이 분명 드러날 것입니다. 알맞은 수의 소, 말, 돼지를 기르면 이로 인해 거름의 혼합 비율도 알맞아집니다. 이것은 동물들이 땅이 내어주는 만큼 식물을 먹는 것과 관계가 있습니다. 같은 이유로 동물들은 먹고 소화하는 과정에서 또다시 땅에 돌려주어야 할 만큼 배설물을 만들어 냅니다. 사실 농장 외부에서 어떤 거름을 가져와야 한다면 (완전하게 실행할 수는 없겠지만 방금 말했던 것을 이상으로 삼는 것이 아주 바람직합니다) 이 들여온 거름은 이미 병을 앓고 있는 농장에 사용하는 치료제로써 여겨야 합니다. 그러므로 기르고 있는 동물만으로 그 농장에서 필요한 거름을 충당할 수 있어야 건강한 농장이라고 말할 수 있습니다. 여기에는 물론, 어떤 농사를 지을 때는 어떤 종류의 동물이 얼마나 있어야 한다는 것을 정확하게 알려줄 수 있는 올바른 과학이 발달해야 합니다.

그러나 자연에 작용하는 내면적 기운에 대한 지식을 다시 갖출 수 있어야 비로소 방금 말했던 것도 뚜렷하게 밝혀질 것입니다. 그리고 우리가 앞에서 땅 위는 농업이라는 존재의 배 안이고 땅 밑은 머리라고 설명한 것도 동물의 몸 구조를 제대로 이해하기 위한 것이었습니다. 동물의 생명 조직은 자연이 꾸려 나가는 흐름에 완전히 들어가서 삽니다. 형태와 빛깔을 갖추는 것이나 뼈대의 구조나 몸의 내구성과 관계를 맺는 이 모든 것이 우주 전체의 영향 아래 놓여 있습니다. 동물의 입에서 심장에 이르는 부분(빨강)은 토성, 목성, 화성의 영향을 받고, 심장은 태양의 영향을 받으며, 심장을 지나서 꼬리에 이르는 부분(파랑)은 금성, 수성, 달의 영향을 받습니다.(그림6 참조)

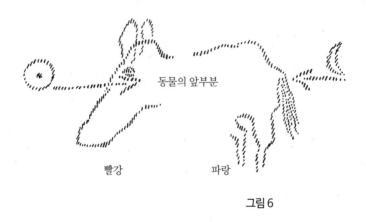

동물의 앞부분

빨강   파랑

그림 6

방금 말한 것과 관련을 지어 보면 앞으로 이런 일에 관심을 갖고 있는 사람들은 동물의 몸이 이루는 형태에 관해서도 제대로 볼 수 있는 눈을 길러야 합니다. 동물의 형태에 대한 바른 지식을 쌓는 것은 이루 말할 수 없이 중요합니다.

여러분, 박물관에 가서 다음과 같은 의식을 가지고 포유동물의 골격을 한번 자세히 살펴보십시오. 머리의 형태를 이루는 데는 주로 태양의 빛이 작용합니다. 태양의 작용이 담겨 있는 태양빛이 어느 방향에서 입을 향해 비치느냐에 따라 그리고 또 다른 원인에 따라 머리와 머리에 바로 맞닿아 있는 부분의 형태가 정해집니다. 동물은 여러 자세로 태양빛에 그 몸을 드러냅니다. 사자는 말과는 다르게 몸을 드러내 놓습니다. 그리고 다른 원인에 대해서는 나중에 살펴볼 것입니다. 자, 이렇게 동물의 형태를 이루는 것은 바로 태양의 빛과 관계가 있습니다.

자, 여러분! 생각해 보십시오. 태양의 빛은 또 다른 길을 통해서 곧 달의 반사를 통해서도 지구 테두리 안으로 들어옵니다. 이런 까닭으로 태양의 빛뿐만 아니라 달빛까지도 살펴보아야 합니다. 달에 반사되어 비쳐지는 태양의 빛은 동물 머리에는 아무런 영향을 미치지 못합니다. 그러나 이 달빛은 동물의 몸체 뒷부분에는 큰 영향을 미칩니다.(방금 말한 사실들은 특히 신생 동물이 어미 배 속에 들어 있을 때 적용됩니다) 여러분, 동물의 몸체 뒷부분의 골격 구조와 두개골의 구조를 비교해서 살펴보십시오. 그 관계가 아주 특이한 것을 알 수 있습니다.

넓적다리가 붙어 있고 소화 기관이 들어 있는 골격 구조와 머리에서 안쪽으로 이루고 있는 골격 구조는 정반대 관계에 놓여 있습니다. 이렇게 서로 반대되는 관계에 놓여 있는 것을 보면서 형태 감각을 발달시켜 보십시오 그러면 동물의 앞과 뒤 부분에 태양과 달이 서로 대응해서 나타나는 것을 볼 수 있을 것입니다. 그리고 더 나아가 보면 태양의 작용은 심장에 이르고 머리와 피를 만드는데 작용하는 화성, 목성, 토성의 영향은 심장에 이르기 전에 멈춥니다. 심장을 지나서 꼬리에 이르는 부분까지는 달이 수성과 금성의 도움을 받아 작용한다는 것을 알 수 있습니다. 동물을 돌려서 머리를 땅 밑으로 꼬리 부분을 위로 둔다면 눈으로 보이지는 않지만 이 농업이라는 개체 존재의 자세를 짐작할 수 있습니다. 이렇게 해서 여러분은 동물의 형태에서 시작해서 (동물이 먹는) 식물이 자라는 땅에 필요한 것과 동물이 내는 배설물 사이의 관계를 찾을 수 있을 것입니다. 왜냐하면 이제 여러분은 예를 들어, 우주 작용은 땅속에서 땅 위로 이끌려 올라온다는 것을 잘 알기 때문입니다. 어떤 동물이 우주의 영향이 특히 많이 들어 있는 식물을 먹고 소화 배설 과정을 거쳐 배설물을 내면 이 동물은 식물이 자라는 땅에 아주 적합한 거름을 주는 것입니다.

자, 여러분! 이렇게 자연이 가지고 있는 형태를 올바로 읽어 낼 수 있으면 어떤 독립적 개체 존재인 농장에서 필요한 모든 것을 얻을 수 있습니다. 반드시 동물을 함께 고려해야 합니다.

세 번째 강의
1924년 6월 11일

자연의 활동에 대한 관찰
자연 안에 작용하는 정신

여러분에게 이미 말한 지구와 우주의 기운은 (농업의 범위 안에서) 지구에 있는 물질 성분을 통해 나타납니다. 이런 까닭으로 농사를 지을 때 실제 알아야 할 많은 관점을 찾는 길로 넘어가기 위해서는 앞으로 며칠 동안 다음 질문에 놓여 있는 사항을 자세히 살펴보아야 합니다. 지구와 우주의 기운들은 어떤 식으로 지구에 있는 물질 성분을 통해 나타나는가? 이 질문에 대한 답을 찾기 위해서 먼저 자연의 활동에 관해 어느 정도 보충하는 강의를 해야 할 것 같습니다.

농사를 지을 때 갖는 중요한 의문 가운데 하나는 바로 모든 농작물에 영향을 미치는 질소에 관한 것입니다. 그러나 질소가 주는 근본 영향에 관한 해답은 오늘날 어디에서 찾아야 할지 모를 정도로 깊은 수렁에 빠졌습니다. 실제로 사람들은 질소가 작용하는 것을 오직 겉으로 보이는 것만 또는 그 작용의 여운만 볼 뿐 질소가 작용하고 있는 전체 자연 안으로는 한 번도 들어가 보지 않습니다. 사실은 자연만 살펴보아서는 제대로 그 답을 얻을 수 없습니다. 자연을 넘어서 우주까지 범위를 넓혀야만 가능합니다. 식물이 자라는데 질소가 가장 중요한 몫을 차지한다고는 말할 수 없을지도 모릅니다. 그럼에도 불구하고 질소에 대해 이해하는 것은 식물의 생명을 이해하는데 우선적으로 필요합니다.

자연에서 작용할 때 질소는 말하자면 네 형제를 가지고 있습니다.

자연계 안에서 질소가 어떤 기능을 하고 있고 어느 만큼 중요한가를 제대로 파악하려면 이 네 형제에 관해서도 알아야 합니다. 이 네 형제는 질소와 함께 (오늘날 오직 표면만 연구하는 과학계에 아직까지 비밀에 싸여 있는) 식물성·동물성 단백질과 깊은 관계를 맺고 있습니다. 이 네 형제는 바로 탄소, 산소, 수소, 유황입니다.

단백질을 제대로 이해하려면 수소, 산소, 질소, 탄소뿐만 아니라 유황도 같이 살펴보아야 합니다. 왜냐하면 유황이 바로 단백질 안에서 물질과 정신이 가지고 있는 조형력 사이를 이어 주는 역할을 맡고 있기 때문입니다. 따라서 물질 세계 안에서 정신이 나아가는 흔적을 따라가려면 유황의 움직임을 따라가야 한다고 말할 수 있습니다. 물론 유황의 움직임은 다른 요소들처럼 그렇게 잘 드러나지는 않습니다. 그러나 정신은 바로 이 유황의 길을 따라 자연계의 물질 안으로 작용하기 때문에 유황의 움직임은 당연히 매우 중요한 의미를 갖고 있습니다. 유황은 바로 정신의 전달자입니다. 옛날에는 이 유황을 라틴어로 '태양을 나르는 자(sulfur)'라고 불렀습니다. 이 이름은 그리스어로 빛을 나르는 자란 뜻을 가진 '인phosphorus'과 거의 같은 뜻을 가지고 있습니다.

그런데 자연계 안에 들어 있는 이 유황의 움직임은 너무나 미묘하기 때문에 먼저 다른 네 형제, 곧 탄소, 수소, 질소, 산소를 자세히 살펴보는 것으로 온 세상에 들어 있는 이 요소가 정말 무엇인지 바로 이해할 수 있을 거라 생각합니다. 현대 과학자들도 이 요소들에 대하여 아는 것이 그다지 많지 않습니다. 이 요소들이 실험실에서 겉으로 어떻게 나타나는가 하는 정도밖에 알지 못합니다. 온 세상에 들어 있는 이 요소들이 가지고 있는 눈에 보이지 않는 역할에 관해서는 실제로 전혀 모릅니다. 왜냐하면 이런 요소들이 가지고 있는 본질 속으로 파고 들어가야만 그 진정한 의미를 알 수 있음에도 현대 과학자들이 하는 행동은(물론 책을 쓰거나 강연을 합니다) 사실 사진기로 사진을 찍는 것에 지나지 않기 때문입니다.

먼저 탄소부터 살펴봅시다. (이런 지식이 식물을 키우는 데 어떤 도움이 되는가는 앞으로 드러날 것입니다) 탄소는 아주 높고 귀한 위치에서 오늘날 낮고 천한 위치로 떨어졌습니다. 나중에는 불행하게도 다른 많은 우주 존재도 탄소와 같은 길을 가겠지요. 사람들은 탄소를 생각하면 얼핏 난로에 넣는 석탄이나 연필심을 만드는 흑연 정도를 떠올립니다. 금강석만은 아직도 탄소의 특수 화합물로서 귀한 대접을 받고 있습니다. 그러나 누구나 쉽게 구해서 볼 수 없으니 그 가치를 제대로 알아주기란 그렇게 쉽지 않습니다. 이렇게 보면 사람들이 탄소에 관해 알고 있는 것은 탄소가 실제 전체 우주에서 차지하고 있는 이루 말할 수 없는 중요함에 비하면 아주 보잘 것 없습니다. 이 검은 녀석은(녀석이라고 한 번 부르겠습니다) 몇백 년 전까지만 하더라도 '현자의 돌'이란 이름을 붙일 정도로 아주 귀하게 다루어졌습니다. 사람들은 이 '현자의 돌'에 관하여 이런 저런 이야기를 많이 늘어놓았습니다. 그러나 이런 수다 가운데 맞는 말은 별로 많지 않습니다. 사실 연금술사나 그와 비슷한 사람들이 '현자의 돌'이라고 한 것은 여러 단계에 걸쳐 각기 다르게 나타나는 탄소를 뜻했습니다. 그들은 이 탄소의 이름을 비밀에 부쳤습니다. 만일 그렇게 하지 않았다면 모든 사람이 '현자의 돌'을 손에 넣겠다고 떠들어대지 않았겠습니까? 그들이 뜻한 것은 물론 탄소입니다. 왜 이 탄소를 '현자의 돌'이라고 불렀을까요?

이 질문에는 옛날 사람들이 가졌던 관점으로 대답할 수 있습니다.

이러한 관점은 오늘날에도 사실 알아야 합니다. 여러분! 만일 사람들이 탄소를 일정한 형태를 갖추지 않은 존재로 보지 않고, 또 탄소를 사람과 동물의 몸 안에서 살아 있는 과정 속에서 보지 않고, 또 자신의 성질로 식물 조직을 만들 때 일어나는 살아 있는 과정 속에서 보지 않고, 자연 안에서 여러 과정을 거치면서 이루어진 석탄이나 흑연 덩어리로만 본다면 이는 실제 탄소와는 거리가 있는 단지 어떤 일의 끝부분이나 시체를 마주하고 있는 것과 같습니다.

탄소는 말하자면 자연 속에서 형태를 이루는 과정에 들어 있는 모든 존재에게 형태를 실어 나르는 존재입니다. 비교적 그렇게 오래가지 않는 식물의 형태나 끊임없이 변하는 동물의 조직 형태를 들여다보면 탄소는 대단한 조각가 노릇을 하고 있다는 것을 알 수 있습니다. 탄소는 단순히 검은 성질을 자신 안에 실어 나르는 존재에 불과한 것이 아닙니다. 탄소가 완전히 내면의 움직임으로 들어가면 자연 가운데 형태를 이루는 모든 존재에게 형태를 만들어 내게 하는 우주의 영감을 실어 나릅니다. 탄소 안에는 어떤 조각가가 은밀하게 들어 있습니다. 그런데 이 숨은 조각가는 자연 속에서 여러 가지 모양을 만들어 낼 때 유황을 씁니다. 이런 까닭으로 우리가 자연 속에 있는 탄소를 바르게 보려면 우주 정신이 조각가로서 어떻게 유황에다 자신을 적시어 활동하고 또 어떻게 탄소의 도움으로 고정된 식물 모양을 만드는지 살펴보아야 합니다. 그리고 생기자마자 사라지는 인간 형태를 어떻게 다시 만드는지도 살펴보아야 합니다. 사람은 탄소를 산소와 결합시켜 탄산가스로 만들어 내보냅니다. 이로 말미암아 어떤 모양이 생길 때마다 언제나 바로 파괴할 수 있습니다. 그런 까닭으로 사람은 식물이 아니고 사람일 수 있습니다. 사람 몸 안에 있는 탄소는 그대로 두면 사람을 지나치게 딱딱하고 굳게 만듭니다. 야자나무 둥치처럼 만듭니다. 그러나 탄소가 사람을 굳히려 할 때 사람은 호흡으로 탄소의 그러한 경향을 곧바로 줄입니다. 탄소를 딱딱함에서 끄집어내어서 산소와 결합시켜 바깥으로 내보냅니다. 그래서 사람은 사람에게 필요한 부드러운 모습을 갖출 수 있습니다.

그러나 식물 속에서 탄소는 식물이 어느 정도 고정된 모양을 지닐 수 있도록 들어가 있습니다. 일년생 식물 속에서도 마찬가지입니다. 사람에 관한 옛말 가운데 이런 말이 있습니다. "피는 아주 특별한 즙이다." 인간의 자아는 피 속에서 맥박치고 피 속에서 자신을 물질로써 나타낸다고 분명히 말할 수 있습니다. 그러나 좀 더 정확하게 말하면 피 속에서 자아라고 부르는 인간 정신이 움직이는 곳은 사실 짜고 만들고 만든 것을 다시 풀어 버리는 (유황에 적신) 탄소가 다니는 길입니다. 그리고 인간의 실제 정신인 자아가 탄소 속에서 살 듯이 우주 정신 속에 있는 우주 자아도 어느 정도 유황을 통한 간접적 방법으로 형태를 만들었다가 언제나 다시 풀어 버리는 탄소 속에서 삽니다. 지구의 발달 초기에 가장 먼저 나온 것이 바로 이 탄소입니다. 그런 다음 나중에 가서야 (예를 들어) 인간 구조를 단단하게 받쳐 줄 수 있는 칼슘이 잇따랐습니다. 이렇게 칼슘이 잇따랐기 때문에 사람은 탄소 속에 살아 있는 자아가 움직일 수 있도록 단단하게 받쳐 주는 석회질 골격 구조를 만들 수 있었습니다. 동물도 마찬가지로 같은 석회질 골격 구조를 만듭니다. 적어도 고등동물은 그렇습니다. 칼슘으로 말미암아 사람은 (단순한 광물 형태인) 여러 가지로 변하는 탄소 형태에서 나와서 땅이 갖고 있는 단단한 형태로 나아갑니다. 사람은 칼슘을 통하여 단단한 땅의 요소를 뼈대 속에 넣습니다.

자, 여러분! 이렇게 생각할 수 있습니다. 살아 있는 모든 것은 많든 적든 하나로 고정되어 있지 않은 탄소 성질을 기본 구조로 삼고 있습니다. 그리고 이 탄소의 길에 정신이 움직이고 있습니다. 방금 말한 것을 여러분이 이해하기 쉽게 아주 단순한 그림으로 나타내어 보겠습니다.

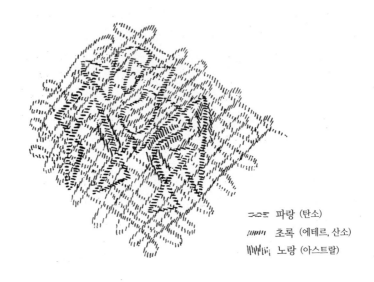

파랑 (탄소)
초록 (에테르, 산소)
노랑 (아스트랄)

그림 7

정신이 유황의 도움으로 세운 구조를 이렇게 그리겠습니다.(파랑) 이 구조는 탄소가 (유황 속에서 아주 적은 양으로) 끊임없이 변하며 움직이는 구조이거나 아니면 식물에서처럼 다른 요소와 섞여서 많든 적든 굳어진 탄소 뼈대입니다. 자, 여러분! 우리가 사람이나 그 밖에 살아 있는 존재를 살펴보면 이 존재 안에는 실제 생명을 실어 나르는 존재인 에테르가 들어차 있어야 한다는 것을 압니다.(이 점은 내가 자주 이야기한 바 있습니다) 그러므로 이 그림에서 나타내고 있는 한 생명의 탄소 뼈대에 에테르가 가만히 붙어 있든지 아니면 많든 적든 움직이는 가운데 들어차 있어야 합니다. 이 에테르는 뼈대 전체에 퍼져 있어야 합니다.(초록) 따라서 이 탄소 뼈대 곳곳에 에테르가 있어야 한다고 말할 수 있습니다.

그러나 이 에테르는 혼자 따로 떨어져서는 우리 지상의 물질 세계 안에서 에테르로 존재할 수 없습니다. 이 에테르는 (만일 이 에테르를 실어 나를 물질이 없다면) 지상의 물질 세계 안에서 어느 것 하나 안으로 들어갈 수 없고 손을 댈 수 없을 것입니다. 정신은 언제나 정신을 실어 나를 물질 운반자가 있어야 한다는 점이 무엇보다도 지구에서 볼 수 있는 독특한 점입니다. 그러나 물질주의자들은 정신을 실어 나르는 물질 운반자만 보고 정신은 잊어버립니다. 우리에게 가장 먼저 다가오는 것이 바로 물질이기 때문에 충분히 그렇게 생각할 수는 있습니다. 그래서 물질주의자들은 정신은 정신을 실어 나르는 물질 운반자를 곳곳에 필요로 한다는 사실에 전혀 주의를 기울이지 않습니다. 에테르 가운데 작용하는 정신은 다시 어느 정도 유황에 적셔져(에테르 속에는 가장 낮은 정신이 작용한다고 말할 수 있습니다) 에테르로 가득 차 있는 물질 운반자를 통해 (형태를 이루는 뼈대가 아닌) 끊임없이 움직임 속에 있는 생명 구조 속으로 들어갑니다. 에테르 속에서 유황의 도움으로 생명 작용을 끌어들이는 물질은 바로 산소입니다. 그림7에서 초록색으로 그린 것을 (물질면에서 보면) 산소로 보면 됩니다. 그리고 또 산소의 길 위에서 물결치듯이, 떠는 듯이, 위 아래로 엮어 있는 듯한 것이 에테르의 본질을 나타내는 것으로 보십시오.

이러한 산소의 길 위로 에테르가 유황의 도움을 입고 움직입니다.

이렇게 하여 비로소 호흡이 의미를 가질 수 있습니다. 우리는 호흡 과정을 통하여 산소를 받아들입니다. 오늘날 물질주의자들은 오직 물을 전기 분해했을 때 증류기 안에 생긴 산소에 대해서만 말합니다. 그러나 이 산소 안 곳곳에는 (우리 주변의 공기 안에서 죽어 있지 않으면) 가장 낮은 정신인 에테르가 살고 있습니다. 살아 있는 산소로 인해 우리가 의식을 잃지 않도록 우리가 숨을 쉬는 공기 안에서는 산소의 에테르는 죽어 있습니다. 만일 높은 에테르가 사람 안으로 들어오면 사람은 의식을 잃을 것입니다. 만일 신체 가운데 자라서는 안 되는 부분이 마구 자라나면 우리는 혼수상태에 빠지고 위험한 지경에 이르게 됩니다. 이와 같이 우리 주변의 공기가 살아 있고 그 속에 있는 산소가 살아 있으면 우리는 감각이 완전히 마비된 상태로 걸어다닐 것입니다. 우리 주변의 산소는 죽어 있어야 합니다. 그러나 산소는 생겨났을 때부터 생명의 기운을 실어 나르는 운반자라고 말하고 싶습니다. 산소는 사람의 감각 주변을 겉에서 싸고 있어야 하는 과제에서 벗어나면 곧바로 생명을 나르는 운반자가 됩니다. 숨을 통해 사람 안으로 들어오면 다시 살 수 있습니다. 사람 안에 돌고 있는 산소와 바깥에 놓여 있는 산소는 같은 산소가 아닙니다. 사람 안에 있는 산소는 살아 있는 산소입니다. 공기 속에 있는 산소가 땅속으로 들어가면 동물 안에서나 사람 안에서보다는 살아 있는 정도가 훨씬 약하지만 여전히 살아 있는 산소가 됩니다. 땅속에 있는 산소는 땅 위에 있는 산소와 같은 산소가 아닙니다.

이런 사실에 대하여 물리학자들이나 화학자들과 서로 이해를 나누기란 어렵습니다. 이 사람들이 사용하는 방법을 따르자면 땅 위에서 여러 가지로 관계를 맺고 있는 산소를 그 관계에서 따로 떼어 내어 죽은 상태의 산소만 눈앞에 두고 보아야 하기 때문입니다. 그러니 어떻게 이런 과학자들과 서로 이해를 나눌 수 있겠습니까? 현대 과학은 감각으로 알 수 있는 물리 현상만을 인정하려 듭니다. 현대 과학은 시체밖에 이해할 수 없습니다. 사실 산소는 살아 있는 에테르를 실어 나르는 운반자입니다. 바로 이 살아 있는 에테르가 산소를 다스리고 유황을 통한 길을 따라서 작용합니다.

자, 한편으로 여기 탄소 뼈대가 (어느 정도는 산소 옆에) 있습니다. 이 속에 지구 위에서 인간에게 다다를 수 있는 정신 가운데 가장 높은 정신인 인간 자아 또는 식물 속에 작용하는 우주 정신이 그 작용을 나타냅니다. 그리고 다른 한편으로 (사람에게 일어나는 호흡 과정을 살펴보면) 에테르를 나르는 산소가 사람 안에서 생기는 것을 볼 수 있습니다. 그 뒤에 사람 안에서는 움직이고 있는 탄소로 된 뼈대를 볼 수 있습니다. 이 두 가지는 서로 함께 맞추어야 합니다. 산소는 탄소 뼈대를 통해 미리 표시해 둔 어떤 길 위를 갈 수 있어야 합니다. 산소는 탄소-정신이 미리 표시해 둔 어떤 선을 따라갈 수 있어야 합니다. 자연 곳곳에서 에테르-산소는 정신-탄소로 가는 길을 찾을 수 있어야 합니다. 어떻게 합니까? 누가 중개자 역할을 맡습니까?

이 중개자가 바로 질소입니다. 질소는 탄소를 통해 이루어진 형태 속으로 생명을 이끕니다. 질소는 나서는 곳 어디에서나 탄소 안에서 먼저 모양을 이룬 정신에다 생명을 이어 주는 과제를 맡고 있습니다. 곳곳에서(동물 세계와 식물 세계 그리고 땅속에서도) 산소와 탄소 사이에 다리를 놓는 일은 질소를 통해 이루어지고 있습니다. 질소 안에서 유황의 도움을 입고 이곳저곳 살림을 사는 정신은 우리가 바로 아스트랄이라고 부르는 정신입니다. 이 아스트랄 정신은 인간의 아스트랄체星氣体 속에 또 지구 둘레에 들어 있습니다. 식물과 동물 그리고 그 밖의 삶에도 영향을 미칩니다.

자, 이렇게 (정신의 관점에서 보고 말하자면) 우리는 산소와 탄소 사이에 아스트랄을 들여 두었습니다. 이 아스트랄은 (물질에 작용하기 위하여) 질소를 사용하면서 자신을 드러냅니다. 질소가 있는 곳곳에 아스트랄이 퍼집니다. 왜냐하면 에테르가 구름처럼 곳곳에 밀려들더라도 질소가 이 에테르를 아주 세차게 탄소 쪽으로 끌지 않는다면 이 에테르는 탄소 뼈대에 조금도 주의를 기울이지 않을 것이기 때문입니다. 질소는 탄소 안에 있는 선이나 길이 나 있는 곳곳에 산소를 끌어갑니다. 질소 안에 있는 아스트랄이 에테르를 끌고 갑니다. 질소는 에테르를 정신에게 끌고 가는 아주 대단한 존재입니다. 사람 안에 있는 질소는 이렇게 단순한 생명과 정신 사이를 이어 주는 존재이므로 인간 영혼에 매우 중요합니다.

질소는 사실 놀랄 만큼 대단한 존재입니다. 만일 인간의 신체 조직 안에서 질소가 가는 길을 좇아간다면 이 질소가 다시 완전한 사람인 것을 알아차릴 수 있습니다. 이런 질소 사람이 있습니다. 신체 안에서 이 질소 사람을 끄집어낼 수만 있다면 이 사람은 우리가 상상할 수 있는 유령 가운데 가장 아름다운 유령이 될 것입니다. 왜냐하면 이 유령은 한편으로는 사람의 튼튼한 뼈대를 그대로 본뜰 것이고 다른 한편으로는 곧바로 다시 생명으로 흘러갈 것이기 때문입니다.

자, 호흡이 이루어지는 과정을 한번 들여다봅시다. 사람은 숨을 들이쉴 때 산소를 받아들입니다. 에테르를 받아들이는 것입니다. 거기에 사람 안에 있는 질소가 와서(모양을 이루고 있고, 얼기설기 엮어져 있고, 모양을 달리하는) 탄소가 있는 곳곳으로 산소를 이끌고 갑니다. 질소는 산소를 데려가서 산소로 하여금 탄소를 내보내게 합니다. 바로 이 질소가 산소를 탄소에 이어 주어 탄산 가스가 생기게 합니다. 그렇게 생긴 탄산 가스는 우리가 숨을 내쉴 때 몸 밖으로 나갑니다.

질소는 우리 주변 곳곳을 둘러싸고 있습니다. 생명을 실어 나르는 산소는 아주 조금밖에 없습니다. 대부분은 아스트랄 정신을 실어 나르는 질소입니다. 산소는 낮에 사람에게 없어서는 안 됩니다. 밤에도 마찬가지입니다. 우리 주변에 없어서는 안 됩니다. 그러나 질소는 아마 산소만큼 중요하게 여기지는 않을 것입니다. 왜냐하면 숨을 쉬는데 질소는 별 필요가 없다고 여기기 때문입니다. 그러나 질소는 우리의 정신과 관계를 맺고 있습니다. 다음과 같은 실험을 한번 해 볼 수 있습니다. 한 사람이 어떤 공간에 들어 있습니다. 이 공간에 들어 있는 공기에서 질소를 조금 뽑아 내어 평소보다 질소의 양을 적게 만든다고 합시다. 이 실험을 주의 깊게 해낼 수 있으면 질소가 곧바로 다시 채워지는 것을 확인할 수 있을 것입니다. 외부가 아닌 바로 사람 내부에서 모자라는 질소를 채우는 것을 볼 수 있을 것입니다. 사람은 자신이 있는 공간을 몸에 익숙한 상태로 되돌리기 위해 자신이 가지고 있는 질소를 내어놓아야 합니다. 우리는 우리의 모든 내부와 주변 사이에 알맞은 질소 비례 관계를 만들어 내지 않으면 안 되도록 구성되어 있습니다. 바깥에 있는 질소의 양이 평소보다 더 적어서는 결코 안 됩니다. 우리는 숨을 쉴 때 질소를 필요로 하지 않으므로 질소가 평소보다 모자라더라도 별 어려움이 없을 것이라고 생각하기 쉽습니다. 그러나 사람이 정신과 관계를 맺기 위해서는 평소에 몸에 익숙해 있는 만큼 질소가 꼭 있어야 합니다.

자, 이제는 질소가 정신의 영역에 아주 중요한 역할을 차지한다는 것을 알게 되었으리라 생각합니다. 그리고 바로 이 질소가 식물의 삶에 없어서는 안 된다는 생각도 떠올릴 수 있을 것이라 여겨집니다. 땅위에서 자라는 식물은 동물처럼 아스트랄체는 가지고 있지 않고 오직 물질체物質體와 에테르체精氣體만 가지고 있습니다. 그러나 아스트랄은 식물 바깥에서 식물을 감싸고 있어야 합니다. 만일 아스트랄이 바깥에서 식물에 닿지 않으면 식물은 꽃을 피우지 못할 것입니다. 식물은 동물이나 사람처럼 아스트랄을 맞아들이지는 않지만 바깥에서 그기운과 닿아 있어야 합니다.

아스트랄은 곳곳에 있습니다. 그리고 아스트랄의 운반자인 질소도 곳곳에 있습니다. 질소는 공기 중에 시체로써 짜여져 있습니다. 그러나 땅속으로 들어오는 순간 다시 살아납니다. 마치 산소가 살아나듯이 질소도 살아납니다. 이 질소는 단순히 살아나는 것에 그치지 않고 민감해집니다.(이 점은 특히 농업 분야에서는 주의를 기울여야 하는 점입니다. 그러나 오늘날 비틀어진 물질주의자들의 두뇌에는 모순으로 나타날 것입니다) 질소는(전 지구의 삶 위에 퍼져 있는) 비밀에 가득 찬 민감한 느낌을 실어 나르는 존재가 됩니다. 질소는 지구 위 어떤 지역에 알맞은 양의 물이 있으면 좋은 느낌을 갖고 너무 적으면 싫은 느낌을 갖습니다. 만일 어느 땅 위에 올바른 식물이 있으면 좋은 느낌을 갖습니다. 자, 이렇게 질소는 모든 것에 어떤 종류의 느끼는 삶을 불어넣어 줍니다.

내가 어제 그리고 그 전 시간에 하늘에 있는 토성, 태양, 달과 그 밖의 행성들이 식물의 형태와 식물의 삶에 영향을 미친다고 말했습니다. 이 말에 대하여 여러분은 '잘 모르겠다'라고 말할 수 있습니다. 여러분! 보통 살아가면서 '모르겠다'라는 말을 할 수 있습니다. 그러나 곳곳에 있는 질소는 잘 압니다. 아주 잘 압니다. 질소는 별들에게서 오는 것이 식물의 삶과 지구의 삶에 걸쳐 골고루 영향을 미친다는 것을 모르고 있지 않습니다. 질소는 민감한 중계자입니다. 인간의 감각-신경 조직 안에서 일어나는 느낌도 바로 질소가 전달합니다. 질소는 진실로 느낌을 실어 나르는 존재입니다.

자, 여러분! 곳곳에서 이리저리 자유롭게 움직이는 질소를 눈여겨보면 실제 자연의 삶이 가지고 있는 미묘한 모습을 엿볼 수 있습니다. 그리고 식물의 삶에 이루 말할 수 없이 중요한 것도 이 질소를 어떻게 다루느냐에 달려 있다는 것을 알 수 있습니다. 식물의 삶에 중요한 역할을 맡고 있는 질소에 대한 것은 앞으로 계속해서 살펴볼 것입니다. 그러나 그 전에 다른 것을 먼저 살펴봅시다. 이 또한 매우 중요합니다.

지금까지 여러분은 정신에서 나온 탄소가 뼈대를 이루고 아스트랄에서 나온 질소가 탄소 뼈대를 민감하게 만들고 산소 속에서 에테르가 작용한다는 것을 보았습니다. 이 모든 것은 진실한 협동 작업입니다.

그러나 여기에는 또 다른 어떤 것이 물질 세계를 넓은 우주와 강하게 맺어 주어야 합니다. 왜냐하면 지구가 오직 하나의 단단한 물체로써(다른 세계와 따로 떨어져) 우주 속에서 이리저리 떠돌아 다녀서는 안 되기 때문입니다. 지구가 만일 그렇게 한다면 그것은 마치 어떤 사람이 농사를 짓고 살면서 바깥 논밭에서 자라고 있는 것과 상관하지 않고 따로 살겠다고 하는 것과 같습니다. 이런 행동은 이성이 있는 사람이라면 하지 않을 것입니다. 지금 논밭에서 자라고 있는 것은 어느 정도 시간이 지나면 여러분의 위장 속에 들어가 있을 것입니다. 그리고 또 어느 정도 시간이 지나면 어떤 식으로든 논밭으로 되돌아갑니다. 사람이 주변 환경과 따로 떨어져 살 수 있다고는 아무도 말할 수 없습니다. 사람은 자신의 주변과 서로 연결되어 있습니다. 사람은 어떻든 주변 환경에 딸려 있습니다. 내 작은 손가락이 나에게 딸려 있듯이 손가락 주변에 있는 다른 신체 부위도 물론 전체 인간에게 딸려 있습니다. 사람과 주변 환경 사이에는 끊임없이 물질 교환이 일어나야 합니다. 지구 안에 있는 모든 존재와 전체 우주 사이에도 마찬가지입니다. 지구 위에서 물질의 형태를 띠고 사는 모든 것은 우주로 되돌려질 수 있어야 하고 우주 속에서 어느 정도는 정화되고 승화될 수 있어야 합니다.

자, 여기 그림에서(그림7 참조) 파란색으로 그린 것이 탄소 뼈대이고 초록색이 생명 기운을 띤 산소 존재입니다. 그리고 산소 곳곳에서 나와서 질소를 통하여 여러 선을 따라 이루어진 것이 아스트랄입니다.(노란색) 곧 탄소 종류와 산소 종류 사이에 중간 과정을 이루는 것입니다. 곳곳에 질소가 파란색 선 안으로 초록색 선 안에 간단하게 표시한 것을, 끌고 오는 것을 그릴 수 있습니다.

생명 존재 가운데 미묘한 윤곽선을 띤 형태로 만들어진 모든 것은 한 번은 다시 사라질 수 있어야 합니다. 지구 위에서 형태가 사라지는 것에 그치지 않고 우주 속으로 사라질 수 있어야 합니다. 이 역할을 정신과 아주 가까운 수소가 맡습니다. 이 수소는 스스로 물질 가운데 가장 미세하지만 물질로 된 것을 완전히 흩날리고 유황에 실어서 서로 구별할 수 없는 우주 속으로 흘러들어 가게 합니다.

이렇게 말할 수 있습니다. 정신은 이러한 구조 안에서 물질로 되었습니다. 그리고 정신은 이런 구조가 이루고 있는 형체 속에서 아스트랄로 살고 자신의 모상模像 속에서 정신으로, 자아로 삽니다. 이때 정신은 물질로 바뀐 정신으로 물질 방식대로 삽니다. 물질 속에서 어느 정도 시간이 지나면 정신은 편안하지 않습니다. 자신을 풀어 버리려 합니다. 이제 정신은 또다시 한 성분이 필요합니다. 정신이 다시 유황에 적시어 정해진 모든 구조를 벗어나 이런저런 조직으로 규정되어 있지 않은 우주 속으로 떠날 때 필요한 성분이 바로 수소입니다. 수소는 한편으로는 정신에 가깝고 다른 편으로는 물질에 가깝습니다. 수소는 어느 정해진 형태를 지닌 것이나 삶이 깃들어 있는 아스트랄을 넓은 우주 속으로 다시 실어 갑니다. 이렇게 우주 속으로 간 정신을(앞서 설명한 대로) 다시 지상에서 받아들입니다. 수소는 모든 것을 풀어 버립니다.

여러분, 이렇게 다섯 성분이 있습니다. 유황, 탄소, 수소, 산소, 질소입니다. 이 성분들은 살아 있는 것 안에서 또 겉보기에 죽은 것 안에서 (사실은 잠시 죽어 있을 뿐입니다) 서로 작용하고 엮여져 있습니다. 이 성분들은 모두 나름대로 특정한 성질을 가지고 있는 정신과 깊은 내면적 관계를 맺고 있습니다. 그러므로 오늘날 일반 화학이 말하는 것과는 전혀 다릅니다. 현대 과학은 어떤 성분의 시체에 관해서만 말할 뿐입니다. 실제 성분에 관해서는 말하지 않습니다. 우리는 다시 이 성분들을 살아 있는 것으로 또 느끼는 것으로 알아야 합니다. 오직 수소만 가장 적게 정신을 갖고 있습니다. 왜냐하면 가장 얇고 원자 무게도 아주 적게 나가기 때문입니다.

자, 여러분! 명상을 하면 어떤 일이 일어납니까? 여러분이 앞서 말한 것을 한갓 망상으로 여기지 않도록 명상에 관한 것을 덧붙여 말하겠습니다. 동양에서는 동양 나름대로 명상을 해 왔습니다. 여기 중부 유럽에서는 또 이곳 나름대로 명상을 합니다. 여기에서는 명상을 할 때 호흡 과정 자체에는 다만 간접적으로 기댈 뿐 집중과 명상 자체에 열중합니다. 그러나 여기서 하는 영혼-연습에는 비록 아주 여리고 미세하지만 신체를 거스르는 면이 있습니다. 명상을 할 때는 언제나 비록 아주 미세하지만 (인간의 삶과 아주 밀접한 관계에 놓여 있는) 호흡의 일정한 움직임에 어떤 변화가 일어납니다. 명상을 할 때는 평상시에 깨어 있을 때보다 조금 더 탄산 가스를 간직합니다. 언제나 조금 더 많은 탄산 가스가 우리들 안에 남습니다. 평상시처럼 모든 탄산 가스를 다 내쉬지 않고 조금 남겨 둡니다. 모든 탄산 가스를 질소가 우리를 둘러싸고 있는 곳으로 다 내쉬지 않고 조금 남겨 놓습니다.

자, 여러분! 여러분이 만일 책상 모서리에 머리를 부딪치면 오직 자신의 고통만 의식합니다. 그러나 책상을 부드럽게 쓰다듬으면 책상 표면도 느끼고 그 밖에 다른 것도 느낄 것입니다. 명상할 때도 이와 마찬가지입니다. 조금씩 여러분은 (주변을 감싸고 있는) 질소가 가지고 있는 경험 속으로 자랍니다. 이것이 실제 명상을 할 때 이루어지는 과정입니다. 모든 것은 인식으로 바뀝니다. 질소 안에 들어 있는 것도 마찬가지입니다. 이 질소는 영리한 친구입니다. 질소는 수성, 금성, 그 밖의 별들이 무엇을 하는지 다 알고 또 느낄 수 있기에 명상하는 사람에게 이에 관한 것을 가르쳐 줍니다. 이 모든 것은 실제 과정에 온전히 그 뿌리를 내리고 있습니다. 실제로 이러한 내면적 작업을 하면 그때 벌써 정신이 농업과 관련이 있는 것을 어느 정도 얻습니다. 여기에 관해서는 조금 더 정확하게 다룰 것입니다. 여기에 바로 (우리가 잘 아는 슈테게만 씨가 늘 관심을 쏟았던) 영혼-정신과 우리 주변에 있는 것 사이에 공동 작업이 일어납니다. 그러므로 농사를 짓는 사람이 명상을 할 줄 안다고 해서 나쁠 것이 없습니다. 명상을 통하여 질소가 나타내는 것을 더 잘 받아들일 수 있기 때문입니다. 질소가 나타내는 것을 점점 더 잘 받아들일 수 있게 되면 그 전보다 훨씬 다른 방법으로 또 다른 의미를 가지고 농사를 지을 것입니다. 그러면 갑자기 여러 가지를 알 수 있게 됩니다. 떠오릅니다. 그때 크고 작은, 경작지를 다스리고 있는 모든 비밀을 알 수 있습니다.

자, 여러분! 한 시간 전에 말했던 것을 바로 되풀이할 필요는 없겠지만, 관점을 조금 달리해서 다시 한번 설명을 하겠습니다. 어떠한 농부가 있습니다. 학자들은 농부들을 보고 학식이 높다고 말하지 않습니다. 이 농부가 논밭 위를 걸어갈 때도 그 농부를 보고 우둔할 것이라고 말합니다. 그러나 실제로 이 말은 맞지 않습니다. 왜냐하면 이 농부는 사실 명상을 하는 사람이기 때문입니다. 농부가 긴 겨울밤을 지내면서 명상을 한 것은 아주 커다란 뜻이 있습니다. 이때 이 농부는 어떤 종류의 정신적 깨달음을 얻습니다. 다만 그러한 깨달음에 관해 말로 나타낼 수 없을 뿐입니다. 갑자기 그러한 깨달음에 다다릅니다. 어떤 농부가 긴 겨울에 걸쳐 명상을 한 뒤에 논밭 위를 걸어갑니다. 그때 갑자기 어떤 깨달음을 얻습니다. 실제로 그렇습니다. 뭔가를 알게 됩니다. 그리고 그 뒤에 또 그 안 것을 가지고 실험을 해 봅니다. 이런 일은 내가 농부들과 가까이 살았던 청소년 시절만 하더라도 자주 겪은 일입니다. 분명히 그렇습니다.

사실 이러한 정신적 깨달음에다 농업의 뿌리를 내려야 합니다. 그러나 단순한 지식만 갖고서는 이러한 정신적 깨달음을 얻을 수 없습니다. 단순한 지식은 우리를 이렇게 깊숙한 데까지는 이끌지 못합니다. 이런 정신적 깨달음에다 뿌리를 내려야 합니다. 자연에서 일어나는 삶은 정말 미묘하게 짜여져 있습니다. 그러므로 거칠고 엉성한 논리를 가지고 세운 개념으로는 제대로 파악할 수 없습니다. 그런 잘못을 현대 과학이 저질렀습니다. 거칠고 엉성한 이론으로 이루 말할 수 없이 미묘하게 짜여진 자연의 내부를 들여다보려 합니다.

여러분! 유황, 탄소, 산소, 질소, 수소는 단백질 안에서 하나가 됩니다. 이제 씨앗이 만들어지는 과정에 대하여 여러분이 지금까지보다 훨씬 더 정확하게 파악할 수 있습니다. 여러분! 만일에 탄소, 수소, 질소가 나뭇잎, 꽃받침, 뿌리에 나타나면 이 요소들은 또 곳곳에 있는 다른 요소와 어떤 모양으로든 맺어져 있습니다. 이 요소들은 다른 요소에 달려 있고 따로 떨어져 있지 않습니다. 오직 두 가지 길로 이 요소들은 다른 요소로부터 따로 떨어질 수 있습니다. 한 길은 수소가 모든 것을 넓은 우주 속으로 실어 나르는 것입니다. 수소가 어떤 사물에 들어 있는 모든 특성을 끄집어내 일반 혼돈 속에 떠오르도록 하는 것입니다. 다른 길은 씨앗이 만들어지는 공간 속에다 원래의 단백질 성분을 몰아넣은 다음 그곳에서 독립적으로 만들어 우주의 영향을 받아들일 수 있도록 하는 것입니다. 씨앗이 만들어지는 공간도, 끝없이 멀리 떨어진 우주 둘레도 혼돈입니다. 이 두 혼돈이 서로 상호 작용을 해야 합니다. 그때 비로소 새 생명이 생깁니다.

자, 이제 실제로 정신을 실어 나르는 (사람들이 일컫는) 이 요소들이 자연 안에서 어떤 식으로 작용하는지 한번 살펴봅시다. 사람 안에서 산소나 질소는 아주 정상적으로 작용합니다. 산소나 질소의 특성은 사람 안에서는 살아 있습니다. 그러나 이러한 특성은 자연 안에서 겉보기에 감추어져 있기 때문에 일반 과학으로는 알아보지 못합니다. 탄소 성질과 수소 성질로 이루어진 것은 사람 안에서 제대로 작용할 수 없습니다. 먼저 탄소 성질을 띤 것을 살펴봅시다. 탄소 성질로 작용하는 것이 동물이나 사람 안으로 들어오면 처음부터 바로 고정되지 않고 움직여야 합니다. 형태를 이루어도 임시로 이루는 형태이어야 합니다. 탄소가 동물이나 사람 안에서 고정 형태를 이루기 위해서는 아주 깊이 놓여 있는 구조 위에 그 형태를 세워야 합니다. 그 구조는 바로 사람의 골격 구조 속에 들어 있는 석회질입니다. 우리가 늘 지니고 있는 규산질 안에도 들어 있습니다. 이런 까닭으로 사람이나 동물 안에 있는 탄소는 어느 정도까지 자신의 형성력을 숨길 수 있습니다. 이때 탄소는 칼슘과 규산이 가지고 있는 형성력에 휘감겨서 올라갑니다. 칼슘은 탄소에게 지상 형성력을, 규소는 우주 형성력을 줍니다. 동물이나 사람 안에서 탄소는 혼자서 결정하지 않고 칼슘이나 규소가 만들어 내는 형태에 의지합니다. 칼슘과 규소는 식물이 자라는 데도 기본 요소가 됩니다.

우리는 이제 탄소가 사람의 골격 구조와 규산질 구조 내부와는 달리 소화 과정, 호흡 과정, 순환 과정 안에서는 무엇을 일으키는지에 대한 인식을 발달시켜야 합니다. 이러한 인식을 발달시킬 수 있다면 우리가 사람 안으로 직접 기어 들어가서 보는 것처럼 여러 순환 과정에서 무엇이 일어나는지를 어느 정도 알 수 있고 또 탄소가 칼슘과 규소에 기대어 어떻게 자신의 형성력을 비추어 내는지를 어느 정도 알 수 있을 것입니다. 이러한 인식의 눈은, 식물로 덮여 있고 그 속에 칼슘과 규소를 갖고 있는 땅을 볼 때도 마찬가지로 발달시켜야 합니다. 사람 속도 땅속도 물론 들여다볼 수 없습니다. 그러나 이러한 정신 인식을 발달시키면 어떻게 질소가 산소를 붙잡아서 칼슘과 규소에 기대어 있는 탄소에게 데리고 내려가는지 볼 수 있습니다.(단지 탄소를 지나가기 때문이라고 말할 수도 있습니다) 우리 주변에 산소로서 살아 있는 것을 땅속으로 데리고 가야 한다고도 말할 수 있습니다. 산소를 질소의 도움으로 땅속 깊은 곳으로 데려가서 규소에 또 칼슘 안에서 모양을 이루며 기댈 수 있게 해야 합니다.

이런 기적과 같은 과정은 민감한 감수성만 있으면 콩과 식물인 나비 모양의 꽃에서 아주 잘 관찰할 수 있습니다. 농사에서 보면 질소 수집가로 부를 수 있는 이런 식물들은 모두 질소를 자기 쪽으로 끌어당겨서 땅속에 저장합니다. 따라서 이 콩과 식물을 살펴보면 다음과 같이 말할 수 있습니다. 땅속에는 사람의 허파가 꼭 산소를 필요로 하듯이 질소를 꼭 필요로 하는 어떤 것이 있습니다. 그것은 바로 석회질입니다. 이 나비 모양의 꽃은 사실 사람에게 있는 피부 조직 세포에서 일어나는 것과 비슷한 것을 보여 줍니다. 들이쉬는 숨길을 통하여 질소가 내려갑니다.

이와 같은 과정을 보여 주는 것은 이런 식물밖에 없습니다. 다른 식물들은 숨을 들이쉬는 쪽보다 내쉬는 쪽에 더 가깝습니다. 자, 여기서 우리의 주의를 질소에 (어떤 종류의 질소 호흡에) 모으면 전체 식물 세계의 구조를 크게 두 가지로 나눌 수 있습니다. 하나는 나비 모양의 꽃처럼 호흡을 하는 쪽입니다. 다른 식물들은 다른 기관 쪽입니다. 이런 식물에게서 볼 수 있는 호흡은 아주 비밀리에 이루어지고 실제 다른 기능을 가지고 있습니다.

마치 낱낱의 인간 신체의 기관이 전체 인간의 신체 안에서 나름대로 제자리를 차지하도록 이루어져 있는 것처럼 낱낱의 식물 종류도 전체 식물계 안에서 나름대로 제자리를 차지하도록 이루어져 있습니다. 이것을 볼 수 있는 눈을 기르는 것이 우리가 이루어야 할 과제입니다. 이런 사실을 눈여겨볼 때 바로 이 나비 모양의 꽃이 차지하는 중요한 역할을 잘 알 수 있을 것입니다. 물론 이런 일은 이미 잘 알고 있는 일이라고 말할 수도 있습니다. 그러나 이런 일을 그 정신의 배경부터 아는 것이 꼭 필요합니다. 그렇지 않으면 앞으로 더욱더 많은 전통을 잃어버리고 또 새로운 것을 시도할 때 아주 그릇된 길로 접어들 위험에 빠지기 때문입니다.

이 나비 모양의 꽃이 실제로 어떻게 작용하는지 살펴봅시다. 다른 식물은 대부분 위쪽에 열매를 맺는데 비해 이 나비 모양의 꽃은 모두 잎 영역에 열매를 맺는 특성을 갖고 있습니다. 곳곳에 있는 나비 모양의 꽃을 한번 보십시오. 이 식물은 꽃을 피우기 전에 열매를 맺으려 합니다. 그 이유는 이렇습니다. 이 식물에게는 질소 성질이 훨씬 더 땅쪽에 붙들려 있기 때문입니다. 다른 식물에게는 질소 성질이 땅과 거리를 두고 발달하는데 비해 나비 모양의 꽃에게는 오히려 땅속으로 치우쳐 있습니다. 잎은 보통 나뭇잎 빛깔보다 더 어두운 빛깔을 띠는 경향을 가지고 있고 열매도 실제로 어떤 종류의 발육부진 현상을 나타냅니다. 씨앗으로 영그는 시간도 아주 짧습니다. 이 시간이 지나면 씨앗이 영글지 못합니다. 이 식물은 사실 다른 식물 세계가 (여름이 아닌) 겨울에 갖추는 것을 아주 잘 이루어 내도록 되어 있습니다. 그런 까닭으로 이렇게 말할 수 있습니다. "이 식물 안에는 언제나 겨울을 기다리는 경향이 있다. 자신이 갖추어 놓은 것을 가지고 겨울을 기다리려 한다." 이 식물은 자신들이 필요한 것을 충분히 얻으면 자라는 속도가 느려집니다. 이 식물 이 필요한 것은 공기 가운데 충분히 들어 있는 질소입니다. 이 질소를 자기들 방식대로 땅 밑으로 잘 내려보낼 수 있는 식물이 바로 나비 모양의 꽃입니다.

자, 여러분! 이런 식으로 땅 아래와 위에서 삶이 어떻게 일어나고 또 어떻게 발달해 나가는지를 볼 수 있습니다. 여기에다 또 칼슘이 인간의 탐욕적 세계와 놀랄 만큼 닮은 점을 덧붙이면 모든 것이 살아 있는 유기체라는 것을 알 수 있습니다. 칼슘 원소는 산소와 합쳐져서 석회가 되려고 가만히 있지를 못합니다. 칼슘은 어지간해서는 만족하지 못합니다. 모든 금속성 산이나 광물이 아닌 역청까지 손을 뻗쳐 자신의 탐욕을 채우려 합니다. 칼슘은 석회가 되어서도 모든 것을 자기 쪽으로 끌어당기려 합니다. 땅속에서 굉장한 탐욕적 본성을 키웁니다. 누군가 어느 정도 감수성이 있으면 칼슘과 다른 원소의 차이점을 쉽게 볼 수 있을 것입니다. 석회는 어떤 대상을 다 빨아 당깁니다. 곳곳에서 식물까지도 끌어당기려는 석회에 들어 있는 것은 완전한 탐욕적 본성이라는 것을 느끼게 합니다. 왜냐하면 석회가 가지려는 모든 것이 식물 속에 살고 있기 때문입니다. 식물은 석회로부터 늘 빠져나가야 합니다. 식물이 어떻게 하면 석회를 빠져나갈 수 있겠습니까? 아무것도 가지려고 하지 않는 고귀한 존재를 통해서 빠져나갈 수 있습니다.

자신 안에서 스스로 안정을 이루고 있고 또 실제로 어떤 것도 더 바라지 않는 그러한 고귀한 존재가 바로 규소입니다. 이 규소는 자신 안에서 스스로 안정을 이루었습니다. 사람들은 규소를 뚜렷하고 단단한 모양을 이루고 있는 광물 안에서만 볼 수 있다고 믿고 있습니다. 그러나 실제로는 그렇지 않습니다. 규소 성분은 극소량으로 곳곳에 퍼져 있고 자신 안에 머물러 있으며 아무것도 요구하지 않습니다. 칼슘은 모든 것을 요구하고 규소 성분은 아무것도 요구하지 않습니다. 규소는 자신에 관해서는 전혀 모르고 오직 바깥에서 일어나는 일만 아는 우리의 감각 기관 같습니다. 규소 성분은 지상에서 일반 외부 감각이고 칼슘 성분은 일반 외부 탐욕입니다. 그리고 찰흙은 이 두 가지를 서로 이어 줍니다. 찰흙은 규소 성분에 조금 더 가까이 있지만 그래도 칼슘에 규소 성분을 이어 줍니다.

칼슘은 모든 것을 자기 쪽으로 잡아채 가려 하기 때문에 욕심이 많은 녀석으로, 그리고 칼슘이 잡아채 간 것을 다시 빼내어서 대기 쪽으로 돌리거나 식물 모양을 만드는 규소는 고귀한 존재로 느낄 수 있어야 합니다. 이런 식으로 살펴봄으로써 어렴풋하게나마 그러한 인식에 다다를 수 있습니다. 규산은 쇠뜨기 안에서 살 때처럼 성벽을 둘러쌓고 살거나, 곳곳에서 미묘한 방식으로 약하게 살면서 칼슘으로부터 어떤 것을 빼내와야 할 때 작용합니다.(아주 미세한 양으로 퍼져 있어도 마찬가지입니다) 여러분! 이렇게 이루 말할 수 없이 은밀하게 이루어지는 자연의 상호 작용을 엿볼 수 있습니다.

탄소는 실제로 모든 식물 안에서 뼈대 같은 모양을 만드는 존재입니다. 그러나 지구가 발달하는 가운데 이것이 어렵게 되었습니다. 만일 탄소 주변이 모두 물이었다면 탄소는 모든 것을 식물 모양으로 만들었을 것입니다. 그렇게 되었으면 모든 것이 식물처럼 잘 자랐을 것입니다. 그러나 칼슘이 밑에서 탄소를 방해합니다. 그래서 탄소는 칼슘의 저항을 극복해야 하기 때문에 규산과 결합하고 또 찰흙과 협동하여 다시 모양을 만듭니다. 자, 그러면 이런 가운데에서 식물이 어떻게 자라겠습니까?

밑에서는 칼슘이 긴 더듬이 손으로 식물을 움켜쥐려 하고 위에서는 규소 성분이 식물을 물에 사는 식물처럼 섬세하고 가느다란 실같이 만들려고 하는 가운데 탄소가 이 모든 것에 질서를 잡으며 실제로 식물 모양을 만들고 있습니다. 그리고 질소가 그 사이에서 자아와 에테르체 사이에서, 질서를 이루는 우리의 아스트랄체처럼 아스트랄로 작용하고 있습니다. 끊임없이 밑으로 요구하는 칼슘 성분과 끊임없이 위로 비추려는 규소 성분과 찰흙 사이에서 질소가 어떻게 살림을 맡고 있는가를 이해할 수 있어야 합니다.

내일 이 문제를 조금 더 다룬 다음 거름에 대한 것으로 넘어가겠습니다.

네 번째 강의
1924년 6월 12일

정신 속으로 들어가는 기운과 성분

거름에 관한 문제

여러분! 정신과학에서는 농사짓는 방법에 대해서도 자연과 자연 안에 작용하는 정신을 넓은 우주 전체와 연관시켜 살펴보려 한다는 것을 알았을 것입니다. 그러나 이와는 달리 물질주의에 물든 현대 과학은 더욱더 한정된 범위 안으로 또 더욱더 작은 것 안으로 들어가려 합니다. 농업에서는 아직 현미경으로 보아야 볼 수 있을 만큼 작은 것을 가지고 시작하지는 않습니다. 그러나 현대 자연 과학에서는 자주 정말 작은 범위 안에다 초점을 맞추고 또 거기에서 일어나는 것을 근거로 삼아 어떤 것을 이끌어 내려 합니다. 그러나 사람과, 다른 지구 존재가 사는 이 세상에 대한 것은 그렇게 작은 범위 안에서 알아낸 것만으로는 결코 올바르게 알 수 없습니다. 오늘날 우리 주변에서 흔히 보는 과학으로 예를 들어 농업에 관해 살펴본다는 것은 마치 새끼손가락이나 귓불을 가지고 사람의 모든 본질에 관한 것을 알아보겠다고 나서는 것이나 다를 바 없습니다. 그렇기 때문에 전 우주를 함께 포함하여 연구하는 진정한 과학을 다시 세워야 합니다. 이것은 오늘날 이루 말할 수 없이 시급합니다.

얼마 전, 사람들이 흔히 일컫는 현대 과학은 자신의 무지로 말미암아, 예를 들어 인간의 영양에 대해 잘못 세운 견해를 얼마나 크게 고쳐야 했는지 모릅니다. 그때 내세웠던 내용은 모두 그 당시의 과학으로 보아 조금도 잘못된 것이 아니었습니다. 증명까지 할 수 있었습니다. 그리고 관찰 범위를 아주 좁게 한정시킴으로써 제대로 다른 의견을 내세울 수도 없었습니다. 평균 몸무게가 70~75Kg 나가는 사람에게 하루 동안 필요한 단백질은 120g이라고 과학은 설명했습니다. 방금 말했던 것처럼 사람들이 흔히 일컫는 과학으로 증명한 사실이었습니다. 그러나 오늘날에는 어느 정도 과학적 상식이 있는 사람이라면 어느 누구도 이 말을 듣지 않습니다. 단백질을 하루에 120g씩 몸 안에 받아들이면 오히려 해를 끼친다고 알고 있습니다. 대신 하루에 50g만 몸속에 받아들이면 가장 건강하다고 알고 있습니다. 과학이 스스로 고쳤기 때문입니다. 실제로 오늘날 사람들은 단백질을 지나치게 몸속에 많이 받아들이면 이 단백질이 장에서 중간 생성물을 내어 오히려 해로운 작용을 일으킨다는 것까지 잘 알고 있습니다. 그리고 단백질을 몸속으로 받아들이는 그때뿐 아니라 그 사람의 전 인생에 걸쳐 남아 돌아가는 단백질이 해로운 작용을 일으킨다는 것을 알고 있습니다. 늙어서 주로 동맥경화증을 불러일으킨다는 것을 알고 있습니다. 이와 같이 과학을 가지고 사람에 관한 것을 살펴볼 때 오직 한순간만 보기 때문에 잘못된 길로 접어들기 쉽습니다. 정상인 사람은 누구라도 10년은 더 삽니다. 그리고 이런 식으로 받아들인 과학 상식이 가져오는 나쁜 영향은 아주 뒤늦게 드러납니다.

정신과학은 이런 잘못에는 거의 빠지지 않습니다. 사람들은 자주 현대 과학이 스스로 자신의 견해를 고쳐야 했다는 이유를 들어 쉽게 비판을 합니다. 그러나 나는 그러한 이유로 비판을 위한 비판에 발을 맞추려는 마음은 전혀 갖고 있지 않습니다. 현대 과학으로서는 다른 도리가 없었고 또 잘못된 결과를 불러일으켰던 것이 어쩔 수 없다는 것을 잘 알기 때문입니다. 그러나 다른 면에서 보면 (왜냐하면 정신과학은, 정신과학으로 삶을 커다란 흐름 속에서 다시 보는 것이 꼭 필요하다는 것을 알고 또 어떤 기운이나 성분들이 오직 물질에만 그치는 것이 아니라 정신 영역에까지 연결되어 있다는 것을 잘 알기 때문에) 정신과학이 실제 생활 속으로 뛰어들려 한다고 해서 정신과학을 배척하는 것도 올바르지 않습니다. 이것은 농업에 관해서도 마찬가지입니다. 더구나 거름에 관한 문제에 이르면 더욱 그렇습니다. 오늘날 과학자들은 거름에 관하여 자주 서로 다른 의견을 주장합니다. 이것을 보면 과학자들도 거름이 자연 살림에서 실제 가지고 있는 의미를 제대로 보지 못한다는 것을 알 수 있습니다. 요즘에 와서 과학자들이 다음과 같은 말을 하는 것을 아주 흔히 듣습니다. "거름 속에는 식물에게 영양이 되는 물질이 들어 있어야 한다."

네, 바로 오늘날에 이르러 과학이, 인간이 먹는 음식에 관한 견해를 스스로 고쳐야 했다는 것을 여러분에게 보여 주고 싶은 이유에서 몇 마디 말을 먼저 했습니다. 과학은 어떤 존재의 영양에 대하여 아주 그릇된 견해를 가지고 출발했기 때문에 나중에 스스로 자신의 잘못을 고쳐야 했습니다.

아시다시피 사람들은 우리가 매일 음식을 먹는 가장 중요한 이유가 영양 때문이라고 믿고 있습니다. 내가 이렇게 단순하게 말한다고 언짢게 여기지 않길 바랍니다. 물론 날마다 입으로 먹는 음식은 매우 중요합니다. 그러나 먹는 것 가운데 대부분은 몸을 이루는 어떤 성분으로 쌓이기 위한 것이 아닙니다. 대부분은 음식 안에 들어 있는 기운을 받아들여서 몸을 움직이기 위한 것입니다. 그리고 우리가 날마다 먹는 것 가운데 대부분은 다시 내보냅니다. 이것만 보더라도 먹는 음식이 신진 대사 과정을 통해 몸무게를 주로 늘리기 위한 것이 아니라고 말할 수 있습니다. 사실은 우리가 먹는 음식으로 어떻게 활기를 올바르게 받아들일 수 있느냐가 문제가 됩니다. 왜냐하면 이 활기는, 예를 들어 우리가 걸을 때나 일을 할 때 그리고 팔을 움직일 때조차 필요하기 때문입니다.

이와는 달리 다시 새롭게 몸 성분을 이루기 위해 필요한 것들은 감각 기관을 통해서 그리고 살갗을 통해서, 또 숨을 통해서 받아들입니다. 사람 몸은 7년에서 8년을 주기로 해서 그동안 몸을 이루고 있던 성분을 다 밀어내고 새로 이루어집니다. 우리 몸은 실제로 몸 성분으로 쌓기 위한 성분을 아주 적은 양으로 끊임없이 바깥에서 받아들여 신체 조직 안에서 굳힙니다. 사람의 몸은 이러한 성분을 공기에서 받아들여서 단단하게 만들고, 예를 들어 머리카락이나 손톱까지 응축시킵니다. 그러므로 다음과 같은 공식을 세우는 것은 전혀 맞지 않습니다. "먹은 음식이 몸 안을 지나서 나중에 손톱이나 피부 비늘로 떨쳐나간다." 대신 공식을 이렇게 다시 세워야 합니다. "호흡과 감각 기관뿐 아니라 눈을 통해서 미묘하게 받아들여진 것이 몸 조직을 지나서 바깥으로 밀쳐진다." 위장으로 받아들여진 음식은 실제로 난방 원료처럼 내면에 활기를 띠게 하고 몸 안에 들어 있는 의욕을 일으켜 내는 데 중요합니다.

여러분! 정신과학을 통한 연구로 밝혀지는 이런 진리를 향해(이러한 정신과학 연구와는 정반대로) 현미경 지식만 저장하고 있는 현대 과학의 견해가 다가오는 모습을 보면 정말 어떻게 해야 할지 모를 지경입니다. 현대 과학으로 인간의 삶에 놓여 있는 가장 중요한 문제에 대해 이해한다는 것이 정말 어렵기 때문에 어찌할 바를 모를 지경에 빠지는 것입니다. 사실 이러한 문제에 관한 바른 이해가 이루어져야 합니다. 왜냐하면 현대 과학은 실생활과 관계를 맺고 있는 것을 어김없이 막다른 골목으로 이끌어 갈 것이기 때문입니다. 현대 과학은 어떤 사실을 바로 코 앞에 내밀어도 이해하지 못합니다. 현대 과학이 하는 실험에 대해서 말하는 것은 아닙니다. 실험에 대하여 현대 과학이 말하는 것은 보통 맞습니다. 실험은 아주 유용하게 사용할 수도 있습니다. 그러나 그러한 실험으로 만들어 내는 이론이 아주 나쁩니다. 안타깝게도 이런 이론에서 실생활에 대한 방향 제시가 여러 영역에 걸쳐 나오고 있습니다. 현대 과학이 가지고 있는 이런 모습을 보면 현대 과학으로 어떤 사실을 바로 이해 한다는 것이 어렵다는 것을 알 것입니다. 이러한 이해는 농업뿐만 아니라 모든 실생활의 영역에서 일어나야 합니다. 농사를 올바르게 지으려면 여러 농업 분야에 물질과 기운과 정신이 어떻게 서로 작용하고 있는지 제대로 알아야 합니다. 어린아이가 빗을 어디다 쓰는지 모르면 아이는 이 빗을 입으로 가져가서 깨물기도 하고 아주 엉뚱하게 씁니다. 이와 같이 사람이 어떤 사물에 대한 본질이나 용도를 잘 모르면 그 사물을 전혀 얼토당토않은 목적으로 쓸 것입니다.

방금 말한 것을 조금 더 뚜렷하게 상상할 수 있도록 나무를 예로 들어 설명해 보겠습니다. 나무라는 것은 우리가 흔히 볼 수 있는 일년생 화초와는 다릅니다. 나무는 겉껍질과 속껍질 따위로 둘러싸여 있습니다. 일년생 화초와 비교해 볼 때 나무의 본질은 정말 어디에 있겠습니까? 흙더미로 이루어진 언덕(그림8의 왼쪽)과 나무(그림8의 오른쪽)를 한번 비교해 봅시다. 이 언덕(이제 막 썩기 시작하거나 이미 썩은 식물 성분이 아주 많이 들어 있고 또 썩은 동물 성분도 들어 있을 수 있는)은 매우 기름진 흙으로 이루어져 있습니다.(그림8 참조)

왼쪽 그림을 방금 말했던 부식토가 많이 들어 있는 언덕이라고 합시다. 분화구 모양처럼 가운데를 우묵하게 만들었습니다. 그리고 오른쪽 그림을 나무라고 합시. 나무의 겉은 어느 정도 단단하고 나무 속에는 나중에 나무가 될 부분이 자라고 있습니다. 내가 이렇게 이 두 가지를 나란히 세우는 것이 여러분에게는 이상하게 여겨질 것으로 압니다. 그러나 이 두 가지는 여러분이 생각하는 것보다는 서로 비슷한 성질을 훨씬 많이 가지고 있습니다. 앞서 말했던 것처럼 식물이나 동물의 썩은 성분이 많이 들어 있는 이런 기름진 땅은 자체 안에 생명-에테르를 간직하고 있습니다. 바로 여기에 중요한 사실이 들어 있습니다. 생명-에테르를 간직하고 있는 이런 땅은 사실 식물의 겉싸개가 될 수 있는 길로 이미 접어들었습니다.

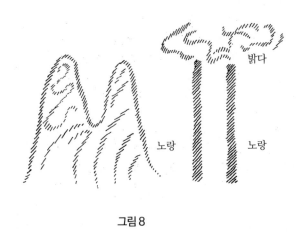

그림 8

단지 바로 나무 속껍질과 겉껍질 속으로 들어가서 식물 겉싸개가 되지 않을 뿐입니다. 자연에서는 땅이 바로 나무 껍질이 되지 않는다는 것을 잘 압니다. 이런 언덕이 이루어지고 부식토가 쌓이고 생명-에테르가 땅속에서 특별한 방식으로 작용하는 이런 땅은 바로 식물 겉 싸개가 되지 않고 높이 발달된 다른 형태로써 단순히 식물을 둘러쌉니다.

어느 지역이 주변 지역 평균 높이보다 더 위로 올라와 있으면 이 지역에는 다른 지역보다 생명 기운, 또는 생명-에테르가 더 잘 파고들어 가는 특별한 경향을 보입니다. 이런 까닭으로 무기질-광물이 많은 보통 땅을 부식토 성분 또는 썩어 가는 성분을 넣고 언덕을 만들면 더욱 쉽게 많은 수확을 올릴 수 있는 땅으로 바꿀 수 있습니다. 그러면 이 땅은 내면으로 생명 기운이 넘치고 식물과 비슷하게 되는 경향을 보입니다. 나무가 될 때도 같은 과정이 일어납니다. 땅이 솟구쳐 올라 식물을 감싸고 생명-에테르를 나무 둘레에 줍니다. 왜 그렇다고 말할 수 있습니까?

여러분! 식물 형태 안에 들어 있는 것은 식물 주변에 있는 땅과 내면적으로 서로 비슷한 관계에 놓여 있다는 것을 여러분에게 일깨우고 싶은 뜻에서 이 모든 것을 말합니다. 식물이 만드는 형태-윤곽을 넘어서면 생명이 그친다는 말은 맞는 말이 아닙니다. 식물에 들어 있는 생명은 실제로 뿌리를 통과해 나가서 땅속으로 이어집니다. 많은 식물에게는 식물 안의 삶과 식물 바깥의 삶 사이에 뚜렷한 경계가 전혀 없습니다. 거름을 준 땅과 비슷한 처리를 한 땅의 차이를 올바르게 이해하기 위해서는 무엇보다도 방금 말한 것을 잘 이해해야 합니다.

땅에 거름을 준다는 것은 땅에 생기를 불어넣는 것으로 이해를 해야 합니다. 그렇게 하여 식물이 죽은 땅에 와서 오직 식물 자체의 생명력으로 열매를 맺기까지 지나치게 힘겨워하지 않도록 하는데 그 뜻이 있습니다. 식물은 생명이 이미 있는 곳 안으로 들어갈 수 있으면 열매를 맺기까지 훨씬 더 쉽게 자신이 해야 할 일을 이룹니다. 실제로 모든 식물은 생명이 이미 깃들어 있는 땅에서 마치 어느 정도는 기생하는 존재처럼 자랍니다. 그것은 그렇게 되어야 마땅합니다. 지구상의 많은 지역에서는 자연이 스스로 충분한 유기물을 땅에다 남기고 썩혀서 땅으로 하여금 충분한 생명력을 갖추게 하지 못합니다. 그러므로 어떤 지역에서는 거름을 주어서 식물이 자라는데 도움을 주어야 합니다. 사람들이 일컫는 흑토가 있는 지역은 물론 거름이 거의 필요하지 않을 것입니다. 왜냐하면 이런 지역은 말하자면 자연이 스스로 땅으로 하여금 충분한 생명력을 갖추도록 돌보았기 때문입니다. 지구 위에는 다행스럽게도 이런 곳이 몇 군데 있습니다.

자, 여러분! 이런 까닭으로 우리는 사물의 본질을 이해할 수 있어야 합니다. 이제 여러분은 또 다른 것도 이해할 수 있어야 합니다. 농업과 연관이 있는 것 가운데 무엇보다도 거름(특히 거름과 관련되어 있는 일 자체)과 맺어야 하는 개인적 친분 관계에 대한 것을 이해할 수 있어야 합니다. 이 말은 이해하기가 아주 힘든 말일 것입니다. 그러나 이런 개인적 친분 관계 없이는 일이 되지 않습니다. 왜 그렇습니까? 그 이유는 여러분이 어떤 살아 있는 존재의 본질에 조금이라도 깊이 파고 들어갈 수 있으면 금방 드러날 것입니다. 여러분이 어떤 살아 있는 존재를 자세히 들여다보면 살아 있는 존재는 바깥쪽과 안쪽이 있다는 것을 알 수 있습니다. 안쪽은 어떤 껍질 안에 있고 바깥쪽은 껍질 바깥에 놓여 있습니다. 이제 안쪽에다 한번 주의를 모아 보십시오.

생명 조직체의 안쪽은 안에서 바깥으로 흐르는 기운의 흐름만 있는 것이 아닙니다.(그림9 참조) 생명 조직체의 내면적 삶은 껍질에서 안으로 흐르는 기운도 있습니다. 이 흐름은 다시 밀쳐집니다. 그리고 이 생명체 바깥은 갖가지 기운의 흐름으로 둘러싸여 있습니다. 자, 이제 생명체가 어떤 식으로 안팎의 관계를 맺어야 하는가에 대하여 정확하게(그렇지만 본인의 표현 방식을 빌려서) 나타낼 수 있는 방법이 있습니다. 생명 조직체 내면에서 일어나는 기운의 작용, 곧 껍질이 이루는 윤곽선 안쪽에서 생명을 북돋고 유지하는 모든 것은 (또다시 이해하기 아주 힘든 표현을 써서 미안합니다) 자신 안에서 냄새가 나야 합니다. 구린내라고 말할 수도 있겠습니다. 자, 이렇게 냄새를 바깥으로 지나치게 퍼져 나가지 않도록 붙잡아 두는데 바로 삶의 본질이 놓여 있습니다. 생명체는 자신 안에서 일으킨 냄새나는 삶을 될 수 있는 대로 적게 껍질 바깥으로 내보내야 합니다. 생명체는 안쪽으로 냄새를 많이 피우면 피울수록 그리고 바깥 쪽으로 적게 피우면 피울수록 그만큼 더 건강합니다.

그림 9

왜냐하면 생명 조직체, 특히 식물의 생명 조직체는 냄새를 바깥으로 내지 않고 오히려 받아들이도록 이미 정해져 있기 때문입니다. 좋은 향기를 퍼뜨리는 식물로 가득 차 있는 풀밭은 어떤 북돋아 주는 것을 지니고 있습니다. 이러한 것을 잘 살펴보면 바로 이 향기가 서로 서로의 삶을 떠받쳐 주고 있다는 것에 대하여 주의가 모아질 것입니다. 풀밭 위에 퍼지는 이러한 향기는 단순한 삶의 냄새와는 다릅니다. (삶의 냄새는 식물 바깥에서 식물에 작용하는 까닭으로 나는 냄새입니다. 여기에 관해서는 나중에 또 설명하겠습니다) 여러분은 이제 이러한 모든 사실과 깊은 (개인) 관계를 맺어야 합니다. 그때 여러분은 진정한 자연 속으로 들어갈 수 있습니다.

거름을 주는 것이나 또 이와 비슷한 모든 것은 땅에 어느 단계에 이르는 생기를 불어넣어 주는데 그 본질이 놓여 있다는 것을 꿰뚫어 보는 것이 중요합니다. 그리고 거름을 주는 것은 이뿐만 아니라 내가 어제 설명한 대로 땅속에서 질소로 하여금 어느 특정한 기운이 이루는 선을 따라 생명을 잘 나를 수 있게 하는 데에도 그 본질이 놓여 있습니다. 그러므로 거름을 줄 때는 식물이 자라는 땅속으로 생기가 잘 들어가도록 충분한 질소도 넣어 주어야 합니다. 이것이 이제 우리에게 주어진 과제입니다. 그러나 이 과제는 이치에 맞게 또 정확하게 이루어 내어야 합니다.

자, 여러분! 이제 벌써 다음과 같은 중요한 농사 지침을 얻을 수 있습니다. 여러분이 미네랄(순수한 광물질)을 비료로 사용하면 실제로 이 비료는 결코 땅 성질에 다가가지 못합니다. 고작해야 땅에 들어 있는 물 성질에 다가갈 뿐입니다. 광물질로는 땅에 있는 물 성질에 작용하도록 할 수는 있습니다. 그러나 땅 자체를 살리는 데까지는 들어가지 못합니다. 이런 까닭으로 광물 비료로 자라는 식물은 활기찬 땅 성질을 통해서가 아닌 오직 물 성질의 도움만 받는 비정상적인 성장을 보일 것입니다.

우리가 만일 이런 일에 관하여 실제로 깊이 있게 파고 들려면 먼저 다루기에 가장 덜 까다롭고 거름으로 쉽게 쓸 수 있는 두엄을 가지고 시작해 보는 것이 가장 좋습니다. 땅에 활기를 불어넣어 줄 수 있는 이 두엄 더미 안에는(사실 별로 대수롭지 않게 여기는) 논밭에서 나온 갖가지 부산물과 잘라놓은 풀과 떨어진 나뭇잎을 비롯해서 죽은 짐승에게서 나온 것까지 들어 있습니다. 여러분! 이런 것을 그렇게 하찮게 여겨서는 안 됩니다. 이 속에는 에테르뿐 아니라 아스트랄을 담은 것까지 들어 있습니다. 이 점이 중요합니다. 이 두엄 더미 속에는 실제로 에테르, 에테르-본질, 생명 기운뿐 아니라 아스트랄을 담은 것도 들어 있습니다. 똥거름이나 오줌 거름보다 에테르와 아스트랄 요소가 그렇게 강하지는 않지만 대체로 탄탄하게 들어 있습니다. 그 자리 안에 잘 머물러 있습니다. 특히 아스트랄이 한 자리에 더 잘 머물러 있습니다. 이렇게 한 자리에 머물러 있는 성질을 어떤 식으로 잘 지켜줄 수 있는 가가 이제 우리가 살펴보아야 할 점입니다. 에테르가 지나치게 왕성하면 탄소에 이르는 아스트랄의 작용에 곧바로 해를 끼칩니다. 에테르의 생명이 지나치게 왕성하면 두엄 더미 안에서 아스트랄이 제대로 일어나지 못하게 합니다.

자, 이 자연 안에는 자연을 이롭게 하는 뛰어난 성질을 갖고 있는 어떤 것이 있습니다. 여기에 관해서는 이미 여러 관점에서 다루었습니다. 그것은 석회입니다. 여러분이 석회를 생석회 성분으로 만들어 두엄 더미에 넣으면 아주 특이한 일이 일어납니다. 아스트랄이 지나치게 퍼져나가지 않도록 하면서 또 에테르를 잘 받아들일 수 있게 합니다. 산소도 빨아들이고 아스트랄도 아주 잘 작용할 수 있게 합니다. 이렇게 하면 아주 분명한 것을 얻습니다. 생석회가 들어 있는 두엄을 땅에 주면, 아스트랄로 하여금 에테르를 통하지 않고 바로 아주 세차게 파고 들어갈 수 있게 하는 무엇인가를 땅에 전합니다.

자, 여러분! 한번 생각해 보십시오. 아스트랄은 일부러 에테르를 돌아갈 필요 없이 땅속으로 아주 세차게 들어갈 것입니다. 그러면 땅은 아스트랄을 아주 잘 띌 것이고 또 아스트랄을 따라 질소 성분을 머금은 것이 땅속으로 잘 스며들 것입니다. 이때 이루어지는 과정은 인간의 신체 조직 안에서 이루어지는 과정 가운데 어느 정도 식물 조직을 닮은 과정과 아주 비슷합니다. (그러나 사람 안에서는 열매를 맺게 하는데는 큰 가치를 두지 않고 잎이나 줄기를 만드는 데서 머물게 하는 정도입니다) 특히 사람도 땅에다 전해 주는 이런 과정과 같은 것을 자신의 몸 안에 갖습니다. 곧 음식을 먹음으로 신체에 활기를 불어넣을 수 있습니다. 앞서 말했던 대로 땅에다 거름을 주면 땅에다 바로 이런 활기를 불어넣어 주는 것이 됩니다. 이렇게 두엄을 준 땅에서 자란 것을, 예를 들어 동물이 먹으면 동물은 활기차게 자랄 수 있습니다. 동물의 몸은 내면적으로 활기에 넘칩니다. 이 두엄을 언덕배기나 목초지에 뿌려 주면 (빈틈없이 뿌려 주고 또 다른 과정을 덧붙여서) 이곳에서 자란 풀들은 아주 좋은 동물의 먹이감이 될 뿐만 아니라 나중에 베어 말리면 훌륭한 건초로도 쓸 수 있습니다. 그러나 이러한 일을 올바르게 실행하기 위해서는 전체를 들여다보아야 한다고 말하고 싶습니다. 물론 우리가 실행하는 여러 가지는 개인의 느낌에 따라 많이 달라집니다. 그러나 우리가 전 자연을 올바로 들여다볼 수 있으면 우리의 느낌도 올바로 발달할 것입니다.

자, 지금까지 말한 대로 두엄 더미를 두면 두엄 더미 속에 있는 아스트랄이 아주 쉽게 모든 방향으로 퍼져 나갈 수가 있습니다. 이제 이런 일과 깊은 관계를 맺는 것이 중요합니다. 이 두엄 더미를 될 수 있는 대로 냄새가 덜 나도록 해야 합니다. 그것은 다음과 같은 방법으로 쉽게 할 수 있습니다. 두엄을 먼저 얇게 깐 뒤에 그 위에, 예를 들자면 이탄 가루를 뿌리고 또 두엄을 얇게 깔고 그 위에 다시 이탄 가루, … 이런 식으로 두엄 더미를 만들면, 그대로 두면 쉽게 퍼져 나가 버릴 아스트랄을 잘 붙들어 둘 수 있습니다. 왜냐하면 이 질소는 정말 갖가지 결합물이 되어 멀리 퍼져 나가려 하기 때문입니다. 이런 설명을 통해 나타내려고 하는 것은 다음과 같습니다. 농사를 지을 때는 생명 기운뿐만 아니라 아스트랄까지도 곳곳에 부어 넣어야 모든 농사가 잘 된다는 확신을 가져야 한다는 것입니다.

자, 이제부터는 지금까지 말했던 것과는 어느 정도 다른 내용으로 들어가겠습니다. 여러분, 왜 동물들이 가지고 있는 뿔의 모양이 소처럼 칼집 같은 것도 있고, 나뭇가지 같은 것도 있는지 한번쯤 생각해 본 적이 있습니까? 이 질문은 아주 중요한 질문입니다. 그러나 이런 질문에 대해 현대 과학이 주는 해답은 보통 한쪽으로만 지나치게 치우쳐 있고 또 피상적입니다. 먼저 왜 소가 칼집 모양의 뿔을 갖고 있는지 그 이유를 찾아 봅시다. 여러분! 살아 있는 것은 바깥으로 향하는 기운의 흐름뿐만 아니라 안으로 향하는 기운의 흐름도 가지고 있다고 앞에서 이미 말했습니다.

이제 덩어리 같은 모양으로 이루어져 있고 안팎으로 향하는 기운의 흐름을 가지고 있는 어떤 생명 조직체를 한번 마음속으로 떠올려 보십시오. 이러한 덩어리-생명 존재는 아주 불규칙한 모양을 이룰 것입니다. 만일 소가 방금 말한 대로라면 아주 이상하게 보일 것입니다. 이런 소는 태아 때처럼 작은 원시적인 발을 한 덩어리 모양을 띨 것입니다. 만일 소가 이런 모습으로 계속 남아 있다면 괴상망측하게 보일 것입니다. 그러나 소는 이런 모습으로 계속 남아 있지 않습니다. 뿔도 나고 발굽도 생깁니다. 그럼 발굽과 뿔에서는 어떤 일이 일어날까요? 그곳은 기운의 흐름을 아주 세차게 안쪽으로 보낼 수 있게 만들어졌습니다. 발굽과 뿔은 바깥과는 아주 뚜렷하게 경계를 짓는 곳입니다. 가죽이나 털이 자랄 수 없을 뿐 아니라 기운의 흐름이 바깥으로 나갈 수 없게 완전히 닫힌 곳입니다. 이런 까닭으로 뿔의 구성은 전체 동물의 구성과 서로 연관이 있습니다. 뿔과 발굽은 전체 동물 구조와 관계를 맺고 있습니다.

이와 달리 나뭇가지처럼 뻗은 뿔(가지뿔) 조직은 소의 뿔과는 아주 다릅니다. 이 가지뿔 조직은 기운의 흐름을 몸 조직 안으로 되돌리는데 관계가 있는 것이 아니고 어느 정도는 바깥으로 내보내는데 관계가 있습니다. 이 가지뿔 조직에는 조절판 같은 것이 있습니다. 이 조절판을 통하여 가지뿔에 모인 기운의 흐름을 어느 정도 바깥으로 내보냅니다.(물이나 공기 상태만 흐를 수 있는 것이 아니라 기운도 흘러갈 수 있습니다) 이렇게 수사슴은 자신에게 있는 기운의 흐름을 어느 정도 바깥으로 내보내며 살기 때문에 주변 환경에 열려 있습니다. 소통이 잘 됩니다. 이런 까닭으로 수사슴은 신경 감각 조직에 영향을 미치는 모든 것을 다 받아들입니다. 수사슴의 신경이 예민한 것은 그런 이유 때문입니다. 가지뿔이 달린 모든 동물은 어떤 의미에서 모두 신경이 예민한 성질을 조금씩 가지고 있습니다. 그들의 눈을 보면 잘 알 수 있습니다.

그림 10

소는 소화 기관에까지 아스트랄-에테르를 보내 주기 위해 뿔을 가지고 있습니다. 뿔과 발굽에서 비추어지는 이런 기운으로 말미암아 소의 소화 기관 안에서는 많은 것이 일어납니다. 그래서 누군가 동물의 입이나 발굽에 생기는 병을 이해하려면 가장자리에서 소화 기관에 작용하는 이러한 관계를 꿰뚫어 보아야 합니다. 따라서 우리가 인지의학적으로 만든 이런 병을 치료하기 위한 치료제에는 이 관계에 대한 바른 이해가 그 바탕에 놓여 있습니다. 이렇게 소뿔은 생명 기운과 아스트랄을 몸 안으로 되돌려 비추어 주는데 아주 알맞은 성질로 되어 있습니다. 뿔 안에는 생명 기운뿐 아니라 아스트랄까지 비추어 주는 것이 들어 있습니다. 여러분이 만일 소의 배 속으로 들어갈 수만 있다면 어떻게 뿔에서 아스트랄-생명 기운이 안으로 흐르는지 그 냄새를 맡을 수 있을 것입니다. 발굽에서 일어나는 것도 뿔에서 일어나는 것과 그 과정이 비슷합니다.

자, 이제 이런 것들을 이해한다면 우리가 흔히 가축 우리에서 얻어 쓰는 거름의 효과를 더욱더 높일 수 있는 방법도 찾을 수 있습니다. 우리가 가축 우리에서 쉽게 얻을 수 있는 거름은 실제로 무엇입니까? 거름은 먼저 동물의 먹이로써 동물 속으로 들어가서 어느 지점까지 또는 어느 단계까지 몸 조직에 받아들여진 다음 몸 조직 안에서 활기찬 기운을 일으키는 동기를 준 것입니다. 이렇게 거름은 동물의 몸 성분을 늘리는 데는 실제 쓰이지 않고 다시 밖으로 나온 것입니다. 그러나 이 배설물에는 동물의 몸 안에서 아스트랄과 에테르가 스며들었습니다. 이 배설물은 아스트랄 안에서 질소를 실어 나르는 기운으로 그리고 에테르 안에서 산소를 실어 나르는 기운으로 차 있습니다. 배설물 속에는 바로 이러한 기운이 파고 들어가 있습니다.

자, 여러분! 한번 생각해 보십시오! 우리는 이러한 배설물 덩어리를 가축 우리에서 끄집어 내서 여러 방식으로 땅에 되돌려 줍니다. 이 부분은 앞으로 상세하게 다룰 것입니다. 우리는 사실 동물의 배설물을 땅에 주는 것에 그치지 않고 동물 배 속에 풍부하게 들어 있는 생명-아스트랄을 땅에 주는 것입니다. 그리고 이 동물 배 속에서는 식물식으로 힘을 만들어 냅니다. (우리는 소화 기관에서 식물식으로 힘을 만들어 냅니다) 우리는 사실 배설물로 남아서 나오는 것에 대하여 이루 말할 수 없이 고맙게 여겨야 합니다. 왜냐하면 이 배설물은 동물의 몸 조직 안에 있는 에테르와 아스트랄을 바깥으로 실어 내기 때문입니다. 이 기운들은 배설물 속에 남아 있습니다. (우리는 반드시 적절한 방법으로 이 배설물을 얻어야 합니다. 그래서 배설물 안에 에테르와 아스트랄이 잘 들어 있도록 해야 합니다) 이런 까닭으로 이 배설물은 땅위와 땅속에 에테르와 아스트랄을 주는 작용을 합니다. 물 성질 속에서가 아니라 땅 성질 속에서 작용합니다. 이 배설물은 땅의 무기질을 이겨내는 힘을 가지고 있습니다.

물론 동물이 먹은 것은 배설물로 나가기 전에 소화 기관을 지나면서 신진대사 작용을 통해 원래 가지고 있던 모양을 다 잃어버립니다. 그리고 바깥에 나온 배설물은 다시 어느 정도 따로따로 분해되고 해체됩니다. 이때 배설물 안에 들어 있는 에테르와 아스트랄을 통하여 배설물이 따로따로 나누어지고 녹는 것이 가장 좋습니다. 그러면 바로 이때 가장 작은 생명체인 기생 생물과 미생물이 나타납니다. 배설물은 기생생물과 미생물에게는 좋은 양식입니다. 이렇게 미생물이 나타나는 것을 보고 사람들은 미생물이 거름과 어떤 관계에 놓여 있다고 믿고 있습니다. 그러나 사실 이 미생물은 배설물 상태가 어떤 상태인가를 말해 주는 표시일 뿐입니다. 미생물로는 오직 배설물의 상태를 알 수 있을 뿐입니다. 따라서 우리가 배설물 안에 이런저런 미생물을 미리 넣어서 금방 좋은 거름을 만들 수 있을 것이라는 생각은 오히려 착각에 지나지 않습니다. 얼핏 보기엔 그럴 듯하지만 실제로는 전혀 맞지 않습니다. 이런 생각이 얼마나 잘못된 것인가에 대해서는 앞으로 또 말할 것입니다. 그러므로 지금은 앞으로 나아갑시다.

우리가 쉽게 구할 수 있는 (암소의) 똥을 암소의 뿔 안에 채워 넣은 다음 이 소뿔을 너무 찰지지도 모래가 너무 많이 들어 있지도 않은 땅을 골라서 50~75㎝ 깊이 가량 파서 묻어 둡니다. 이런 땅을 찾기란 그리 어렵지 않을 것입니다. 자, 여러분! 이제 암소 똥으로 채운 암소 뿔을 땅속에다 묻어 둠으로써 (소뿔이 소에 붙어 있을 때 생명 기운과 아스트랄을 소 안으로 되돌려 비추어 준 것처럼) 그러한 기운들을 이제 소뿔 안에 모을 수 있습니다. 암소 뿔이 땅속에 들어 있기 때문에 에테르와 아스트랄을 돋우는 모든 빛살은 뿔 안으로 모입니다. 암소 뿔이 땅 둘레에서 생명을 북돋우는 모든 기운을 끌어 당겨 소뿔 안에 있는 똥에 가득 채웁니다. 이제 똥이 들어 있는 암소 뿔을 (땅이 내면적으로 가장 살아 있을 때인) 겨울 내내 땅속에 묻어 둡니다. 땅속이 가장 살아 있을 때는 겨울입니다. 그러면 긴 겨울 동안 모든 생명 기운이 뿔 안에 있는 똥 속으로 들어가 모입니다. 이렇게 하여 생명을 북돋아 주는 기운이 극도로 응축되어 있는 거름을 얻을 수 있습니다.

겨울을 지낸 뒤 암소 뿔을 파내어 뿔 안에 들어 있는 내용물을 끄집어냅니다. 도르나흐에서 지난번에 이 실험을 했을 때 여러 사람이 실제로 확인할 수 있었습니다. 소똥을 끄집어냈을 때 전혀 구린내가 나지 않았습니다. 놀라운 일이었습니다. 소똥 냄새가 전혀 나지 않았습니다. 그러나 이 똥에다 물을 가지고 작업을 계속했을 때 그제서야 비로소 조금 냄새가 났습니다. 이것은 소똥에서 나는 모든 냄새가 소똥 안으로 모여들어서 어떤 작업이 이루어졌다는 것을 확인시키는 것입니다. 이 소똥 안에는 아스트랄과 에테르가 어마어마하게 들어 있습니다. 이제 이 똥거름(소똥 증폭제, 이하 소똥 증폭제)을 약간 따뜻한 물에 풀어서 쓰면 됩니다. 내가 실험한 것으로 미루어 보면 뿔 하나에 들어 있는 양으로 저기 세 번째 창문에서 갈림길까지(약 1,200㎡)는 뿌릴 수 있을 것입니다. 양동이에 물을 절반 가량 차도록 부어서 뿔 한 개에 들어 있는 내용물을 잘 풀어 쓰면 방금 말한 면적은 충분히 줄 수 있습니다. 이제 뿔에 들어 있는 내용물을 물과 잘 섞이도록 해야 합니다. 젓기 시작해야 한다는 말입니다. 저을 때는 양동이 가장자리를 빠르게 돌려서 안쪽에 거의 바닥까지 보이는 소용돌이가 생기도록 젓습니다. 그러면 실제로 물 전체가 돌아갑니다. 그런 다음 재빨리 방향을 바꿉니다. 갑자기 반대쪽으로 돌리므로 물 전체에 물거품이 일어납니다. 이렇게 한 시간 정도 계속해서 저으면 뿔 안에 들어 있는 거름을 물과 완전하게 섞을 수 있습니다. 여러분도 바로 알 수 있듯이 정말 단순한 일입니다. 그렇게 힘도 많이 들지 않습니다. 이뿐만 아니라 농가에는 특별한 일거리가 없는 사람도 있을 것이라 생각합니다. 이 사람들에게 이런 거름 젓는 일을 맡기면 기꺼이 하리라 여겨집니다. 그리고 여러분의 자녀들이 이런 일을 맡아서 해도 아주 좋을 것입니다. 왜냐하면 냄새가 없던 똥에서 다시 옅은 냄새를 피우는 데까지 발전하는 과정은 직접 겪는 사람만이 얻을 수 있는 좋은 느낌이기 때문입니다. 이렇게 어떤 일에 마음으로 관계를 맺는 것은 특히 자연을 (단순히 여행 안내서에 적혀 있는 대로 알려하지 않고) 진정으로 알고자 하는 사람에게는 이루 말할 수 없이 큰 도움이 됩니다.

여러분! 이제 이 소똥 증폭제가 땅과 합쳐지도록 논밭에 뿌려 주면 됩니다. 그렇게 넓지 않다면 보통 분무기로 충분하겠지만 면적이 넓은 곳에는 특별한 기계를 만들어야 할 것입니다. 자, 이런 식으로 보통 거름을 '정신 거름(증폭제)'과 합치면 머지않아 정말 풍부한 수확을 거둘 수 있을 것입니다. 특히 이런 방법은 시간이 지날수록 더욱더 땅을 기름지게 만듭니다. 자, 이제 이러한 효과를 더욱 높일 수 있는 방법을 또 이야기하겠습니다.

이번에도 다시 암소 뿔에다 어떤 것을 채워 넣을 것입니다. 그러나 이번에는 소똥말고 수정이나 석영 또는 정장석이나 장석을 가루가 될 때까지 간 다음 이 가루로 묽은 반죽을 만들어 뿔에 채워 넣습니다. 수정 가루를 집어넣은 소뿔을 겨울 동안이 아니라 이번에는 여름 동안 땅속에 묻어 두었다가 늦가을에 꺼냅니다. 그런 다음 내용물을 다음해 이른 봄까지 잘 간직했다가 앞서 했던 대로 물과 섞습니다. 그러나 이번에는 앞에서 설명했던 소똥 증폭제보다 훨씬 적은 양을 물과 섞습니다. 완두콩만한 양을 양동이 물 한 통에 넣습니다. 아마 가봉핀 머리만큼만 넣어도 될 겁니다. 다만 이 물도 한 시간 동안 저어야 하는 것은 앞에서 설명한 소똥 증폭제와 같습니다. 여러분이 이렇게 만든 것을 식물 위에 마구 뿌리지 않고 알맞게 뿌려 주면 이 소뿔 수정물(수정 증폭제, 이하 수정 증폭제)이 땅에 미치는 소똥 증폭제의 작용을 옆에서 잘 도와준다는 것을 알 수 있을 것입니다. 특히 이 수정 증폭제는 채소나 채소 비슷한 종류에 좋은 영향을 미칠 것입니다.

만일 뿌리고 싶은 곳이 아주 넓으면 기계를 사용하는 것도 물론 가능합니다. 넓은 들판에까지 적용하려는 것도 나쁜 생각이 아니라고 말하고 싶습니다. 또한 그러한 목적에 맞는 기계를 만들어 내는 일도 그렇게 어렵지는 않을 것입니다. 그러면 이러한 기계로 우리가 바라는 만큼 아주 약하게 전 들판에 뿌려 줄 수 있을 것입니다. 자, 이렇게 수정 증폭제를 뿌려 주면 소똥 증폭제는 땅속에서 식물의 아래에서 위로 밀고, 수정 증폭제는 너무 약하지도 세지도 않게 식물의 위에서 끌어당기는 작용을 합니다. 이렇게 하면 특히 곡물 재배에 놀랄 만큼 좋은 영향을 미칠 것입니다.

자, 여러분 이런 사실들은 손가락에 관한 것만으로 인간 자체에 대한 이론을 세우는 식이 아니라 실제로 넓은 범위를 관찰해서 이끌어 낸 것이라는 것을 강조하고 싶습니다. 실제로 사람들은 손가락에 관한 것을 가지고 인간에 대한 이론을 세우려고 합니다. 물론 그렇게 하여 실제로 어떤 것을 이룬 것은 틀림없는 사실입니다. 또 그렇게 이룬 것에 결코 낮은 평가를 내려서도 안 될 것입니다. 여러분! 한번 생각해 보십시오 오늘날 사람들이 일컫는 생산성을 높이기 위한 연구라는 것은 마지막에 가서는 아무래도 어떻게 하든지 적게 투자를 해서 많은 수확을 올리려는데 초점을 모읍니다. 그 밖에는 그다지 중요하지 않게 여깁니다. 그렇지 않습니까? 물론 늘 생산성만 생각하지는 않겠지만 그래도 우리의 무의식에는 이 생산성에 대한 비중이 가장 무겁게 들어 있습니다. 농사를 짓는 사람으로서 어떤 방법을 써서 바로 큰 효과를 보았다든지 또는 큰 감자를 캐낼 수 있었다든지 또는 어떤 농작물이 크게 부풀어 올랐다면 놀라며 좋아하지 않을 수 없을 것입니다. 예! 그렇습니다. 그러나 이런 생산성에만 초점을 맞추어서는 농업에 관한 연구를 제대로 할 수 없습니다. 농업에서 가장 중요한 것은 생산성이 아니기 때문입니다.

사람이 먹는 양식은 사람으로 하여금 그 양식을 통하여 건강한 삶을 꾸려나갈 수 있게 하는데 가장 중요한 뜻이 있습니다. 여러분이 어떤 식으로든 겉보기에 아주 좋아 보이는 농작물을 거두어들일 수는 있을 것입니다. 그러나 겉보기에 좋아 보이는 농작물이 사람의 위장을 채울 수는 있어도 사람의 내면적 건강까지 유지시키는 데 도움이 된다고는 자신 있게 말할 수 없습니다.

현대 과학은 인간의 신체 조직을 유지하는 데 가장 좋은 양식을 만들어 내지 못합니다. 현대 과학은 전혀 그 길을 찾지 못하기 때문입니다. 그러나 정신과학을 바탕으로 삼고 있는 농업은 자연의 살림 전체를 살펴봅니다. 전체를 보고 전체에서 따왔기 때문에 하나 하나의 방편은 전체에 어긋나지 않는다고 말할 수 있습니다. 따라서 이런 식으로 농사를 지으면 사람과 동물을 위해 가장 유익한 것을 일구어 낼 뿐 다르게는 될 수 없습니다. 정신과학은 농업뿐만 아니라 모든 방면에서 인간으로부터 출발했고 인간을 밑바탕으로 삼았습니다. 이런 까닭으로 정신과학을 통해 나온 방법으로 농사를 지으면 인간에게 가장 유익한 양식을 줄 수 있습니다. 이 점이 현대 과학과 다른 점입니다.

질의 응답 I

1924년 6월 12일

소똥 증폭제를 물에 풀어 섞고 뿌리는 것에 대하여

암소 뿔의 보관과 사용

씨앗 속에서 일어나는 혼돈

곡식에 들어 있는 번식 능력과 영양가

질 문: 소똥 증폭제를 물에 섞을 때 물과 소똥 증폭제의 비율을 정확하게 계산해야 합니까?

대 답: 이 점에 관해서는 몇 가지가 더 이야기되어야 할 것 같습니다. 소똥 증폭제를 뿌릴 면적이 넓으면 앞서 말했던 양보다 물을 더 많이 섞어서 써도 될 것 같습니다. 도르나흐에서 처음 우리가 준비했던 뿔은 스물다섯 개였습니다. 이 수로 제법 큰 밭에 다 뿌릴 수 있었습니다. 처음에는 반 양동이 물에 뿔 한 개에 들어 있는 소똥 증폭제를 섞었고, 그 다음에는 한 양동이 물에 소똥 증폭제 두 개를 섞었습니다. 좀 더 큰 면적에 주어야 했을 때는 일곱 양동이 물에 뿔 일곱 개를 썼습니다.

질 문: 많은 양의 소똥 증폭제를 많은 물에 섞어야 할 때 기계를 사용해서 저어도 됩니까? 아니면 허용할 수 없습니까?

대 답: 이 점은 물론 엄격하게 지킬 수도 있고 어떤 대용품을 쓰는 쪽으로 점차 변해갈 수도 있습니다. 그러나 사람이 직접 젓는 것이 기계로 젓는 것과 다를 것이라는 점은 의심할 나위가 없습니다. 이런 말을 기계 만능주의자들은 물론 인정하지 않을 것입니다. 여러분! 한번 곰곰이 생각해 보십시오. 사람이 직접 손으로 저으면 손의 미묘한 움직임이나 (때에 따라서는) 느낌까지도 양동이 속으로 전달될 수 있습니다. 그러므로 이러한 것과 단순히 기계로 젓는 것 사이에는 어마어

마한 차이가 있지 않겠습니까? 물론 오늘날 사람들은 이러한 차이가 있다는 것을 믿지 않습니다. 의학에서도 마찬가지입니다. 어떤 약제를 사람 손으로 직접 만드는 것과 기계로 만들어 내는 것이 결코 같을 수 없습니다. 사람은 어떤 사물을 자신이 직접 손을 대어서 만들면 그 사물에 자신의 혼을 불어넣습니다. (이런 사실을 함부로 비웃어서는 안 됩니다) 여러분 가운데 많은 사람이 리터Ritter가 만든 의약품을 알 것입니다. 사람들은 자주 내가 이 의약품에 대해서 어떻게 생각하는지를 물었습니다. 이 의약품에 대해서는 효력이 좋다고 입에 침이 마르도록 칭찬하는 사람이 있는가 하면 별 효력이 없다고 소문을 퍼뜨리고 다니는 사람들도 있다는 것을 여러분도 아마 잘 알고 있을 것입니다. 물론 효력은 있습니다. 그러나 만일 이런 의약품이 일반 상업적 테두리 속으로 들어가면 그 효력이 많이 떨어질 것은 분명하다고 생각합니다. 왜냐하면 바로 이런 의약품이야말로 의사의 손에서 직접 환자에게 건네지는 것이 매우 중요하기 때문입니다. 의사가 어떤 약을 직접 환자에게 건네줄 때(물론 작은 범위 안에서 이루어질 수 있습니다) 의사는 사실 어느 정도 자신의 따뜻한 마음을 약에 같이 담아서 줍니다. 그러나 많은 사람이 이런 말을 들으면 "무게를 잴 수도 없는 따뜻한 마음이 무슨 영향을 미칠 수 있나?"라고 말합니다. 그러나 이 따뜻한 마음은 진동을 일으킵니다. 그리고 의사들이 따뜻한 마음을 가지면 영감을 얻습니다. 그러면 빛이 아주 강하게 약에 작용합니다. 영감도 치료제에 작용하지 말라는 법은 없지 않겠습니까? 이 따뜻한 마음은 크게 작용합니다. 이 따뜻한 마음은 영감이 일어나도록 이끌어 영감을 받은 의사들이 큰 영향을 미치도록 합니다. 리터의 의약품은 바로 이러한 것을 통하여 아주 강하게 작용합니다. 영감을 가지고 큰 작용을 불러일으킬 수 있습니다. 그러나 여러분이 기계처럼 어떤 일을 처리한다면 그 효과는 약해질 것입니다. 자, 이렇게 사람 손으로 직접 하느냐 또는 기계로 하느냐에 따라 어떤 차이가 있다는 것을 살펴보았습니다. 사실 많은 것은 사람 손이 들어가야 그 효과가 있습니다. 또 이렇게 직접 손으로 저으면 기계로 처리하는 데서는 상상조차 할 수 없는 즐거움도 뒤따르기 때문에 기계를 쓰고 싶은 마음도 점점 사라질 것입니다. 예를 들어 일요일에 사람들을 초청해서 같이 식사를 하고 입가심으로 뭔가를 들기 전에 이런 일을 할 수도 있지 않겠습니까? 사람들과 즐겁게 이야기도 나누고 또 기계를 쓰지 않고도 가장 좋은 것을 만들 수 있으니 이 또한 뜻있는 일이 아니겠습니까?

질문: 경작 면적이 넓을 때 반 양동이 물에 소똥 증폭제 한 개라는 비율을 지켜야 한다면 여러 가지 어려움이 뒤따를 것 같습니다. 이 비율을 꼭 지켜야 합니까?

대답: 이 비율을 지킬 수도 있습니다. 그러나 다른 방법을 이용해 소똥 증폭제 한 개를 더 많은 물에 섞을 수도 있습니다. 예를 들어, 먼저 반 양동이 물에 소똥 증폭제 한 개를 풀어서 저은 다음, 다시 이것을 다른 양동이 물에다 묽게 풀 수도 있습니다. 이때도 물론 잘 저어야 합니다. 그러나 이 방법보다 더 나은 것은 준비된 소똥 증폭제가 적을 때, 뿌릴 면적을 미리 계산한 뒤 그 면적에 맞게 물을 반 정도 채운 양동이를 준비하여 거기에다 소똥 증폭제를 나누어 넣고 젓는 것입니다. 이때 중요한 것은 소똥 증폭제와 물이 서로 안으로 잘 섞여야 하는 것입니다. 한두 번 젓는 것으로는 소똥 증폭제와 물이 완전히 섞인다고 볼 수 없습니다. 한꺼번에 소똥 증폭제를 많이 넣고 진하게 만든 다음 다시 이것을 물에 섞어 묽게 만드는 것보다 비록 소똥 증폭제를 적게

넣더라도 미리 양동이를 넉넉하게 준비해서 따로따로 섞는 것이 훨씬 좋습니다.

질문: 분무기에서 잘 빠져나가도록 물에 녹지 않고 남아 있을지도 모르는 단단한 성분을 미리 걸러내어도 됩니까?

대답: 꼭 걸러낼 필요는 없다고 생각합니다. 왜냐하면 한 방향으로 젓다가 재빨리 반대 방향으로 저으면 소뿔 거름은 충분히 물에 녹습니다. 따라서 어떤 이상한 물질에 대한 염려를 하지 않아도 됩니다. 앞서 말한 대로 저으면 충분히 잘 섞일 것입니다. 순수한 소똥이 가장 잘 풀립니다. 만일 거름에 다른 물질이 섞여 있더라도 일부러 이 물을 특별히 깨끗하게 만드는 수고는 하지 않아도 될 것이라고 생각합니다. 만일 이상한 물질이 들어 있더라도 때에 따라서는 이런 물질이 해를 끼치지 않고 오히려 좋은 영향을 미칠 수도 있습니다. 앞서와 같은 방법으로 저으면 물질 성분보다는 오직 어떤 기운을 내뿜는 성질만 남기 때문입니다. 물질이 아니라 활기를 띠게 하는 성질만 남기 때문에 이상한 물질이 땅으로 들어가서 예를 들어 감자는 열리지 않고 길다란 줄기만 잔뜩 생기게 할 위험은 없습니다.

질문: 단지 분무기와 관계 있는 것을 물었습니다.

대답: 거를 수 있습니다. 걸러도 별 탈은 없습니다. 분무기 입구에 거르는 체를 다는 게 가장 좋을 것입니다.

질문: 뿔 속 내용물과 물의 상관 관계를 어느 정도 일정하게 유지하기 위해 뿔 속에 들어 있는 내용물 무게를 다는 게 좋습니까? 그리고 양동이는 스위스 양동이입니까? 아니면 리터 표시가 있는 것입니까?

대답: 스위스 농가에서 우유를 받을 때 쓰는 양동이를 썼습니다. 지금까지 내가 여러분에게 말한 것은 내 직관에 따라 실험해 본 것입

니다. 앞으로는 물의 양과 뿔 속 내용물의 무게 사이에 상관 관계를 세울 수도 있겠습니다.

질 문: 한 번 쓴 소뿔을 계속해서 쓸 수 있습니까? 아니면 바로 잡은 소뿔이어야 합니까?

대 답: 이 점은 우리가 아직 실험해 보지 못했습니다. 내 생각으로는 서너 번 정도는 다시 쓸 수 있을 것입니다. 그 뒤에는 효력이 그 전과 꼭 같지 않을 것입니다. 사정에 따라서는 삼사 년 쓴 뒤 외양간에 보관해 두었다가 다시 몇 년 더 쓸 수도 있을 것입니다. 한 농가에서 얼마나 많은 뿔을 쓸 수 있는지 또 어느 정도 절약해서 써야 하는지에 관해서는 잘 모르겠습니다. 이 문제에 대해서는 지금 바로 뚜렷한 결정을 내릴 수 없습니다.

질 문: 어디서 소뿔을 구해 와야 합니까? 꼭 동부 유럽이나 중부 유럽에서 가져와야 합니까?

대 답: 뿔은 어디에서 가져오나 똑같습니다. 그러나 쓰레기를 묻어 두는 곳에서 가져와서는 안 됩니다. 될 수 있는 대로 싱싱한 것이 좋습니다. 내가 이런 말을 하면 이상하게 들릴지 모르겠습니다. 서반구 위에서 이루어지는 삶은 동반구 위에서 이루어지는 삶과는 아주 다릅니다. 그리고 아프리카나 아시아 그리고 유럽 안에서 이루어지는 삶은 아메리카 안에서 이루어지는 삶과는 다른 의미를 가지고 있습니다. 이런 까닭으로 사정에 따라 만일 아메리카에서 뿔을 가져다 쓰면 아마 다른 작용을 불러일으킬 수도 있을 것입니다. 이러한 곳에서 가져온 뿔을 써야 한다면 이 뿔에다 소똥을 더 빡빡하게 꼭꼭 다져 넣을 필요가 있다고 밝혀질 수도 있을 것입니다. 자기 지역에서 나온 뿔을 쓰는 것이 가장 좋습니다. 어떤 지역에 들어 있는 기운과 그 지역에서 자라

는 소뿔에 들어 있는 기운 사이에는 어마어마하게 강한 동질성이 있습니다. 이와는 달리 다른 지역에서 가져온 뿔 속에 들어 있는 기운은 그 지역 땅속에 들어 있는 기운과 서로 다툴 수 있습니다. 때에 따라서는 자주 다른 지역에서 소를 가져와야 할 때도 있습니다. 이럴 때는 어떻게 해야 할 것인가에 대해서도 생각을 해 보아야 할 것입니다. 만일 서양 소가 아니라면 3~4년 그 소를 자기 지역에서 풀을 뜯어먹고 자라게 하면 그 소는 그 지역에 속하게 됩니다. 그러면 이 문제에서 벗어날 수 있습니다.

질문: 몇 년생 소뿔을 써야 합니까? 늙은 소의 뿔이어야 합니까? 아니면 어린 소의 뿔이어야 합니까?

대답: 이 문제는 좀 더 실험을 해 보아야 정확한 답을 줄 수 있을 것입니다. 그러나 사물의 본질에서 살펴보면 너무 늙지도 않고 너무 어리지도 않은 소뿔이 가장 좋을 것입니다.

질문: 뿔은 얼마나 커야 합니까?

그림 11

대 답: [루돌프 슈타이너가 칠판 위에 약 30~40센티미터 되는 소뿔을 그려 보여주었는데(그림11 참조), 이에 따르면 보통 아르고이종 소뿔일 것이라고 여겨진다.]

질 문: 거세한 소나 보통 황소나 암소 가운데 어떤 소의 뿔을 쓰더라도 별 상관이 없습니까?

대 답: 내 짐작으로는 거세한 황소 뿔을 쓰면 전혀 효과가 없을 것이고 보통 황소 뿔도 비교가 될 만큼 그 효과가 떨어질 것입니다. 이런 까닭으로 암소의 뿔이 가장 좋다고 말할 수 있습니다.

질 문: 밀은 언제 뿌리는 것이 가장 좋습니까?

대 답: 이 질문에 대한 대답은 앞으로 씨앗을 뿌리는 시기에 대하여 다룰 때 상세하게 드러날 것입니다. 물론 씨 뿌리는 시기는 이루 말할 수 없이 중요합니다. 겨울철 가까이에 씨를 뿌리는 것과 겨울철에서 먼 시기에 뿌리는 것 사이에는 큰 차이가 있습니다. 겨울철과 가까운 시기에 뿌리면 재생산력에 큰 영향을 미칠 것이고 겨울철에서 먼 시기에 뿌리면 곡식의 영양가에 큰 영향을 미칠 것입니다.

질 문: 소똥 증폭제를 모래와 함께 뿌려 주어도 됩니까? 또 비 오는 날 뿌리는 것은 어떤 영향이 있을까요?

대 답: 모래와 함께 뿌려 주어도 될 것 같습니다. 우리는 아직 그렇게 실험해 보지는 않았으나 반대할 이유는 전혀 없습니다. 그리고 비가 어떠한 작용을 불러일으키는지에 대해서도 실험을 먼저 해 보아야 할 것이라고 여겨집니다. 비가 별다른 작용을 하지 않고 오히려 소똥 증폭제의 효과를 굳히는 작용을 할 수 있다고도 볼 수 있습니다. 그러나 다르게 보면 비가 땅에 떨어질 때 작게나마 퉁겨 내는 힘으로 말미암아 소똥 증폭제에 강하게 모여 있는 기운이 지나치게 흩날려 버릴

수도 있다는 것을 생각해 볼 수 있습니다. 소똥 증폭제에 들어 있는 기운은 참으로 미묘한 기운이기 때문에 많은 것을 함께 살펴보아야 합니다. 소똥 증폭제와 모래를 함께 섞어 사용하는 것에 대해서는 반대할 게 없습니다.

질문: 소뿔과 소뿔 안에 들어 있는 내용물을 보관할 때 어떻게 하면 이런저런 나쁜 영향이 미치지 못하도록 막을 수 있습니까?

대답: 이 문제는 다음과 같은 생각을 적용해 볼 수 있습니다. 사람들은 흔히 해가 되는 요소를 제거하려고 하지만 그것이 오히려 때로는 그대로 두는 것보다 더 해를 불러일으키기도 합니다. 요즘 사람들은 곳곳에서 살균이라는 것에 지나치게 마음을 빼앗기고 있는 것을 볼 수 있습니다. 그렇지 않습니까? 모든 방면에서 지나치게 이 살균이란 문제에 신경을 쓰고 있는 것은 의심할 나위가 없습니다. 그러나 사실 약제를 만들 때 곰팡이가 슬지 않도록 미리 모든 예방 조치를 하면 실제 치유 기운을 가로막아 버리기도 합니다. 따라서 혹시 있을지도 모를 어떤 해독을 막기 위해 어떤 조치를 취하는 것에 대해서는 별로 중요하게 생각하지 않습니다. 사실은 그냥 두어도 별 해를 끼치지 않습니다. 어떤 방법을 써서 소독을 해야 하는가에 지나치게 마음을 쓰지 않고, 있는 그대로 두는 것이 가장 좋습니다. 우리는 소뿔을 땅속에 넣을 때 흙이 소뿔 안으로 들어가지 않게 소뿔 위에다 돼지 방광을 덮었습니다. 소뿔 자체를 특별히 어떻게 깨끗이 하라고 권하고 싶은 마음은 전혀 없습니다. 겉보기에 지저분하거나 더럽다고 느끼는 것이 언제나 우리가 느끼는 그대로는 아닙니다. 여러분이 만일 여러분의 얼굴을 금으로 얇게 입힌다면 금으로 얼룩진 얼굴이 지저분하지 금 자체가 지저분한 것은 아닙니다. 더러운 것은 꼭 더러운 것에 그치지 않습

니다. 우리가 더럽다고 하는 것이 때로는 어떤 사물을 썩지 않게 하는 작용을 하기도 합니다.

질 문: 열매를 맺을 때 일어나는 혼돈을 더 잘 일어나도록 어떤 방법을 써서 도와주어야 합니까?

대 답: 물론 도와줄 수는 있지만 꼭 그럴 필요는 없을 것입니다. 식물이 어떻게든 열매를 맺으면 그때 최대한의 혼돈은 이미 들어옵니다. 그때 일부러 더 도와줄 필요는 없습니다. 거름에는 지금까지 말했던 대로 그 기운을 더욱더 북돋아 줄 필요가 있습니다. 그러나 이미 완전한 혼돈이 들어와 있는데는 따로 도와줄 필요가 없습니다. 물론 땅 자체를 원래보다 규소 성분이 더 많아지도록 할 수는 있습니다. 왜냐하면 실제 우주 기운을 지구에 붙들어 두는 것이 규소의 작용이기 때문입니다. 그렇게 할 수는 있습니다. 그러나 꼭 필요하다고는 생각하지 않습니다.

질 문: 어느 정도 면적을 가지고 실험을 해 보아야 합니까? 그리고 식물이 다시 열매를 맺을 때까지 우주 기운을 유지시켜 주는 것도 필요하지 않을까요?

대 답: 어떤 목적에 얼마나 넓은 땅이 있어야 하는가는 여러분 스스로 실험을 해 보아야 할 것입니다. 두 번째 질문에 관해서는 다음 실험으로 그리 어렵지 않게 어떤 방침을 세울 수 있을 것입니다. 밭이랑을 두 개 만들어 한 이랑에는 누에콩을, 다른 이랑에는 밀을 나란히 심어 보십시오. 여러분이 여기에 똑같이 규산을 쓰면 밀은 밀 자체에 들어 있는 성질 때문에 끊임없이 열매를 맺고 누에콩은 열매를 전혀 맺지 못하거나 맺더라도 늦게 맺는 것을 볼 수 있을 것입니다. 이런 식으로 밀이 가지고 있는 성질과 콩과 식물인 누에콩이 가지고 있는 성

질을 비교하여 한 과정이 어떻게 다르게 나타나는가를 살펴보면 아주 흥미로운 결과를 볼 수 있습니다.

질 문: 물에 이미 섞은 증폭제를 따로 두었다가 뿌리고 싶을 때 어느 때고 뿌려도 상관없습니까?

대 답: 소똥 증폭제를 땅에서 끄집어낸 뒤에는 상관이 없지 않습니다. 소뿔 안에 들어 있는 것을 잘 보존하려면 필요할 때까지 땅속에 두는 것이 가장 좋습니다. 겨울을 넘기고 여름까지 두어도 나빠지지 않습니다. 만일에 어딘가 다른 곳에 보관해야 한다면 나무 상자를 만들어서 상자 안을 이탄으로 잘 채운 다음 그 상자 안에 넣어 둘 수 있습니다. 그러면 뿔 안에 아주 강하게 모여 있는 기운을 잘 보존할 수 있습니다. 그러나 물에 이미 섞은 것을 보존했다가 나중에 사용하는 것은 조금도 권하고 싶지 않습니다. 물에 섞은 뒤 그렇게 오랜 시간을 넘기지 않았더라도 다시 사용하려면 잘 저어야 할 것입니다.

질 문: 가을에 심을 곡식을 위해 소똥 증폭제를 사용하려면 소뿔을 땅에서 꺼낸 다음 석달 가량 지난 뒤가 좋습니까?

대 답: 사용하기 전까지 땅속에 묻어 두는 것이 가장 좋습니다. 언제 사용하는지는 문제가 되지 않습니다. 다가올 가을에 사용하려면 그때까지 땅속에 두십시오. 그렇다고 나빠지지 않습니다.

질 문: 분무기로 소똥 증폭제가 섞여 있는 물을 미세하게 뿜어 낼 때 물 속에 들어 있는 에테르나 아스트랄을 잃어버리지 않습니까?.

대 답: 전혀 잃어버리지 않습니다. 정신 요소는 대체로 물질 요소에 비해 그렇게 쉽게 달아나지 않습니다. 소똥 증폭제에 들어 있는 정신 기운들도 처음부터 아예 내보내지 않는 이상 잘 붙어 있습니다.

질 문: 소뿔 안에 넣은 채로 여름을 난 광물 성분은 어떻게 다루어

야 합니까?

대답: 꺼내어서 어느 한 곳에 쌓아 두어도 됩니다. 그렇게 해도 여름을 난 광물 성분에는 별 해가 되지 않습니다. 햇빛이 비쳐도 괜찮습니다. 오히려 이득이 될 것입니다.

질문: 소똥을 넣은 소뿔은 나중에 사용할 논밭 밑에다 묻어야 합니까? 아니면 논밭 옆 어느 곳이라도 상관이 없습니까?

대답: 어디에다 묻어도 많은 차이는 없을 것입니다. 따라서 이 문제에는 그다지 주의를 기울이지 않아도 될 것 같습니다. 가장 좋은 장소는 어느 정도 부식토가 있고 광물 성분이 그다지 많지 않은 땅입니다. 그런 곳을 한 군데 골라서 필요한 만큼 소뿔을 묻어 두면 됩니다.

질문: 농사를 지을 때 기계를 쓰는 것은 어떻습니까? 기계를 사용해서는 안 된다고 들었습니다.

대답: 이 질문은 사실 농업과 연관시켜 대답할 수 있는 성질이 전혀 아닙니다. "기계를 사용해도 되느냐?"라고 묻는 그 자체가 이미 시대에 맞지 않는 질문이라는 것은 의심할 여지가 없습니다. 오늘날 기계를 사용하지 않으면 거의 농사를 지을 수 없는 실정 아닙니까? 물론 모든 농사 과정이 소똥 증폭제를 물에 풀어 저을 때 또는 이와 비슷한 과정처럼 은밀하게 일어나는 자연 과정과 같지는 않습니다. 그러나 젓는 과정에서 일어나는 은밀한 과정도 기계를 써서는 어떻게 할 수 없듯이 자연에서 일어나는 많은 과정도 자연이 스스로 일구어 내지 기계가 어떻게 하지 못하는 것도 사실입니다. 예를 들어 식물이 열매를 맺는 과정도 자연이 스스로 일구어 내지 기계를 가지고는 어떻게 이 과정을 이끌어 낼 수 없는 것과 마찬가지입니다. 그러므로 이 질문이 시대에 그렇게 맞는 질문이라고는 여겨지지 않습니다. 오직 여러분의

주의를 모으고 싶은 것은 농사를 지을 때 지나치게 기계에 기댈 필요는 없다는 것입니다. 어떤 사람이 모든 일에 거의 미친 듯이 새로운 기계를 사들여 온다고 합시다. 그때마다 새로운 기계가 농사를 개량하는 듯하지만 실제로는 낡은 기계를 못쓰게 될 때까지 쓰는 것보다 훨씬 나쁜 결과를 초래할 수도 있습니다. 그러나 이 문제는 엄밀하게 따지자면 농업과 연관시킬 수 없습니다.

질 문: 물에 풀어 섞은 소똥 증폭제를 정해진 면적에 비해 반정도 되는 면적에 뿌리면 어떻게 됩니까?

대 답: 그러면 이미 다른 문제를 다룰 때 보여 준 것처럼 잎이나 줄기만 무성하게 자라는 결과를 낳게 됩니다. 예를 들어 감자밭에 방금 말한 대로 소똥 증폭제를 뿌리면 잎과 줄기만 무성해질 뿐 여러분이 바라는 것은 열리지 않습니다. 지나치게 많은 양을 뿌리면 지나치게 기름진 땅에서 웃자라는 것과 같은 결과를 얻습니다.

질 문: 그러면 잎이나 줄기를 무성하게 자라게 하고 싶은 사료용 식물이나 시금치에는 어떻습니까?

대 답: 거기에도 우리가 도르나흐에서 한 대로, 정해 준 넓이의 면적에 소똥 증폭제 한 개를 물 반 양동이 비율로 섞어서 뿌렸을 겁니다. 도르나흐에서 실험한 곳도 주로 채소밭이었습니다. 이 비율을 지키는 것이 가장 좋을 것 같습니다. 넓은 면적에서 자라는 단일 재배 식물에 줄 때는 오히려 더 적은 양을 뿌려도 될 것입니다.

질 문: 암소 똥이나 말똥 또는 양 똥을 써도 아무 상관이 없습니까?

대 답: 암소 똥이 이 과정을 위해 가장 좋다는 것은 의심할 바가 없습니다. 말똥을 쓸 수 있는가 하는 것에 대해서는 앞으로 더 연구해 봐야 합니다. 말똥을 소똥처럼 쓰려면 소뿔을 말갈기로 싸 주어야 할 것

입니다. 뿔이 없는 말은 뿔이 가지고 있는 작용을 갈기가 가지고 있기 때문입니다.

질문: 소똥 증폭제는 씨뿌리기 전, 후 언제 밭에 주면 좋습니까?

대답: 씨앗을 뿌리기 전에 소똥 증폭제를 주는 것이 맞습니다. 우리가 올해에는 약간 늦게 소똥 증폭제를 주었는데 그 결과가 어떻게 나올지 앞으로 보게 될 것입니다. 어떤 것들은 씨앗을 뿌린 뒤였습니다. 따라서 그것들을 살펴보면 어떤 영향을 미치는지 앞으로 알게 될 것입니다. 그러나 땅이 미리 그 작용을 받도록 씨앗을 뿌리기 전에 소똥 증폭제를 주는 것이 당연합니다.

질문: 암소 똥을 채웠던 뿔에 광물 성분(수정 가루)을 채워 사용할 수 있습니까?

대답: 사용할 수 있습니다. 그러나 세 번 내지 네 번 이상 쓰지 않는 것이 좋습니다. 서너 번 쓰면 그 힘을 잃습니다.

질문: 아무나 소똥 증폭제를 사용해도 상관이 없습니까? 아니면 인지학자라야 합니까?

대답: 이런 질문은 오늘날 많은 사람으로부터 비웃음을 자아낼 질문입니다. 여러분도 이런 일을 들은 적이 있을 것입니다. 창가에서 자라는 꽃나무도 사람에 따라서는 아주 잘 자랄 수도 있고 또 전혀 자라지 못하고 시들어 버릴 수도 있습니다. 이런 일은 그리 드문 일이 아닙니다. 사람 자신의 영향으로 인해 일어나는 이런 일은 사람들이 금방 알 수 있도록 겉으로 드러나게 설명할 수는 없습니다. 그러나 사물의 본질을 들여다볼 수 있으면 얼마든지 알아볼 수 있는 일입니다. 이렇게 꽃나무에 영향을 미치는 것은 어제 설명했듯이 명상을 하는 사람에게도 가능한 일입니다. 영감을 간직하고 있는 질소와 훨씬 가깝게

살기 때문입니다. 명상을 통하여 자신을 식물의 성장에 깊이 영향을 미치는 상태로 들어가게 할 수 있습니다. 요즈음은 다만 이런 일이 인정되던 시절에 비해서 사람들 눈에 그렇게 뚜렷이 비치지 않을 뿐입니다. 그때 사람들은 어떻게 하면 식물의 성장을 돌보는데 자신을 가다듬을 수 있는가 하는 것에 대하여 실제로 알고 있었습니다. 그러나 이런 일에 대하여 어느 누구도 별 주의를 기울이지 않는 오늘날에는 비록 이런 일을 알고 있는 사람일지라도 별 관심이 없는 사람과 자나깨나 함께 지내다 보면 이런 사람들의 영향을 입어 자신이 가지고 있던 미세하고 미묘한 영향력을 잃어버립니다. 이런 까닭으로 우리가 지금까지 알아보았던 것을 적용하려 하면 남을 속이는 일이라고 아주 쉽게 반박을 당합니다. 그러므로 나는 이처럼 미세하고 미묘한 일에 관하여 일반 대중을 향해 말하기를 꺼립니다. 오늘날 사람들이 살아가는 사정을 보면 이런 일은 쉽게 반박을 받기 때문입니다.

얼마 전 슈테게만 씨가 명상이나 이와 비슷한 방법으로 기생충을 물리칠 수 있을까라는 아주 까다로운 질문을 던졌습니다. 여러분이 올바르게만 하면 두말할 나위 없이 가능합니다. 특히 지구가 가지고 있는 힘이 땅속에 가장 많이 모여 있으면서 그 힘을 펼치는 때인 1월 중순에서 2월 중순 사이에 특별한 기간을 정해서 집중 연습을 한다면 그 작용이 더 잘 나타날 수도 있을 것입니다. 이미 말했듯이 까다로운 질문이었지만 긍정적인 쪽으로 대답을 할 수 있었습니다. 오직 전체 자연과 조화를 이루며 실행해야 합니다. 한겨울에 하는 정신 집중 연습은 한여름에 하는 것과는 다릅니다.

여러분! 내가 이번 삶에 이루고자 하는 많은 일 가운데 이루지 못한 것이 있습니다. 젊었을 때 농부들의 인생 철학을 적겠다고 마음먹은 일입니다. 그렇게 했더라면 어제 강의 때도 농부의 철학에서 많은 것을 따왔을 것입니다. 그렇게 했더라면 이루 말할 수 없이 유익한 것이 많이 나올 수 있었을 것입니다. 그리고 백작이 '농부들은 아는 것이 별로 없다'고 주장하는 것도 쉽게 반박할 수 있었을 것입니다. 그리고 신비한 지혜가 담겨 있는 철학이 다시 세상에 빛을 나타냈을 것이고 농부들이 자연의 비밀에 대해 알고 있는 것이 정말 어마어마하다는 것도 드러났을 것입니다. 심지어 단어를 형성하는데 있어서도 자연 생명에 더 친근했습니다.

그러나 오늘날 이러한 농부의 철학에 관해 쓴다는 것은 더 이상 가능하지 않습니다. 오늘날 사람들은 농부의 철학에 담겨 있는 지혜들을 거의 잃어버렸습니다. 요즈음은 40년 전이나 50년 전과 같지 않습니다. 농부의 철학에는 이루 말할 수 없이 중요한 것이 많이 들어 있었습니다. 대학에서보다도 농부에게서 더 많은 것을 배울 수 있었습니다. 그러나 그때는 이미 말한 대로 아주 다른 때였습니다. 사람들은 시골에서 농부들과 함께 살았습니다. 그때 지금 한창 사회주의 운동을 이끄는 사람들이 테두리가 넓은 펠트 모자를 쓰고 왔는데 그런 사람들은 그때 아주 드물었습니다. 오늘날 세상은 완전히 변했습니다. 이 자리에 있는 젊은 사람들은 지난 30~40년 사이에 세상이 얼마나 많이 변했는가 하는 것에 대하여 거의 짐작조차 할 수 없을 것입니다. 특히 당시의 문화를 비추기도 한 농민의 철학 속에 담겨 있던 멋들어진 사투리도 거의 다 사라져 버렸습니다. 농사 절기에 관한 책에서조차 오늘날 아예 볼 수 없는 것이 들어 있었습니다. 겉보기부터 벌써 달랐습니다. 아늑한 느낌을 주었습니다. 내가 보았던 농사 절기에 관한 책에는 (비록 종이의 질은 나빴지만) 여러 색으로 행성의 움직임을 표시해 두었고 겉표지에는 작은 사탕도 하나 붙어 있었습니다. 책을 펴기 전에 언제나 사탕도 한번 맛볼 수 있었습니다. 이런 식으로 책도 맛나게 만들었습니다. 물론 그때 사람들은 책을 여럿이 잇따라 썼습니다.

질 문: 넓은 면적에 소통 증폭제를 줄 경우에 얼마나 많은 양을 써야 하는가는 그냥 느낌으로 어림잡습니까?

대 답: 그렇게는 권하고 싶지 않습니다. 그런 경우에도 이치에 맞게 하는 것이 좋을 것이라고 생각합니다. 처음에 자신의 느낌에 따라 여러 가지로 실험을 해 본 뒤라도 이때 이끌어 낸 결과를 수치로 나타내고 통계표를 만들어 세상에 알려서 사람들이 이 자료를 이용할 수 있도록 하는 것이 좋을 것이라고 생각합니다. 만일 어떤 사람이 자신의 느낌대로 해야 꼭 직성이 풀리면 그렇게 해도 좋을 것 같습니다. 그러나 다른 사람들 앞에서, 한편으로는 자신의 실험 결과를 수치로 나타내고 통계표를 만들어 주면서 다른 편으로는 그러한 수치나 통계표를 별로 중요하게 여기지 않는다는 태도는 보이지 않는 것이 좋을 것입니다. 실제로 모든 것을 계산할 수 있도록 수치로 나타내고 통계표로 만들어 내야 합니다. 이것은 앞으로 꼭 필요합니다. 자신은 암소 뿔을 사용해 놓고 다른 사람에게는 황소 뿔을 사용하라고 할 수는 없습니다. 이러한 태도는 쉽게 다른 사람의 반감을 불러일으킵니다. 자신의 주장을 지나치게 내세우지 말고 될 수 있는 대로 다른 사람의 비판에도 귀를 잘 기울이라고 권하고 싶습니다.

질 문: 두엄 더미에 넣을 생석회의 비율은 요즈음 정한 비율을 따라도 됩니까?

대 답: 옛날 방식이 낫다는 것이 곧 밝혀질 것입니다. 단지 습기가 많은 땅인지 아니면 모래가 많은 땅인지는 가려야 합니다. 모래 땅에

는 조금 더 적게 써야 할 것이고 습지에는 산성 때문에 조금 더 많이 써야 할 것입니다.

질 문: 두엄 더미를 뒤집는 것에 대해서는 어떻게 생각합니까?

대 답: 나쁘지 않을 것입니다. 뒤집어엎은 다음에는 두엄 더미에 들어 있는 기운을 잘 지켜 주기 위하여 될 수 있는 대로 흙으로 덮어 주는 것에만 주의하면 됩니다. 이탄 흙이나 이탄 가루가 좋습니다.

질 문: 과도기에 있는 땅에 쓸 수 있는 칼륨은 어떤 종류를 말하는 것인가요?

대 답 : 칼륨 마그네시아입니다.

질 문: 소뿔에 채우고 남은 똥은 어떻게 합니까? 가을에 들판에 뿌려서 겨울을 나게 합니까? 아니면 봄까지 그대로 둡니까?

대 답: 소똥 증폭제로 전체 거름을 다 대체할 수는 없습니다. 지금까지 주었던 거름은 계속해서 주어야 합니다. 소똥 증폭제는 지금까지 주었던 거름의 효과를 한층 더 높이는 데 그 뜻이 있습니다. 다른 거름은 이전처럼 그대로 주어야 합니다.

다섯 번째 강의
1924년 6월 13일

거름에 들어가야 할 성분

어제 이야기한 소똥 증폭제는 지금까지 주었던 거름의 효과를 더욱 높이기 위한 것이었습니다. 따라서 이제까지 주었던 거름은 물론 계속해서 주어야 합니다. 오늘은 우리가 이제 갖추고 있는 '살아 있는 것은 살아 있는 영역에 들어 있어야 한다'는 견해를 가지고 거름에 대하여 계속 살펴보겠습니다.

우리는 에테르-생명 기운이 실제로 식물이 자라는 영역을 결코 떠나서는 안 된다는 것을 보았습니다. 따라서 우리는 식물이 뿌리를 내리며 자라고 있는 땅이 어떤 식의 성장이 계속 이루어지고 있는 곳이고 또 식물-생명 기운이 들어 있는, 곧 살아 있는 곳이라는 것을 바로 아는 데 커다란 가치를 두었습니다. 그리고 어제는 (부식토로 인해 생긴) 내면적 생명 기운이 들어 있는 언덕의 땅이 어떻게 나무를 에워싸고 바깥과 경계를 짓고 있는 겉껍질 속뿐만 아니라 속껍질 속으로 넘어가는 과정까지도 생각할 수 있는가를 살펴보았습니다.

모든 방면에 올바른 인식을 잃어버린 새로운 시대에 접어들면서 사람들은 전체 자연에 흐르고 있는 법칙에 대한 인식도 잃어야 했습니다. 따라서 땅의 성장과 식물의 성장에 함께 들어 있는 삶이 어떻게 삶의 분리물인 거름 속으로 이어지는지 그리고 모든 삶을 에워싸고 있는 기운들이 어떻게 작용하고 있는가 하는 것에 대한 인식도 완전히 잃어야 했습니다. 사람들은 이러한 사실에 대한 인식을 어쩔 수 없이 점점 잃어야 했습니다.

자, 이제 정신과학은 (어제 질의 응답에서 말했듯이) 새로운 시대에 여러 방면에서 이루어진 것을 어떤 광신주의에서 나와 혁명을 일으킬 듯이 끼여 들어 과격하게 꾸짖는 식으로 시작해서는 결코 안 됩니다. 오히려 지금까지 이루어진 것을 먼저 완전히 인정하고 시작해야 됩니다. 오직 완전히 잘못된 가설에 뿌리를 내리고 있고 현대 물질주의로 세상을 보는 것과 관계가 있는 것만 반대하거나 물리쳐야 합니다. 그리고 바로 살아 있는 세계관에서 나온 것으로 삶의 여러 방면에 흘러 들어가 모자라는 곳을 채워야 합니다. 따라서 외양간에서 나온 똥으로 또 오줌으로 그리고 두엄으로 어떻게 거름을 만드는가에 대해서는 살펴보지 않고 그냥 지나가려고 합니다. 이러한 것들은 이미 여러 가지 연구가 이루어졌습니다. 그리고 이 부분은 아마 오늘 오후 질의 응답 시간에 몇 가지 더 말하게 될 것입니다.

오늘 이 시간에는 농사를 짓는 것이 사실은 빼앗아 오는 것이라는 견해가 옳다는 것을 먼저 말하고 싶습니다. 우리가 농사를 지어서 세상에 내보내는 모든 것은 실제로 땅에 있는 기운을 빼앗아 온 것이기 때문입니다. 땅에서뿐만 아니라 공기에서도 빼앗아 온 것입니다. 그래서 빈약해진 땅의 기운을 다시 올바른 방법으로 북돋아 주기 위해서는 거름에 어떤 성분을 더 보태 주어야 합니다.

지난 세월 동안 물질주의 세계관으로 잘못 판단한 것들이 여러 모습을 나타내었습니다. 첫째로 사람들은 가장 작은 생물인 박테리아가 어떻게 작용하는가에 대해 아주 주의 깊게 연구를 합니다. 그리고 거름에 올바른 성분을 만들어 넣어 주는 이유가 바로 이 미생물의 작용을 돕는다는 것입니다. 사람들은 거름 안에서 바로 이 박테리아가 활동하는 것을 눈여겨보고 박테리아가 바로 거름에 어떤 작용을 불러일으킨다고 생각합니다. 그리고 사람들은 정말 재치 있고 뛰어난 논리를 가지고 땅에다 미리 박테리아를 접종시키기까지 합니다. 그렇지만 대부분 그 작용은 오래가지 못합니다. 사실 별 도움이 되지 않습니다. 이 모든 것이 다음에 예를 드는 것과 나란히 놓을 수 있는 견해에서 나온 것입니다. 어떤 사람이 방 안에 파리가 아주 많은 것을 보고 파리가 많기 때문에 방이 더럽다고 생각합니다. 그러나 파리가 많아서 방이 더러운 것이 아닙니다. 방이 더러운 까닭에 파리가 많은 것입니다. 그리고 더러운 것을 다 먹어치우도록 파리를 늘릴 여러 가지 방법을 생각해 낸다든지 또는 파리를 줄일 수 있는 방법이나 이와 비슷한 방법을 아무리 생각해 낸다 하더라도 방을 더 깨끗하게 할 수는 없습니다. 이런 방법들로는 별 효과를 거두지 못할 것입니다. 오히려 더러운 것 자체를 제거하는 일을 바로 해야만 어떻게든 훨씬 더 많은 것을 얻을 수 있습니다.

동물 배설물을 거름으로 쓸 때도 마찬가지입니다. 거름 안에서 이루어지는 과정 가운데 생겨나는 미생물은 거름 성분이 어떤 상태에 있느냐에 따라서 매우 유익한 증세가 될 수도 있습니다. 그렇다고 미생물을 따로 번식시켜 넣어 줄 필요는 조금도 없습니다. 오히려 그러한 미생물을 물리치는 것이 훨씬 더 중요할지 모릅니다. 농사를 지을 때 아주 중요한 이런 생명 요소는 커다란 범위에서 보아야 합니다. 이런 작은 생명체에, 모든 것을 전체에서 따로 들어내어 작게 분리시켜서 살펴보는 식의 이론을 가지고 다가가서는 안 됩니다. 물론 어떤 수단이나 방법을 함께 보여 주지 않는 이상 무작정 막을 수는 없습니다. 방금 말한 것은 이미 여러 방향에서 강조를 했습니다. 그러나 중요한 것은 옳은 것을 단지 아는 데 그쳐서는 안 된다는 것입니다. 사람이 어떤 일에 관해 옳은 것을 바로 알고 있어도 (그것이 나쁜 방향에 관한 것이라면) 좋은 방향으로 대책을 세워 주지 않는 이상 어떻게 해 볼 도리가 없는 때가 많습니다. 좋은 대책을 세워 주지 못하면서 나쁜 것을 강조하는 일은 하지 말아야 합니다. 오히려 다른 사람의 화를 돋우는 것밖에 되지 않기 때문입니다.

두 번째로는 현대 물질주의에 물든 생각을 가지고 거름에 온갖 무기물을 투입하는 것을 아주 중요하게 여기는 경우가 있습니다. 이것도 사실 지금까지의 경험으로 미루어 보면 그 효과가 오래가지 않는다는 것을 확인할 수 있습니다. 광물 성분을 넣어 거름 효과를 더 올리려는 것은 오직 물에만 활기를 넣어 주는데 그친다는 것을 잘 알아야 합니다. 식물을 제대로 자라게 하기 위해서는 물만 활기를 띠게 해서는 안 됩니다. 왜냐하면 땅으로 스며드는 물에서는 더 이상 활기가 나오지 않기 때문입니다.

바로 땅에 활기를 불어넣어 주어야 합니다. 땅에 활기를 불어넣어 주는 것은 무기물로는 되지 않습니다. 오직 유기물로 다가갈 때만 가능합니다. 유기물을 알맞은 상태로 넣어 주면 이 유기물은 단단한 땅 자체에 활기를 주고 생명을 줄 수 있습니다. 똥거름이나 오줌 거름 같은 것에 생명 기운을 북돋아 주고 또 이렇게 북돋아진 거름을 주면 생명 기운은 살아 있는 것 속에 들어 있을 수 있습니다. 바로 이것이야말로 정신과학이 농업을 위해 해야 할 과제입니다. 정신과학은 생명이 작용하고 있는 전체를 살펴보려 합니다. 현미경으로 들여다본 작은 것에서 이끌어 낸 이론은 눈여겨보지 않습니다. 왜냐하면 그렇게 작은 것을 중심으로 이끌어 낸 것은 실제로 중요한 의미가 없기 때문입니다. 전 우주, 곧 자연이 작용하는 범위 전체를 살펴보는 것이 정신과학의 과제입니다. 여기에는 물론 자연의 상호 작용 관계를 먼저 들여다보아야 합니다.

여러분! 오늘날 쓰여진 농업에 관련한 문헌 속에서 다음과 같은 글을 볼 수 있습니다. 조금씩 다른 표현 방식을 띠고 있는 이 글들은 모두가 나름대로 직접 경험한 것을 적어 넣은 것처럼 보이기는 합니다. 그 내용은 이렇습니다. "질소, 인산, 칼슘, 칼륨, 염소 그리고 그 밖에 여러 원소와 철은 식물이 자라는데 꼭 땅속에 있어야 하는 중요한 성분이다. 그러나 규소, 납, 비소 그리고 나트륨 같은 원소들은 식물이 자라는데 기껏해야 자극제밖에 되지 못한다." 이런 말을 하는 사람들은 사실은 자신들이 아직도 어둠 속을 헤매고 있다는 것을 증명하는 것밖에 되지 않습니다. (아직도 옛 전통이 남아 있어서 이런 말을 쉽게 따르진 않겠지만) 이런 말을 따르지 않으면 않을수록 좋습니다. 이런 말을 따른다는 것은 마치 식물을 미친 듯이 다루는 것이나 마찬가지입니다. 이런 말은 실제로 따를 수도 없습니다. 왜 그렇겠습니까?

자, 귀를 기울여 보십시오 여러분! 사실은 오직 이렇습니다. 위대한 자연은 사람들이 칼륨이나 칼슘, 인산을 올바르게 돌보지 않으면 땅에서 떠나보내지만 규소, 납, 수은, 비소는 돌보지 않아도 무자비하게 떠나보내지 않습니다. 왜냐하면 규소, 납, 수은, 비소는 하늘이 비와 함께 내려 주기 때문입니다. 그러나 인산, 칼륨, 칼슘을 땅속에 잘 지니게 하기 위해서는 땅을 가꾸어야 하고 올바르게 거름을 주어야 합니다. 이 원소들은 하늘이 스스로 내려 주지 않습니다. 그래서 계속해서 농사를 지으면 실제로 땅을 쓸 수 없게 만들 수 있습니다. 실제로 사람들은 땅을 메마르게 합니다. 따라서 거름을 주어야 합니다. 그러나 시간이 지남에 따라 (많은 경작지가 그렇듯이) 거름을 통해 균형을 잡는 것이 부족해질 수 있습니다. 그러면 땅을 착취하고 나아가 영원한 불모지로 만들어 버립니다.

사람들은 자연의 섭리가 올바로 이루어질 수 있도록 힘을 써야 합니다. 사람들이 자극제라고밖에 부르지 않는 이 요소들의 작용이 사실은 가장 중요한 작용입니다. 사람들이 별로 필요가 없다고 여기는 바로 이 요소들이 아주 적은 양으로 온 지구에 널리 퍼져 있으면서 영향을 미칩니다. 이 요소들은 식물에게는 땅이 주는 요소 만큼 없어서는 안 되는 것들입니다. 식물은 이 요소들을 오로지 우주 공간에서 받아들입니다. 수은, 비소, 규소는 땅속으로 먼저 비추어지고 식물이 그것을 다시 빨아들입니다.

우리 인간은 우주 공간 전체에서 올바른 방법으로 내쏟는 (식물에게 꼭 필요한)것을 땅이 전혀 받을 수 없도록 방해할 수도 있습니다. 우리가 아무 생각 없이 마구 거름을 사용하는 것은 점점 땅이 (극소량으로 있는) 규소, 납, 수은을 빨아들이지 못하도록 방해할 수 있습니다. 식물이 탄소로 자신의 몸을 만들 때 필요한 (우주에서 오는) 요소의 도움을 받지 못하도록 방해할 수 있습니다. 식물은 우주 공간에서 극소량으로 나오는 이런 요소들을 땅을 통해서 받아들입니다.

그렇기 때문에 어제 이야기한 대로만 하지 말고 거름에 좀 더 어떤 작업을 추가하는 것이 필요합니다. 이런 작업은 (땅이 식물의 성장을 북돋우기 위해서는 이러이러한 물질 성분을 가져야 한다고 우리가 단순히 믿고 있는) 어떤 물질 성분을 더하여 주는 것이 아니라 살아 있는 기운을 더하여 주는데 그 뜻이 있습니다. 왜냐하면 식물에는 단순한 물질 성분보다 살아 있는 기운이 훨씬 더 중요하기 때문입니다. 우리가 조금씩 거름을 주어서 이런 저런 물질 성분이 풍부한 땅을 만든다고 하더라도 거름을 통해서 식물로 하여금 땅이 가지고 있는 작용을 자신의 몸 안으로 받아 들일 수 있게 하는 능력을 갖출 수 있게 해주지 못한다면 이 땅은 식물이 자라는데 별 도움을 주지 못합니다.

요즘 사람들은 아주 적은 양일지라도 그것이 바로 살아 있는 것과 관계가 있는 것이면 아주 강하게 작용한다는 것을 전혀 모릅니다. 이제 콜리스코 박사가 지금까지 동종요법Homeotheraphy에서도 확실하게 몰랐던 극히 작은 존재의 작용에 관해서 이 방면의 학문에 기본이 될 수 있을 만큼 아주 잘 밝혀냈습니다. 그래서 이제부터는 과학에서도 이런 극히 작은 존재의 작용을 완전히 인정할 수 있게 되었다고 생각합니다. 매우 적은 양이라도 알맞은 방법으로 사용하면 그 안에서 뿜어 나오는 기운이 생명 유기체에 영향을 미친다는 것을 일반 과학으로도 확인할 수 있게 되었습니다.

거름을 가지고는 동종요법에서처럼 극히 적은 양을 사용하는 것이 그렇게 어렵지 않습니다. 일반 거름을 준 뒤에나 주기 전에 소뿔을 가지고 잘 준비한 것을 추가하면 비록 아주 적은 양일지라도 거름이 올바르게 작용할 수 있게 도움을 주거나 거름에 기운을 보태어 준다는 것을 보았습니다. 그러나 이제 다시 거름 자체에 굳세고 튼튼한 생명 기운을 주어 거름 스스로 필요한 만큼 충분하게 질소나 다른 요소들을 가질 수 있도록 하여 땅에게 다시 알맞은 생명 기운을 불어넣을 수 있는 능력을 갖추게 하기 위해서 여러 가지 방법으로 시도해 보아야 합니다. 따라서 오늘은 이러한 시도가 향할 수 있는 방향을 보여 주는 정도로 몇 가지를 말하고자 합니다. 이 방향은 소뿔에서 꺼낸 것으로 거름에 덧붙여 주는 것 외에 거름 자체에 아주 적게 어떤 성분을 더 보태어서 거름 자체가 생명 기운을 띨 뿐만 아니라 다시 이 생명 기운을 식물이 자라는 땅에 넘겨 줄 수 있게 하려는 것입니다.

이제 내가 여러 가지 식물의 이름을 말할 것입니다. 어떤 식물은 경우에 따라서는 찾기가 어려울 수도 있을 것입니다. 그럴 때는 다른 식물로 바꾸어도 된다는 점을 미리 분명하게 말해 둡니다. 오직 한 가지만은 그 성질이 너무나 독특하기 때문에 다른 식물로 바꿀 수 없습니다.

먼저 우주에서 나와서 생명 조직체 안에 들어 있는 탄소, 수소, 질소, 유황이 생명 조직체 안에서 다른 성분, 예를 들어 칼륨염과 어떻게 만나는지 살펴봅시다. 식물이 자라는데 필요한 칼륨염의 양을 가지고 단순히 살펴보면 칼륨염이나 칼륨 자체가 식물이 자랄 때 뼈대를 이루게 하고 식물의 성장을 나무에 붙들어 두어 줄기를 단단하게 만드는 영향을 미친다는 정도는 모두들 잘 알고 있습니다. 그러나 사실 중요한 것은 땅과 식물 사이에서 이루어지는 많은 과정 가운데 어떻게 하면 식물이 생명 조직체를 만들 때 칼륨 성분에 영향을 미쳐 칼륨으로 하여금 식물의 실제 몸인 단백질 종류와 올바른 관계를 맺도록 하는가에 있습니다. 이제 다음과 같은 것을 해 보면 우리가 바라는 것을 잘 이룰 수 있습니다.

톱풀(가새풀-국화과의 여러해살이풀. 산, 들, 길가에서 자란다. 여름과 가을에 담홍색이나 백색의 꽃이 핀다. 잎과 줄기는 식용이나 약용으로 쓰인다)은 어디서나 쉽게 볼 수 있습니다. 만일 이 톱풀이 없는 지역에서는 말린 것을 써도 무방합니다. 톱풀은 (어느 식물이나 마찬가지겠지만) 정말 놀라운 식물입니다. 톱풀을 보다가 다른 식물을 보면 톱풀이야말로 정말 놀라운 작품이란 감동을 더욱 느끼게 됩니다. 이 식물은 정말 기적 같은 식물입니다. 이 식물 안에는 여러분에게 이미 설명한 대로 정신이 탄소나 질소 또 그 밖의 원소들을 생명 조직에 올바르게 넣어 줄 때 언제나 손가락을 적시는 것을 갖고 있습니다. 어떤 식물 창조자가 유황을, 식물을 이루고 있는 다른 성분과 올바른 관계를 맺게 하기 위하여 바로 이 톱풀을 본보기로 삼은 것 같습니다. 자연의 정신은 다른 어느 식물에서도 이 톱풀에 유황을 쓴 것처럼 흠잡을 데 하나 없이 유황을 잘 쓰지는 못했다고 말할 수 있을 정도입니다. 여러분이 만일 동물이나 사람의 신체 조직 안에서 톱풀이 어떠한 작용을 불러 일으키는지 안다면, 그리고 톱풀이 아스트랄체가 약해서 오는 모든 결함(아스트랄체를 생물 영역으로 올바르게 이끌 수 있다면)을 실제 메워 줄 수 있다는 것을 안다면 이 톱풀이 식물 세계 전체에 미치는 영향을 더 연구할 것입니다. 톱풀이 논두렁, 밭두렁, 길가, 채소밭, 감자밭 주변에서 자란다면 그 지역에 이루 말할 수 없이 좋은 영향을 미칩니다. 이 톱풀을 없애서는 안 됩니다. 그렇다고 또 톱풀이 꺼려하는 곳에다 일부러 심어서도 안 됩니다. 톱풀 때문에 다소 귀찮아질 수는 있으나 결코 해를 끼치지는 않습니다. 다른 사람에게 좋은 느낌을 주는 사람들은 어떤 모임에서 꼭 어떤 말을 해서라기보다 단순히 있다는 그 자체가 주변에 좋은 영향을 미칩니다. 이와 같이 톱풀은 (함께 많이 모여 자라고 있는 곳에서) 자신이 있다는 사실만으로도 벌써 주변에 이루 말할 수 없이 좋은 영향을 미칩니다. 바로 이 톱풀을 가지고 다음과 같이 해 보십시오. 약으로 사용할 때와 똑같이 우산처럼 생긴 꽃 부분을 구합니다.

싱싱한 꽃을 얻을 수 있는 곳에서는 꽃을 꺾은 다음 잠깐 말립니다. 그렇게 많이 말릴 필요는 없습니다. 싱싱한 꽃을 얻을 수 없으면 말린 꽃으로도 얼마든지 가능합니다. 이때는 톱풀 잎을 짠 즙을 조금 마른 꽃 위에 뿌립니다. 마른 잎일지라도 삶으면 즙을 얻을 수 있습니다. 자, 이제 이런 꽃을 한 주먹이나 두 주먹 정도 손에 담아서 약간 세게 눌러 합친 다음 수사슴 방광에 넣어 입구를 꼭 묶습니다. 이 모든 과정이 살아 있는 영역을 떠나지 않습니다. 이제 제법 단단한 톱풀 뭉치가 들어 있는 수사슴 방광을 될 수 있는 대로 햇빛이 잘 드는 곳에 여름 내내 걸어 둡니다. 가을이 오면 다시 내려서 그렇게 깊지 않게 땅 밑에 파묻고 겨울을 나게 둡니다. 이렇게 수사슴 방광에 톱풀꽃을 넣어 1년 동안 한 번은 땅 위에서 또 한 번은 땅 밑에서 톱풀이 자신을 드러내도 좋은 작용에 맡깁니다. 톱풀꽃은 이미 씨앗이 맺힌 것도 쓸 수 있습니다. 겨울을 지나면서 톱풀꽃 뭉치가 아주 독특한 성질을 띠는 것을 볼 수 있습니다.

수사슴 방광에 들어 있는 톱풀꽃은 방광 안에 그대로 두면 여러분이 원하는 만큼 오랫동안 보관할 수 있습니다. 이제 톱풀꽃을 꺼내어 거름 더미 위에 나누어 주면 됩니다. 거름 더미가 집채만해도 가능합니다. 특별히 다른 준비를 하지 않아도 됩니다. 그냥 나누어 주어도 기운이 뿜어 나와 작용합니다. 단순히 거름 더미 안에 집어 넣거나 위에 흩뿌리기만 해도 톱풀꽃 안에서 어마어마한 기운이 뿜어 나옵니다. 물질주의자들도 이제 라듐 방사선에 대하여 알고 있습니다. 그러므로 (비록 눈에 보이지는 않더라도) 이렇게 내뿜는 기운을 믿을 수 있을 것입니다. 톱풀꽃을 대강 나누어 주더라도 똥거름, 오줌 거름, 두엄 전체에 잘 작용합니다.

톱풀꽃에서 얻은 이 내용물(톱풀 증폭제, 이하 톱풀 증폭제)을 여러분이 준비한 거름에 단순히 보태어 주기만 하면 실제로 땅에 활기를 더해 줄 수 있고, 땅을 신선하게 만들어 착취하는 것에 그치고 마는 농사 행태를 변화시킬 수 있습니다. 이렇게 톱풀 증폭제를 사용하면 거름을 통해 땅이 다시 기운을 차리게 됩니다. 그러면 땅은 다시 우주에서 오는 매우 적은 양의 규소나 납 그리고 그 밖의 우주 요소를 잘 받아들일 수 있습니다. 여기에 관하여 농민 연합회 회원들이 다시 여러 가지 실험을 해 보아야 할 것입니다. 그 실험들이 좋은 결과를 가져다 줄 것으로 봅니다.

여러분! 어떤 일을 할 때는 그 일의 이치를 잘 알고서 해야지 모르고 해서는 안 됩니다. 톱풀 안에 들어 있는 극소량의 유황은 톱풀 안에서 본보기가 될 만큼 칼륨과 잘 맺어져 있습니다. 이 유황은 톱풀 안에서 아주 훌륭하게 작용할 뿐만 아니라 큰 거름 더미 전체에 이르기까지 그 기운을 내뿜을 수 있게 합니다. 이제 톱풀에 대하여 잘 알게 되었을 것입니다. 그러면 톱풀을 왜 하필이면 수사슴 방광 안에 넣어야 할까요?

이것은 방광과 관련된 전체 과정에 대한 이해가 있어야 합니다. 수사슴은 지구를 둘러싸고 있는 우주와 아주 깊은 관계를 맺고 있지 땅과는 그렇게 깊은 관계를 맺고 있지 않은 동물로 창조된 존재입니다. 그래서 수사슴은 (어제 설명한 과제를 갖고 있는) 가지뿔을 가지고 있습니다. 톱풀 안에 들어 있는 것은 바로 사람이나 동물의 몸 조직 가운데 콩팥과 방광의 작용으로 저장된 것과 같은 것입니다. 이 과정은 방광 조직이 어떤 성분으로 구성되어 있느냐에 달려 있습니다. 사슴의 방광은 비록 그 조직이 아주 얇게 구성되어 있지만 우주 기운을 담고 있습니다. 소는 사슴과는 그 사정이 완전히 다릅니다. 소의 방광은 내부와 더 관계를 맺고 있습니다. 사슴의 방광은 우주를 거의 그대로 본뜬 모습입니다. 이런 까닭으로 우리가 수사슴 방광 안에 톱풀을 넣어 두면 톱풀이 이미 가지고 있는 (다른 원소와 맺는) 유황의 기운을 더 올릴 수 있습니다. 이런 식으로 톱풀을 장만하여 거름에 섞어 주면 거름 효과를 밑바탕에서부터 올릴 수 있습니다. 그리고 살아 있는 영역 안에 머무를 수가 있습니다. 살아 있는 영역을 벗어나서 생명이 없는 무기 화학으로 넘어가지 않아도 됩니다. 바로 이 점이 중요합니다.

또 다른 예를 들어보겠습니다. 이제는 거름이 될 수 있는 대로 많은 생명을 받아들여 식물이 자라고 있는 땅에 이 생명을 전해주려고 할 때, 거름이 (식물이 자라는데 필요한) 칼륨 외에 칼슘과 칼슘 화합물과도 잘 합칠 수 있게 하는 것이 중요합니다. 톱풀은 주로 칼륨 작용과 관계를 맺고 있습니다. 여기서 칼슘 작용도 받아들이려면 다른 식물이 필요합니다. 이 식물은 톱풀같이 사람을 감동시키지는 못하지만 가지고 있는 극소량의 유황으로 칼륨 이외에 식물에 없어서는 안 될 다른 요소를 끌어들여 생명 과정 속으로 집어넣습니다. 이 식물은 캐모마일입니다.(Chamomolla Officinails, 라틴어 학명_국화과의 한두해살이풀. 여름에 희거나 노란 꽃이 핀다)

캐모마일이 칼륨과 칼슘을 모두 풍부하게 가지고 있다고 말할 수는 없습니다. 사실은 이렇습니다. 톱풀은 주로 칼륨을 만드는 과정에 자신이 가지고 있는 유황의 기운을 펼칩니다. 따라서 톱풀은 칼륨을 만드는데 필요한 만큼 유황을 가지고 있습니다. 이와는 달리 캐모마일은 유황으로 칼슘을 만듭니다. 따라서 식물이 열매를 맺을 때 미치는 나쁜 영향을 물리치게 하고 식물을 건강하게 유지시키는데 중요한 몫을 해냅니다. 캐모마일도 톱풀처럼 유황을 지니고 있다는 것은 놀라운 일입니다. 그러나 캐모마일이 가지고 있는 유황의 분량은 톱풀이 가지고 있는 양과 서로 다릅니다. 왜냐하면 캐모마일은 칼슘을 만들어야 하기 때문입니다. 여러분! 이제 다시 여러분 주변을 살펴볼 필요가 생겼습니다. 정신과학에서는 커다란 범위에서, 곧 사람들이 일컫는 대우주에서 시작합니다. 현미경으로밖에 볼 수 없는 현상을 가지고 시작하지 않습니다.

사람이나 동물이 먹은 캐모마일이 몸 조직 안에서 어떠한 과정을 거치는지 살펴보면 방광은 캐모마일과 거의 관계를 맺지 않습니다. 반대로 창자벽을 이루고 있는 성분에 아주 중요한 의미를 가지고 있습니다. 따라서 캐모마일이 톱풀과 같은 방식으로 작용하게 하려면 수사슴 방광이 아니라 소의 창자 안에 넣어야 합니다. 희고 노란 예쁜 캐모마일꽃을 따서 톱풀처럼 마련하여 소 창자 안에 넣습니다. 소 창자를 가지고 사람들은 순대를 만들지만 우리는 여기에다 캐모마일꽃을 채웁니다. 이 얼마나 특이한 일입니까? 이렇게 하면 우리는 또 실제로 좋은 일을 하는 것도 됩니다. 그렇게 애를 많이 쓸 필요도 없습니다.

이렇게 하여 우리는 자연이 주는 영향 아래 내놓을 것을 또 하나 마련했습니다. 오직 올바른 방법으로 내놓아야 합니다. 이번에는 될 수 있는 대로 땅 성질에 가까운 생명 기운으로 하여금 작용을 할 수 있도록 하는 것이 중요하기 때문에 이렇게 값진 순대를 (이 순대는 정말 값진 순대입니다) 땅에 묻어서 겨울을 나게 합니다. 될 수 있는 대로 부식토가 풍부하고 오랫동안 눈이 남아 있고 햇볕이 잘 드는 땅을 골라서 그렇게 깊지 않게 파묻으면 됩니다. 이런 방법으로 값진 순대가 있는 곳 안으로 우주-아스트랄이 들어가 작용할 수 있도록 둡니다.(캐모마일 증폭제, 이하 캐모마일 증폭제)

봄이 되면 땅속에서 꺼내어 톱풀 증폭제를 가지고 했던 것처럼 거름에 줍니다. 보관할 때도 톱풀처럼 하면 됩니다. 이런 거름은 무엇보다도 질소 성분이 다른 거름에 비해서 많이 들어 있습니다. 안정되어 있습니다. 이뿐만 아니라 이런 거름은 땅에다 활기를 잘 불어넣어 주어 땅으로 하여금 식물이 잘 자라도록 아주 좋은 영향을 미치게 합니다. 무엇보다도 여러분이 이런 거름을 주면 다른 일반 식물보다 훨씬 더 건강한 식물로 키울 수 있습니다.

이 모든 것이 오늘날에는 마치 미친 일처럼 보일 것입니다. 그렇지 않습니까? 이 점은 나도 이미 잘 알고 있습니다. 그러나 한번 생각해 보십시오. 처음에는 세상 사람에게 미친 것처럼 보이던 일도 몇 년 지난 뒤에는 아무 일 없던 것처럼 받아들이지 않습니까? 어떤 사람이 산에 철도를 설치해서 기차를 산 위로 올리겠다고 했을 때 사람들이 어떠한 반응을 보였는지 그 당시 스위스에서 발행된 신문을 한번 읽어 보십시오. 그러나 얼마 지나지 않아 등산 철도가 설치되었습니다. 오늘날 어느 누구도 등산 철도를 놓겠다고 생각한 사람을 정신나간 사람이라고 여기지 않습니다. 이렇게 많은 일에는 선입견을 먼저 버리는 것이 중요합니다.

이미 앞에서 말한 것처럼 톱풀과 캐모마일을 구하기가 어려운 지역에서는 다른 식물로 바꾸어 써도 됩니다. 효과는 이 두 식물을 사용하는 것과 똑같지는 않을 것입니다. 그러나 말린 것을 쓰면 얼마든지 가능합니다.

이와는 달리 거름 더미에 좋은 영향을 미치는 식물 가운데 다른 식물로 바꾸어 쓸 수 없는 식물이 하나 있습니다. 사람들은 자기가 아끼는 것이 있으면 자주 쓰다듬어 줍니다. 그러나 이 식물은 아무리 아껴도 쓰다듬는 것이 꺼려집니다. 사람들이 쓰다듬기를 꺼려하는 이 식물은 바로 쐐기풀입니다. 이 식물은 실제로 다른 식물들을 잘 자라게 하는 큰 자선가입니다. 쐐기풀은 캐모마일이나 톱풀처럼 다른 식물로 대신할 수 없습니다. 만일 구할 수 없는 지역이라면 말린 것을 사용하는 수밖에 없습니다. 이 쐐기풀은 실제로 만물 박사입니다. 어마어마하게 많은 것을 할 수 있습니다. 쐐기풀도 자신 안에 (정신 요소를 곳곳에 바로잡아 넣고 일하게 하는) 유황을 가지고 있습니다. 유황은 이미 설명한 대로 아주 중요합니다. 쐐기풀은 이 밖에도 칼륨과 칼슘을 내비쳐 주고 흘려줄 뿐 아니라 철분도 비추어 줍니다. 마치 우리 몸 속의 피 안에 들어 있는 철분이 좋은 영향을 미치는 것처럼 쐐기풀도 자연의 흐름에 좋은 영향을 미칩니다. 그러나 쐐기풀이 때때로 바깥 자연에서 사람들의 멸시 속에 아무렇게나 자라는 것을 보면 자신이 베푸는 자선에 비해서 제대로 대접을 받지 못하고 있다고 여겨집니다. 쐐기풀은 사실 사람들의 심장 주위에 자랐어야 합니다. 왜냐하면 쐐기풀이 바깥 자연에서 이루어 내는 뛰어난 내면 활동이나, 가지고 있는 내면 조직이 사람의 신체 조직 안에 있는 심장과 비슷하기 때문입니다. 자 이렇게 쐐기풀은 좋은 일을 많이 합니다. 만일 어느 지역의 땅에 철분이 지나치게 많아 이 철분을 꼭 제거해야 할 때는 바로 이 쐐기풀을 심으면 도움이 될 것입니다. 왜냐하면 쐐기풀은 철분을 아주 좋아해서 기꺼이 자기 쪽으로 끌어당겨 특별한 방식으로 땅의 가장 윗부분을 철분의 영향에서 벗어나게 해 주기 때문입니다. 물론 철분 자체의 성질을 어떻게 다르게 변하게 하지는 않지만 다른 식물에 미치는 철분 작용은 적어집니다. 이런 까닭으로 특히 이 지역에(카이저링크 백작! 이 지역을 예로 들어서 미안합니다) 쐐기풀을 심으면 아주 좋은 결과를 가져올 것입니다. 방금 말한 것은 그저 참고삼아 말했습니다. 쐐기풀이 자라고 있다는 사실 그 자체가 벌써 다른 식물이 자라는 주변 환경 전체에 아주 중요한 영향을 미친다는 사실을 다시 한 번 강조하고 싶습니다.

자, 이제 (거름 효과를 더 높이기 위해) 쐐기풀을 구해서 조금 시들게 둔 뒤에 약간 눌러 준 다음 이번에는 수사슴 방광이나 소의 창자를 사용하지 않고 바로 땅에 묻습니다. 이때 쐐기풀이 바로 땅에 닿지 않도록 이탄 가루를 얇게 뿌려 주면 됩니다. 그리고 다음해 엉뚱한 곳을 파내지 않도록 어디다 묻었는지 표시를 잘 해 둡니다. 그리고 겨울과 여름을 나게 두십시오. 만 1년은 땅속에 있어야 합니다. 이렇게 하면 어마어마한 작용을 불러일으키는 내용물을 얻을 수 있습니다.

이렇게 마련한 쐐기풀(쐐기풀 증폭제, 이하 쐐기풀 증폭제)을 앞서 말했던 방법으로 거름에 섞으면 이 거름으로 하여금 내면적 느낌을 갖도록 영향을 미치는 것과 같습니다. 그래서 어떤 것이 옳지 않은 방법으로 거름을 분해하려 하거나 질소를 내보내려고 하면 마치 거름이 이성이 있는 것처럼 그러한 것들을 방지합니다. 쐐기풀을 거름에 덧보태어 주면 거름으로 하여금 쉽게 이성을 갖도록 만들어 줍니다. 그리고 거름이 들어가서 작업을 하는 땅도 이성을 갖도록 만듭니다. 그 결과 땅도 여러분이 키우려는 식물에 알맞는 개성을 갖게 됩니다. 이러한 쐐기풀(Urtica dioica, 라틴어 학명)을 거름에 덧보태면 실제로 땅에다 이성을 불어넣어 주는 것과 비슷합니다.

여러분! 오늘날 농작물 증산을 위해 쓰고 있는 비료로는 (때때로 바깥으로 드러나는 효과로 사람들을 놀라게 할 때도 있지만) 마지막에 가서 보면 사람들 위장을 단순히 채울 뿐이지 실제로 영양가를 지니고 있는 농작물을 생산하지 못한다는 것을 알 수 있습니다. 그러나 거름을 주는 것은 어떤 이상한 방법을 써서 농작물을 크게 만들어 냄을 속이는 데 그 뜻이 있지 않고 실제로 영양가를 지니고 있는 농작물을 키워 내는데 그 뜻이 있습니다.

자, 이제 농작물에 생기는 병에 대해서 말하겠습니다. 어떤 특정한 병에 한정하지 않고 범위를 크게 잡아서 이야기하겠습니다. 오늘날 사람들은 모든 부분에서 작은 분야를 따로 분리해서 상세하게 다룹니다. 병에 대해서도 마찬가지입니다. 이렇게 하는 것도 물론 맞습니다. 사람이 학문을 하는 한 이것저것에 관하여 자세하게 알아야 합니다. 그러나 의사가 어떤 병에 관해 아무리 자세히 알고 있어도 치료를 하지 못하면 별 도움이 되지 못합니다. 치료를 할 수 있느냐 없느냐가 의사에게는 훨씬 더 중요합니다. 병을 치료할 때는 병에 대해서 자세히 설명하는 것과는 다른 관점으로 나서야 합니다. 사람들은 어떤 병에 관해서 흠잡을 데 하나 없을 정도로 완전하게 설명할 수 있습니다. 그리고 오늘날 생리학이나 생리화학적 지식으로 신체 조직 안에서 무엇이 일어나고 있는지도 자세히 알 수 있습니다. 그러나 병을 낫게 하지는 못합니다. 병을 낫게 하려면 신체 조직학이나 현미경적 지식만으로는 가능하지 않습니다. 병을 낫게 하려면 전체가 이루는 상관관계를 들여다볼 수 있어야 합니 다.

식물도 마찬가지입니다. 식물의 본성은 (현대 과학으로 보아도) 동물이나 사람의 본성에 비하여 단순합니다. 따라서 치료 방법도 단순하다고 말할 수 있습니다. 이런 까닭으로 식물에 생기는 병을 다스리기 위해서는 그 범위를 넓게 잡아 치료제를 쓸 수 있습니다. 만일 그렇게 할 수 없으면 식물 세계에 퍼져 있는 병이 이미 매우 심각하다는 것을 나타냅니다. 그렇지만 사람들은 자주 식물이 이런 상태에 이를 때까지 그대로 내버려 둡니다. 이 점에 관해서는 나중에 다시 말할 기회가 있을 것입니다. 동물을 치료할 때도 사람과는 다르게 합니다. 사람은 스스로 어디가 아프다고 말할 수 있습니다. 동물이나 식물은 그렇게 하지 못합니다. 그러나 치료할 수 있는 범위는 넓게 잡을 수 있습니다. 식물에 생기는 모든 병을 이런 식으로 다 고칠 수는 없지만 농작물에 생기는 병은 대부분 (여러분이 병을 찾아내는 대로 거름을 이치에 맞게 마련하면) 다음과 같은 방법으로 물리칠 수 있습니다.

거름을 통해서 땅에 칼슘을 주어야 합니다. 식물이 자라고 있는 땅에다 칼슘 자체를 그냥 준다고 해서 치료 작용에 도움이 되는 것은 전혀 아닙니다. 살아 있는 영역 안에 머물러 있어야 합니다. 살아 있는 데서 따로 떨어져 나가 있어서는 안 됩니다. 보통 칼슘이나 이와 비슷한 것으로는 어떻게 해 볼 도리가 없습니다.

자, 여기에 칼슘을 풍부하게 (그러나 아주 섬세하게 다른 성분과 관계를 맺고 있는) 가지고 있는 한 식물이 있습니다. 이 식물 성분은 77%가 재 성분으로 이루어졌습니다. 이 식물은 참나무입니다. 특히 겉껍질이 그렇습니다. 참나무의 껍질은 마치 식물과 살아 있는 땅 사이의 중간 성질 같습니다. 이 나무의 겉껍질은 생명 기운이 깃든 땅 성질과 서로 비슷한 성질을 가지고 있다고 앞서 설명한 것에 딱 들어맞습니다. 칼슘이 작용하는 것으로 말하면 참나무 겉껍질 속에 들어 있는 칼슘 구조가 가장 이상에 가깝습니다. 칼슘이 만일 죽어가는 상태가 아닌 아직 살아 있는 상태에 있다면 앞서 설명한 작용을 잘 일으킵니다. 죽은 상태에 있어도 작용은 합니다.

칼슘은 질서를 잡습니다. 만일 에테르체가 지나치게 강하게 작용하면 아스트랄이 그 생명 조직에 다가올 수 없습니다. 칼슘은 에테르체를 죽여서(억눌러서) 아스트랄체가 자유로이 작용할 수 있게 합니다. 모든 칼슘은 이런 작용을 가지고 있습니다. 그러나 무성한 생명 기운을 생명 조직에 충격을 주지 않고 일정하게 움츠려들게 하려면 참나무 껍질 속에 있는 칼슘 구조를 사용해야 합니다.

자, 이제 참나무 껍질을 모읍니다. 그렇게 많지 않아도 됩니다. 찾을 수 있는 범위 안에서 모으면 됩니다. 이렇게 모은 것을 찧어서 빵 부스러기 정도로 작게 만듭니다. 그런 다음 농가에서 기르는 동물의 두개골 안에다 잘게 부순 참나무 껍질을 채웁니다. 어떤 동물이든 별로 상관이 없습니다. 그리고 될 수 있는 대로 농가에서 기르는 동물의 뼈로 두개골을 다시 닫습니다. 그 다음 이것을 그렇게 깊지 않게 땅을 파서 묻고 그 위에 이탄 가루를 뿌립니다. 그리고 빗물이 될 수 있는 대로 많이 흘러들어갈 수 있도록 작은 골을 만듭니다. 비가 오면 빗물이 언제나 고일 수 있도록 물통을 준비한 다음 이 물통에 들어온 빗물이 다시 흘러갈 수 있게 만듭니다. 그리고 참나무 껍질을 묻은 땅 위에 식물 성분을 넣어서 언제나 식물로 된 수렁이 이루어질 수 있게 합니다. 이런 식물로 된 수렁 밑에 참나무 껍질이 든 두개골을 둡니다. 이 참나무 껍질은 땅속에서 겨울을 나야 합니다. 눈 녹은 물도 빗물만큼 좋습니다. 될 수 있는 대로 가을과 겨울을 나게 해야 합니다.

이렇게 해서 나온 내용물(참나무껍질 증폭제, 이하 참나무껍질 증폭제)을 거름에 덧보태면 식물에 해를 끼치는 병을 미리 물리치거나 멈추게 할 수 있는 힘을 실제로 갖춘 거름을 얻게 됩니다.

지금까지 우리는 거름에 네 가지를 덧보태었습니다. 이 모든 것이 물론 어느 정도의 노력을 요구하는 것은 사실입니다. 그러나 여러분이 곰곰이 생각해 보면 우리가 하는 일이, 농업 분야의 화학 실험실에서 하찮은 일에 비싼 대가를 치르는데 비하면 훨씬 적은 노력을 필요로 한다는 것을 알 수 있을 것입니다. 우리가 하는 일이 국가 경제면에서 보아도 훨씬 이롭다는 것을 알 수 있을 것입니다.

자, 이제 또 필요한 것이 있습니다. 지구를 둘러싸고 있는 우주 전체에서 올바른 방법으로 규소를 끌어당기는 것이 필요한 것입니다. 왜냐하면 우리는 식물 속에 규산이 들어 있도록 해야 하기 때문입니다. 땅은 시간이 지나면서 이 규소를 받아들이는 능력을 잃어버립니다. 땅이 이 능력을 천천히 잃기 때문에 사람들은 그 사실을 잘 알아차리지 못합니다. 사물을 전 우주와 연관시켜 살펴보지 않고 오직 (현미경으로만 볼 수 있는) 작은 것만 보는 사람에게 규소의 손실은 그다지 중요하게 여겨지지 않을 것입니다. 왜냐하면 그런 사람들은 식물이 자라는데 규소는 아무런 의미가 없다고 여기기 때문입니다. 그러나 규소는 식물이 자라는데 가장 중요한 의미를 가지고 있습니다. 물론 이런 사실을 제대로 알려면 그 전에 먼저 알아야 할 게 있습니다.

오늘날 학자들은 기본 원소가 자신의 모습을 바꿀 수 있다는 것에 대하여 별 거리낌없이 말합니다. 얼마 전까지만 하더라도 누군가가 이런 사실에 대해 말했다고 하면 그 사람은 학자들을 커다란 혼란에 빠뜨렸을 것입니다. 이런 점에서 보면 온갖 원소에 대한 연구가 물질주의 사자使者를 길들였다고 볼 수 있겠습니다. 어떤 일들은 사실 사람들 주변에서 끊임없이 일어나고 있지만 사람들은 그 일에 대하여 전혀 모릅니다. 만일 사람들이 그런 일에 대해 이미 알았더라면 지금 설명한 것을 더욱 쉽게 믿을 수 있을 것입니다.

오늘날의 사고방식으로 농업 교육을 받은 사람들은 내가 지금까지 어떻게 하면 거름이 질소를 많이 지닐 수 있게 할 수 있는가에 대해서는 전혀 말하지 않았다고 할 것입니다. 그렇게 말할 것이라는 것을 잘 압니다. 그러나 사실은 내가 톱풀, 캐모마일, 쐐기풀에 대하여 말할 때 이미 그것에 대해 끊임없이 이야기했습니다. 왜냐하면 생명 조직이 만들어지는 과정 가운데 연금술에서 일어나는 것과 같은 오묘한 일이 일어나기 때문입니다. 예를 들어 칼륨은 식물이 이루는 생명 과정 속에서 올바로 일을 하면 실제 질소로 바뀝니다. 이뿐만 아니라 칼슘까지도 올바로 일을 하면 질소로 바뀝니다.

여러분도 잘 알듯이 식물이 자라는 데는 (앞에서 이야기한) 네 가지 원소가 관계를 맺고 있습니다. 그리고 유황과 수소도 관계가 있습니다. 수소의 중요함에 대해서는 이미 말했습니다. 칼슘과 수소 사이의 관계는 공기 가운데 산소와 질소가 맺고 있는 관계와 비슷합니다. 오늘날 화학 실험실에서 흔히 하는 물량 분석을 통해서도 공기 중에 맺어지는 산소-질소의 관계와 생명 조직 과정 중에 맺어지는 칼슘-수소의 관계는 서로 비슷한 점이 있다는 것이 드러납니다. 수소의 영향 때문에 칼슘과 칼륨은 끊임없이 질소 성질을 띤 것으로 바뀌었다가 나중에 순수한 질소로 바뀝니다. 이런 식으로 생긴 질소는 식물이 자라는데 어마어마하게 이롭게 작용합니다. 그러나 내가 여러분에게 말해 준 방법을 써야 합니다.

규산에는 여러분도 잘 알고 있듯이 규소가 들어 있습니다. 규소는 생명 조직체 안에서 아주 중요한 어떤 성분으로 바뀌는데 현대 화학에서는 이 원소를 기본 원소에 넣지는 않습니다. 그러나 우리는 우주 요소를 끌어당기기 위해서 바로 이 규산이 필요합니다. 식물 안에서는 규산과 칼륨 사이에 올바른 상호 작용이 일어나야 합니다. 칼슘이 아닙니다. 우리는 거름을 가지고 이런 상호 작용이 일어나도록 땅에 활기를 불어넣어 주어야 합니다. 따라서 우리는 자신 안에 이미 칼륨과 규산이 잘 맺어져 있는 식물을 찾아야 합니다. 그런 다음 다시 이 식물을 동종요법에서 쓰듯이 아주 적은 양을 거름에 덧보태어서 거름으로 하여금 여기에 알맞은 힘을 얻을 수 있도록 해야 합니다. 이 식물을 찾기란 그렇게 어렵지 않습니다. 이 식물도 농사짓는 땅 주변에서 단순히 자라는 것만으로 좋은 영향을 미칩니다. 이 식물은 바로 민들레입니다.(Taraxacum, 라틴어 학명) 순박한 노란 민들레는 자신이 자라는 지역에 이루 말할 수 없이 유익한 영향을 미칩니다. 왜냐하면 이 민들레는 우주 안에 극소량으로 퍼져 있는 규소를 주변 지역에서 받아들여 쓸 수 있도록 가운데에서 다리를 놓아 주는 역할을 맡고 있기 때문입니다. 민들레는 정말 하늘이 보낸 사자使者와 같습니다. 그러나 이 민들레를 우리가 바라는 대로 거름 안에서 작용하게 하려면 당연히 땅이 민들레에 작용하도록 땅에 내맡겨야 합니다. 겨울철에 땅이 작용하도록 내놓아야 합니다. 우리가 이제껏 했던 대로 해야 주변에 있는 기운을 얻을 수 있습니다.

노란 민들레의 꽃을 모아서 조금 시들게 둔 뒤 함께 눌러서 소 창자가 붙어 있는 장막 안에 넣고 꿰맵니다. 그런 다음 땅속에 묻고 겨울을 나게 둡니다. 이렇게 하여 봄에 꺼내면 실제로 우주 기운이 가득 스며들어 있는 덩어리가 됩니다. 이렇게 만든 것을 필요할 때까지 보관해 두어도 됩니다. 이렇게 민들레를 가지고 얻은 성분을 이제껏 했던 대로 거름에 덧보태어 주면 이 성분이 땅으로 하여금 주변에서 그리고 우주에서 식물에게 필요한 만큼 규소를 끌어당겨 올 수 있도록 할 것입니다. 그리고 식물은 주변에서 일어나는 모든 것에 대하여 민감하게 느끼고 자신에게 필요한 것을 스스로 끌어당겨 올 수 있습니다.

왜냐하면 식물이 잘 자라기 위해서는 어떤 종류의 느낌을 가져야 하기 때문입니다. 우둔한 사람은 누가 옆을 지나가도 느낄 수 없듯이 우둔한 식물은 땅속과 땅 위에 있는 모든 것이 지나가도 느끼지 못합니다. 이런 식물은 자신의 과제인 성장도 제대로 해내지 못합니다. 그러나 이런 식으로 아주 미묘하게 규산을 받아들이면서 자라면 식물은 모든 것에 민감하고 자신에게 필요한 모든 것을 끌어옵니다. 사람들은 쉽사리 식물로 하여금 자신이 필요한 것을 끌어오는데 오직 자신이 서 있는 좁은 테두리 안에 들어 있는 것만 끌어오도록 이끌 수도 있습니다. 물론 이것은 좋지 않습니다. 그러나 내가 방금 설명한 대로 민들레로 만든 내용물이 들어 있는 거름으로 자라는 식물들은 먼 곳에 있는 성분까지 끌어올 수 있습니다. 따라서 농작물이 자라고 있는 논밭에 그치는 것이 아니라 옆에 있는 땅에서도 도움을 받을 수 있습니다. 이런 식으로 농작물이 민감해지면 논밭 옆에 있는 숲에서까지 도움을 받을 수 있습니다. 따라서 민들레로 마련한 내용물(민들레 증폭제, 이하 민들레 증폭제)을 가지고 식물에게 어떤 기운을 불어넣어 주면 이 식물은 멀리 있는 것까지 자신에게 불러들일 수 있습니다. 자, 이제껏 알려 준 대로 다섯 가지 성분을 마련 하는 것이 그렇게 어렵지 않을 것이라고 봅니다. 앞으로는 아무런 가치 없는 화학 비료 대신에 톱풀, 캐모마일, 쐐기풀, 참나무껍질, 민들레 증폭제를 덧보탠 거름을 만들어야 할 것입니다. 이렇게 증폭제를 첨가한 거름은 실제로 우리가 농사를 지을 때 필요한 것들을 가지고 있습니다.

마지막으로 우리가 마련한 거름을 경작지에 주기 전에 쥐오줌풀꽃(Valeriana offcinails, 라틴어 학명)의 즙을 짜서 아주 묽게 만든(쥐오줌풀 증폭제, 이하 쥐오줌풀 증폭제) 뒤에 섬세하게 거름 위에 뿌리면 거름으로 하여금 특히 사람들이 일컫는 인 성분에 올바른 태도를 갖도록 만들어 줍니다. 쥐오줌풀 증폭제는 언제든지 만들어도 되고 또 보관할 수도 있습니다. 보관했던 즙을 쓸 때는 따뜻한 물에 섞어서 묽게 만들면 됩니다. 자, 이렇게 마련한 여섯 가지 성분으로 우리는 이제 뛰어난 거름을 만들 수 있습니다. 외양간에서 나온 똥거름이나 오줌거름 그리고 두엄에까지 두루 쓸 수 있습니다.

질의 응답 II

1924년 6월 13일

퇴비 더미 관리

증폭제에 관하여

공기를 통한 영양 섭취

질 문: 사슴 방광은 수사슴 것을 말하는 것입니까?

대 답: 예, 수사슴 방광을 말합니다.

질 문: 쐐기풀은 한해살이를 뜻합니까? 아니면 여러해살이입니까?

대 답: 서양쐐기풀(Urtica dioica, 라틴어 학명)입니다.

질 문: 비가 많이 오는 지역에서 퇴비 더미 위를 지붕으로 씌우는 것에 대하여 어떻게 생각합니까?

대 답: 보통 빗물의 양은 사실 퇴비가 견디어 낼 수 있어야 합니다. 비를 전혀 맞지 않는 것도 퇴비에 도움이 되지 않고 거름이 빗물에 완전히 씻겨 버리는 것 또한 좋지 않습니다. 이런 일은 보통 무엇이 맞다고 딱 잘라서 말할 수 없는 일입니다. 지나치지 않은 양이라면 빗물은 퇴비에 좋습니다.

질 문: 그러면 오줌 거름이 떠내려가지 않도록 퇴비 더미가 있는 곳을 지붕으로 덮어야 하지 않겠습니까?

대 답: 어떻게 보면 빗물은 거름에 꼭 필요합니다. 퇴비 위에 이탄 가루를 뿌려서 빗물이 들어가지 않도록 막는 것이 좋지 않을까 하는 생각도 의심스러운 생각입니다. 지붕을 씌워서 빗물이 들어가는 것을 완전히 막는 것은 좋은 결과를 가져다 주지 못합니다. 그렇게 하면 퇴비는 분명 더 나빠질 것입니다.

질 문: 알려 준 방법대로 퇴비에다 여러 성분을 덧보태어 주면 식물

이 잘 자랄 것이라고 말했는데 그러면 잡초들까지 잘 자라는 것은 아닐까요?

대 답: 이 질문은 아주 유용합니다. 잡초 제거에 대한 문제는 앞으로 또 다룰 것입니다. 내가 이제껏 말했던 대로 하면 식물 전체에 다 이롭기 때문에 잡초를 없애는 효과는 얻을 수 없습니다. 그러나 농작물이 병충해에는 강해집니다. 농작물을 건강하게 자라게 하는 것 자체가 이미 병충해에 강해지는 방법입니다. 우리가 지금까지 말한 원리와 잡초 제거 사이에는 아무런 관련이 없습니다. 잡초도 다른 식물과 마찬가지로 잘 자랍니다. 여기에 관해서는 앞으로 다시 말할 것입니다. 사물들은 서로 연관되어 있습니다. 따라서 어떤 것만 따로 떼어 내어 생각하는 것은 좋지 않습니다.

질 문: 퇴비 더미 사이를 느슨하게 하여 차곡차곡 쌓아올리고 또 퇴비가 내는 열을 통해서 퇴비에서 냄새가 나지 않게 할 수 있다는 크란츠 씨 방법에 대해서는 어떻게 생각합니까?

대 답: 나는 현대 이성으로 이끌어 낸 방법에 대해서는 일부러 말하지 않았습니다. 정신과학에서 얻을 수 있는 원리를 가지고 지금까지 해 온 모든 방법을 더 나은 방향으로 이끌고자 했습니다. 방금 말한 방법은 분명히 많은 장점을 갖고 있으리라 생각합니다. 그러나 내가 알기로는 이 방법은 아직 일반 사람들에게 잘 알려져 있지 않은 방법입니다. 그렇게 오래된 방법이 아닙니다. 이런 방법도 처음에는 사람들의 눈을 속였다가 시간이 지남에 따라 처음에 말했던 것과는 달리 실제로 적용할 수 없다고 밝혀지는 방법 가운데 하나일 것이라고 짐작합니다. 옛날부터 이어져 내려온 식으로 농사를 지은 땅이면 어떤 방법을 쓰든 한동안은 땅이 제 기운을 다시 차릴 수 있을 것입니다. 그러

나 오랫동안 같은 방법을 쓰면 그 효과가 떨어집니다. 이는 마치 효과가 아무리 뛰어난 치료제라도 신체 조직이 처음 받아들였을 때는 치료 효과를 보이다가 시간이 지나면 그 효과가 떨어지는 것과 비슷합니다. 이런 일도 처음에 믿었던 사실과는 전혀 다르다는 것이 밝혀질 때까지는 언제나 오랜 시간이 걸립니다. 크란츠 씨가 말한 방법 가운데 퇴비 스스로 열을 내는 것은 특별한 의미를 갖고 있습니다. 퇴비가 스스로 열을 내기 위해 일으키는 활동은 퇴비에 분명히 좋은 영향을 주리라 생각합니다. 그러나 퇴비를 느슨하게 쌓아 두는 것은 해를 줄 수도 있습니다. 퇴비에서 방금 말했던 대로 냄새가 전혀 나지 않는다면 크란츠 씨가 말한 방법이 이로울 수도 있겠습니다. 그러나 이 방법은 오래 실험해 보지 않은 방법입니다.

질 문: 퇴비는 땅속보다 땅 위에 두는 것이 더 좋습니까?

대 답: 될 수 있는 대로 땅 위에 쌓아두는 것이 원칙에 맞습니다. 이때 퇴비가 땅속에 있는 기운과 알맞은 관계에 놓일 수 있도록 지나치게 높이 쌓지 않으면 됩니다. 그러나 언덕 위에 쌓아서는 안 됩니다. 보통 땅 높이에서 쌓아 올리면 그게 가장 좋습니다.

질 문: 병치레를 많이 하고 잘 자라지 않는 포도나무에 줄 퇴비에도 지금까지 말했던 것과 같은 것을 줍니까?

대 답: 조금 다르게 만들어 쓰면 됩니다. 우리가 과일나무 재배와 포도 재배에 관해서 다룰 때 어떻게 달리 만드는지 말할 것입니다. 내가 오늘 말한 것은 모든 종류의 퇴비에 다 쓸 수 있습니다. 어떤 농작물에나 적용할 수 있는 보통 퇴비에 대한 것이었습니다. 그것을 어느 한 종류의 재배에 사용할 때는, 예를 들어 곡식 재배나 과일나무 재배 또는 포도 재배에 사용할 때는 어떻게 적용할 것인가에 대해서 앞

으로 또 다룰 것입니다.

질문: 포장한 바닥에다 퇴비를 쌓아 두는 것은 올바릅니까?

대답: 전체 땅 구조에 관해서 또 땅과 퇴비 사이에 놓여 있는 상관 관계에 대해서 잘 안다면 퇴비를 쌓아 둘 장소를 포장한다는 것은 무의미한 일이라는 것을 알 수 있을 것입니다. 왜 포장을 하는지는 나도 그 이유를 잘 모르겠습니만 반드시 포장해야 한다면 퇴비와 땅이 서로 작용할 수 있도록 퇴비 더미 둘레에 빈 땅이 있어야 할 것입니다. 왜 퇴비를 땅과 떨어지게 하여 일부러 나쁘게 만듭니까?

질문: 퇴비를 쌓아 두는 땅이 모래나 찰흙 성분 중 어느 것이 더 많으냐에 따라 퇴비가 받는 영향도 다릅니까?

대답: 땅의 성질이 퇴비에 특정한 영향을 미치는 것은 사실입니다. 이 영향은 물론 땅이 가지고 있는 고유한 성질에서 나온 것입니다. 퇴비를 쌓아 둘 곳이 모래가 많은 땅이라면 퇴비를 쌓기 전에 어느 정도 찰흙을 먼저 깔아 주어야 합니다. 모래가 많은 땅은 언제나 물을 빨아들이기 때문입니다. 이와는 달리 찰흙 성분이 훨씬 더 많은 땅은 모래를 골고루 뿌려 땅을 풀어 주어야 합니다. 중간 상태를 얻기 위해서 한 층은 모래를 깔고 또 한 층은 찰흙을 깔 수도 있습니다. 그러면 두 가지를 다 갖게 됩니다. 그러면 땅도 어느 정도 단단해지고 물이 주는 영향도 받을 수 있습니다. 그렇지 않으면 물이 다 새어 버립니다. 이 두 종류의 흙을 섞어도 아주 좋을 것입니다. 그렇기 때문에 황토가 너무 많은 땅은 되도록이면 피하는 것이 좋습니다. 황토나 이와 비슷한 땅은 특별히 좋은 영향을 주지는 못합니다. 그런 땅에 퇴비를 쌓아 두려면 조금씩 땅의 성분을 바꾸어 주는 것이 좋습니다.

질문: 앞에서 이야기한 톱풀, 캐모마일, 쐐기풀 같은 식물이 없는

지역에서 이 식물의 씨앗을 뿌려서 키울 수도 있습니까? 우리는 톱풀뿐 아니라 민들레도 소에게 위험하다는 견해를 갖고 있습니다. 이 식물들뿐 아니라 엉경퀴까지도 우리 목초지에서 없애 버리려고 합니다. 얼마 전에 바로 이 작업에 들어갔습니다. 필요하다면 이제 다시 이런 식물들의 씨앗을 들판 가장자리에 뿌려야 할 것 같습니다. 그렇지만 목초지나 방목장 안에는 안 된다고 생각하는 데 맞습니까?

대답: 이런 식물을 동물이 먹으면 왜 꼭 해가 된다고 생각합니까?

카이저링크 백작: 흔히 톱풀에는 독이 들어 있을 수도 있다고 사람들이 말합니다.

루돌프 슈타이너: 다시 한번 잘 살펴보십시오. 동물들은 자기에게 해로우면 먹지 않습니다.

레르헨펠트 백작: 우리는 반대되는 의견을 갖고 있습니다. 특히 민들레는 소에게 좋은 먹이가 된다고 여기고 있습니다.

루돌프 슈타이너: 이런 일은 때때로 단지 선입견에 지나지 않을 수도 있습니다. 실제로 그런가를 자세히 알아보았는지 모르겠습니다. 또 이런 식물을 말려서 주면 해가 되지 않을 수도 있습니다. 이런 일은 사실을 잘 확인해 보아야 합니다. 만일 해가 된다면 동물은 그 풀을 먹지 않고 그대로 둘 것입니다. 동물들은 자신에게 해가 되는 것은 절대로 먹지 않습니다.

질문: 지나치게 칼슘 성분을 많이 가지고 있는 땅에서는 톱풀이 특히 잘 자라지 못하지 않습니까? 왜냐하면 톱풀은 아무래도 축축한 산성 땅을 필요로 하기 때문입니다.

대답: 야생으로 자라는 톱풀을 쓰면 아주 적은 양을 가지고도 얼마든지 큰 경작지에 뿌릴 수가 있습니다. 동종요법에서 쓰는 것처럼

아주 조금만 있어도 되기 때문입니다. 여기 채소밭에 있는 톱풀만 있어도 경작지 전체에 뿌릴 수 있습니다

질문: 나는 방목장에서 소들이 꽃피기 바로 전 상태에 있는 민들레를 아주 잘 뜯어먹는 것을 보았습니다. 그런데 민들레가 활짝 피고 난 다음에는 더 이상 먹지 않았습니다.

대답: 한번 생각해 보십시오. 동물들은 민들레가 만일 자기들에게 해가 되면 먹지 않습니다. 이것은 일반 사람들에게도 잘 알려져 있는 법칙 아닙니까? 동물들은 먹이를 가려 먹을 수 있는 뛰어난 본능을 가지고 있습니다. 그리고 다음 사항에 대해서도 한번 생각해 보십시오. 우리도 생명 과정 속에 들어 있는 어떤 일의 효과를 높이기 위해 따로 그것 자체는 쓰지 않지만 거의 언제나 쓰는 것이 있지 않습니까? 예를 들면 우리가 매일 빵을 구울 때 사용하는 누룩을 그대로 먹는 사람은 없습니다. 그렇지만 빵을 구울 때는 쓰입니다. 사실은 이렇습니다. 어떤 것은 사람이 많은 양을 먹으면 독이 되는 것도 다른 상황 아래에서는 아주 좋은 영향을 미칠 수 있습니다. 거의 모든 치료제는 독성을 가지고 있습니다. 그러나 물질 성분 자체가 중요한 것이 아니고 그 방법이 중요합니다. 세상에는 이해하기 어려운 선입견도 많습니다. 카이저링크 백작은 민들레가 해롭다고 말하고 레르헨펠트 백작은 가장 좋은 먹이가 된다고 하니 이상하지 않습니까? 서로 이웃하고 있는 지역에서 그 작용이 그렇게 다를리가 없습니다. 그렇다면 어느 한쪽은 맞지 않는 것 아니겠습니까?

질문: 땅의 성질이 어떤가에 따라 다른 견해가 생길 수도 있지 않겠습니까? 내 의견은 동물 의학에서 보는 견해를 바탕으로 삼고 있습니다. 방목지와 목초지에 일부러 톱풀과 민들레를 심어야 합니까?

대 답: 아주 작은 면적이면 충분합니다.

질 문: 증폭제를 얼마 동안이나 퇴비 속에 넣어 두어야 합니까?

대 답: 증폭제를 퇴비에 이미 섞었으면 얼마를 두든지 상관없습니다. 그러나 퇴비를 들판에 뿌리려면 그 전에 증폭제를 미리 퇴비에 섞어 두어야 합니다.

질 문: 퇴비 안에 넣을 증폭제들은 함께 땅속에 묻습니까? 아니면 구분해서 따로 묻습니까?

대 답: 이 문제도 중요합니다. 증폭제와 땅 사이에 어떤 작용이 일어나는 동안 증폭제끼리 서로 방해를 하지 않아야 하기 때문에 될 수 있는 대로 거리를 두고 따로 묻어야 합니다. 경작지가 그리 넓지 않으면 경작지 가장자리에(서로 가장 멀리 떨어질 수 있는 곳에) 묻으면 될 것입니다. 경작지가 넓은 곳이면 별 주의를 기울이지 않더라도 서로 멀리 둘 수 있을 것입니다.

질 문: 증폭제를 묻어 둔 땅 위에 어떤 식물이 자라도 됩니까?

대 답: 무엇이 자라더라도 아무 상관이 없습니다. 증폭제를 묻어 둔 땅 위에 식물이 자라는 것이 오히려 좋을 수도 있습니다. 농작물로 덮여 있어도 됩니다.

질 문: 증폭제를 퇴비 더미 안에 어떻게 넣습니까?

대 답: 이런 방법으로 하면 좋을 것입니다. 커다란 퇴비 더미에 25cm 깊이의 구멍을 뚫고 증폭제를 넣은 뒤 퇴비로 잘 감싸 주면 됩니다. 1m 깊이까지 넣을 필요는 없습니다. 그러나 증폭제 둘레를 퇴비로 잘 둘러 주어야 합니다. 왜냐하면 이렇기 때문입니다.(그림12 참조)

이것이(파랑) 퇴비 더미라면 여기에 작은 증폭제 조각이 들어 있습니다. 주의를 기울여서 이 모든 작업을 하는 것은 증폭제에서 사방으로 그 기운이 뿜어 나가기 때문입니다. 기운은 모두 이렇게 나갑니다.(빨강) 증폭제를 가장자리에 너무 가까이 넣지 않는 것이 좋습니다. 증폭제가 퇴비로 잘 싸여 있으면 증폭제에서 뿜어 나오는 기운이 퇴비 더미 가장자리에서 특정한 곡선을 그리며 안으로 꺾어지고 바깥으로 나가지 않습니다. 50㎝ 깊이면 넉넉합니다. 증폭제가 가장자리에 지나치게 가까이 있으면 기운을 많이 잃어버립니다.

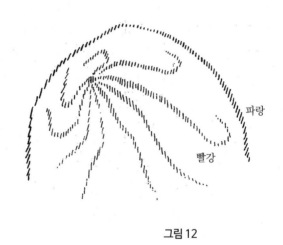

그림 12

질문: 구멍은 몇 개 만들면 충분합니까? 아니면 퇴비 더미 전체에 될 수 있는 대로 잘 퍼뜨려야 합니까?

대답: 몇몇 구멍에만 넣지 말고 여러 곳에 퍼뜨려 넣으면 훨씬 좋습니다. 그렇지 않으면 증폭제끼리 서로 방해를 합니다.

질문: 모든 증폭제를 동시에 넣습니까?

대답: 하나 넣고 그 옆에 또 하나 넣으면 됩니다. 그러면 서로 영향을 미치지 않습니다. 오직 퇴비에만 영향을 미칠 뿐입니다.

190

질 문: 모든 증폭제를 한 구멍 안에 넣어도 됩니까?

대 답: 이론만 가지고 보면 증폭제를 한 곳에 넣어도 될 것이라고 생각할 수 있습니다. 그러나 서로 방해를 주지 않을 것이라고 확신하기 어렵습니다. 바로 옆에 넣어 볼 수는 있습니다. 아무래도 한 구멍 안에 모두 함께 넣으면 서로 방해를 줄 것입니다.

질 문: 참나무는 어떤 참나무를 말합니까?

대 답: 로부르참나무(Quercus robur, 라틴어 학명)입니다.

질 문: 살아 있는 나무 껍질이어야 합니까? 아니면 베어놓은 껍질이어야 합니까?

대 답: 될 수 있으면 살아 있는 참나무의 껍질을 구하는 것이 좋습니다. 특히 껍질에 진이 많이 들어 있으면 더욱 좋습니다.

질 문: 껍질의 전체를 말합니까?

대 답: 겉껍질만을 가리킵니다. 떼어 내면 쉽게 떨어지는 껍질층입니다.

질 문: 소똥 증폭제를 묻을 때 농사를 지을 수 있는 지층 안에 파묻어야 합니까? 아니면 더 깊이 파묻을 수도 있습니까?

대 답: 농사를 지을 수 있는 지층 안에 묻어 두는 것이 좋습니다. 이때 증폭제 밑에 이상한 물질이 있는지 미리 살펴보아야 합니다. 경작지의 지층이 두터울수록 훨씬 더 유리할 것입니다. 경작지 가운데 가장 두터운 층을 이루고 있는 곳이 가장 좋은 장소가 될 것입니다. 농사를 짓는 지층보다 더 깊은 곳에 묻는 것은 별로 효과를 얻지 못합니다.

질 문: 증폭제를 경작지 지층 깊이에 묻어 두면 서리를 맞게 됩니다. 그래도 해를 입지 않습니까?

대 답: 증폭제가 서리를 맞을 무렵이면 땅은 (서리를 통하여) 가장

강하게 자신을 우주의 영향에 내어놓습니다.

질문: 석영이나 정장석은 어떻게 작게 부숩니까? 작은 맷돌이나 절구를 써야 합니까?

대답: 처음에는 절구로 찧는 것이 가장 좋습니다. 이때 쇠로 된 절구공이가 필요합니다. 석영이나 정장석을 어느 정도 가루가 될 때까지 빻아야 합니다. 석영은 이렇게 잘 빻은 다음 반반한 유리 위에서 고운 가루를 얻을 때까지 계속해서 갈아야 합니다. 석영을 곱게 가는 것은 아주 어렵습니다.

질문: 잘 먹은 소가 지방질도 풍부하게 갖고 있다는 것을 경험으로 알고 있습니다. 이것을 보면 먹는 음식과 대기에서 얻는 양식 사이에 어떤 관계가 있어야 하지 않습니까?

대답: 내가 말했던 것을 다시 한번 잘 생각해 보십시오. 먹는 음식에 있어서 가장 중요한 것은 이 음식이 기운으로 발달한다는 것입니다. 어떤 먹이를 먹느냐에 따라 대기에서 어떤 성분을 받아들이고 소화하는데 필요한 기운을 충분히 낼 수 있고 없고가 정해집니다. 이렇게 비교해 볼 수 있습니다. 장갑이 손에 너무 작으면 장갑을 억지로 손가락에 끼워 넣지 않고 먼저 나무 막대기 같은 것을 넣어서 늘립니다. 이와 같이 대기에서 어떤 성분을 받아들일 때도 먼저 몸속에 있는 기운을 부드럽고 노글노글하게 만듭니다. 먹는 음식을 통해 신체 조직은 넓어지고 이로 인해 신체 조직은 대기에서 더 많은 것을 받아들일 수 있습니다. 이런 까닭으로 너무 많이 먹으면 비대 증상이 생깁니다. 그러면 짧은 수명을 그 대가로 치릅니다. 중용을 지키는 것이 가장 중요합니다.

여섯 번째 강의

1924년 6월 14일

자연의 영역 안에 공존하는

잡초의 본질, 병충해, 식물의 병에 대하여

여러분!

앞으로 계속해서 농업에 관해 살펴보려면 우리가 이미 지난 며칠 동안 얻었던 식물의 성장이나 동물의 몸 형성에 대한 이해를 바탕으로 삼아야 할 것입니다. 이제 정신과학으로 살펴볼 수 있는 것 가운데 농사를 지을 때 식물에 생기는 병충해와 사람들이 일컫는 식물의 병에 대하여 짧게나마 다루겠습니다. 이런 일은 실제 사례를 가지고 살펴볼 수밖에 없습니다. 이런 일은 전반적으로 말하기보다 아주 전문적으로 들어가야 하기 때문에 여러분이 바로 적용할 수 있도록 이야기하겠습니다. 그 전에 먼저 농작물에 피해를 끼치는, 사람들이 흔히 말하는 잡초를 한번 살펴봅시다.

여러분! 잡초에 관해 살펴볼 때, 잡초에 관한 정의를 내리는 것은 중요하지 않습니다. 어떻게 하면 논밭에서 원하지 않는 식물을 제거할 수 있는 방법을 얻는가가 더 중요합니다. 사람들은 때때로 이상하게 학창시절로 되돌아갑니다. 나도 한번은 학창시절로 되돌아가 썩 마음이 내키지는 않았지만 몇몇 책에서 잡초에 관한 정의를 찾아 보았습니다. 잡초에 관한 정의를 내린 사람들 대부분은 "잡초는 사람들이 원하지 않는 장소에 자라는 모든 식물을 일컫는다."라고 말하고 있습니다. 여러분! 이러한 정의는 실제 사물의 본질에 다가가는데 그렇게 큰 도움이 되지 못합니다. 커다란 자연의 영역 안에서 잡초 또한 (사람들이 필요하다고 생각하는 식물 못지 않게) 나름대로 자랄 권리를 가지고 있기 때문에 이런 식으로 잡초의 본질에 다가간다면 그다지 만족스러운 결과를 얻지 못할 것입니다. 따라서 여러분이 원하지 않는 곳에 자라지만 커다란 자연의 섭리에 따라 자라는 식물을 논밭에서 제거하려면 다른 관점을 가져야 한다는 것을 먼저 분명히 알고 있어야 할 것입니다. 이런 까닭으로 이 문제에 관해서는 내가 지난 며칠 동안 설명했던 점들을 다시 한번 살펴 보지 않고서는 제대로 그 해답을 얻을 수 없을 것입니다.

우리는 식물의 성장에 작용하는 두 기운을 잘 가려야 한다고 말했습니다. 그 가운데 하나는 비록 우주에서 나오지만 땅에서 먼저 받아들인 다음 땅을 통해 식물의 성장에 영향을 미치는 기운입니다. 이 기운은 주로 수성, 금성, 달에서 나옵니다. 그러나 식물에 곧 바로 작용하지 않고 땅으로 들어갔다가 다시 땅 위의 식물로 올라오는 방식으로 작용합니다. 이 기운은 한 세대 식물을 다음 세대 식물로 이어지게 하는 기운입니다. 이와는 달리 식물이 땅 위의 대기에서 받아들이는 기운은 멀리 있는 행성들이 공기를 통해 그 영향력을 전달합니다. 넓게 본다면 가까이 있는 행성들이 지구에 작용을 하는 것은 지구의 칼슘의 작용에 따라 그 영향이 미치고, 멀리 있는 행성들이 대기에 작용하는 것은 규소의 작용에 따라 그 영향이 미칩니다. 규소의 작용이 바로 땅에서 나온다고 해도 이 작용은 화성, 목성, 토성에서 나오는 기운을 전달하는 것이지 결코 달, 수성, 금성에서 나오는 것을 전달하지는 않습니다.

오늘날 사실 이런 일을 생각한다는 것은 오히려 아주 이상한 일이 되어 버렸습니다. 그렇지만 그 대가도 마찬가지로 치러야 했습니다. 우주의 영향이 공기를 통해 위에서 미치는 것과 땅이라는 매체를 통해 아래에서 미치는 것에 대한 무지 때문에 문명사회를 이루고 있는 많은 지역에서는 (어떤 경우에) 그 대가를 단단히 치러야 했습니다. 이런 무지로 인해 옛날 본능에서 나온 학문으로 이루어 냈던 농사도 완전히 지쳐 버렸습니다.(이런 일이 여러분에게는 별로 상관이 없을지 모르겠습니다. 그러나 많은 사람에게는 결코 무관한 일이 아닙니다) 따라서 이제는 땅도 지쳤고 때때로 농부들에게 해결책을 준 전통마저도 사라져 버렸습니다. 이렇게 하여 곳곳에 있는 포도밭에 포도 뿌리혹벌레가 퍼졌습니다. 그러나 포도 뿌리혹벌레를 어떻게 상대해야 할지 거의 모르고 있습니다. 1880년대 빈(오스트리아)에서 농업 신문을 펴낸 편집부에서 일어났던 일 가운데 한 가지를 소개하겠습니다.

이 신문사 편집부는 그 당시 여러 방면에서 포도 뿌리혹벌레를 퇴치할 방법을 찾아 달라는 부탁을 받았습니다. 그렇지만 사태가 아주 나빠질 때까지 어떤 방법도 찾을 수 없었습니다. 이런 일은 현대 과학으로는 그 뿌리까지 해결할 수 없는 일입니다. 우리가 보여 준 길을 따라 깊숙이 들어가야만 실제 해결책을 찾을 수 있습니다.

자, 이제 다음에 설명하는 것을 마음속에 한번 떠올려 보십시오. 단순하게 그림으로 나타내 보겠습니다.(그림13 참조)

여기가 지구 표면이라고 칩시다. 여기에 금성, 수성, 달에서 오는 모든 작용이 들어와서 다시 되비춥니다. 따라서 아래에서 위로 작용합니다. 이런 식으로 땅에 영향을 미치는 것은 먼저 식물로 하여금 한 해 동안 자라서 씨앗을 만들게 합니다. 이 씨앗에서 다시 새로운 식물이 나오고 또 씨앗이 만들어집니다. 이런 식으로 들어오는 모든 힘은 번식력에 영향을 미칩니다.

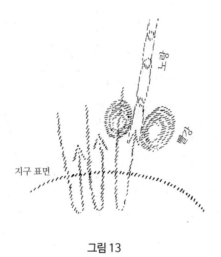

그림 13

이와는 달리 땅 위에서 다른 길을 통해 오는 것은 멀리 있는 행성에서 나온 기운입니다. 그림에 있는 두 개의 둥근 원 부분입니다. 식물을 옆으로 부풀려서 굵게 보이도록 만들고 우리가 먹는 양식을 만듭니다. 끊임없는 흐름이 늘 새롭게 만들기 때문입니다.

예를 들면 우리가 따먹는 사과나 복숭아 같은 과일 성분은 지구에서 멀리 떨어진 행성들이 작용한 것입니다. 따라서 우리가 만일 식물의 성장에 어떤 영향을 미치려면 바로 이런 사실에 대하여 이해가 있어야 합니다. 이런 기운에 대해 먼저 살펴보지 않고 다른 식으로는 식물 성장에 올바른 영향을 미칠 수 없습니다.

우리가 보통 잡초라고 여기는 식물들은 때때로 치유 효과를 가지고 있는 약초일 때가 많습니다. 바로 이 잡초 가운데서 가장 뛰어난 효과를 지닌 약초를 얻기도 합니다. 이 잡초에는 달의 작용이라고 부를 수 있는 작용이 아주 강하게 들어갑니다. 사람들이 보통 달에 관해서 알고 있는 것은 달이 태양빛을 자신의 표면에 받아들여서 지구로 다시 되비쳐 준다는 것 정도입니다. 우리가 볼 수 있는 것은 되비쳐진 태양빛을 눈으로 받기 때문입니다. 지구도 되비치는 태양빛인 달빛을 받습니다. 달이 비쳐 주는 것은 사실 태양빛입니다. 그러나 그 속에는 달 기운이 꿰뚫고 들어가 있습니다. 달이 지구에서 떨어져 나간 뒤부터는 이런 식으로 달 기운이 지구로 옵니다. 바로 이 달 기운은 우주에서 땅 요소를 강하게 하는 영향을 미칩니다. 달이 아직 지구와 하나로 맺어져 있을 때 땅 요소는 훨씬 더 살아 있었고 훨씬 더 열매를 잘 맺을 수 있었습니다. 현재 우리가 가지고 있는 것과 같은 강한 광물 성분은 달이 지구와 하나로 맺어져 있던 그때는 아직 없었습니다. 그러나 달이 지구에서 떨어져나간 뒤부터 지구 자체의 상태로는 생명 존재의 성장에만 힘을 미칠 수 있었습니다. 이런 지구에 달이 바깥에서 작용해서 성장이 번식까지 올라가도록 이끕니다.

어떤 생명체가 자란다는 것은 그 생명체가 크게 된다는 것을 뜻합니다. 성장에 작용하는 힘은 번식에 작용하는 힘이나 마찬가지입니다. 생명체가 크게 자랄 때는 똑같은 생명체가 생길 정도로 자라지 않을 뿐입니다. 세포가 늘어날 뿐입니다. 성장은 약한 번식입니다. 그리고 번식은 강한 성장입니다. 지구 자체는 이제 약한 번식인 성장밖에 이끌어 낼 수 없습니다. 달이 없으면 강한 성장을 이루지 못합니다. 지구는 달을 통해 오는 우주 기운이 있어야 합니다. 어떤 특별한 식물은 수성과 금성을 통해 오는 우주 기운이 있어야 합니다. 조금 전에 보통 사람들은 달이 오직 태양빛을 받아서 지구로 되비치는 정도로 생각한다고 말했습니다. 예, 그렇습니다. 사람들은 보통 달의 작용을 오직 태양빛을 되비쳐 주는 것으로밖에 보지 않습니다. 사실은 달빛과 함께 우주 전체가 반사되어 지구로 옵니다. 달 위에 작용하는 모든 것이 지구로 되돌려 비추어집니다. 오직 오늘날 물리학적 방법으로 이것을 증명할 수 없을 따름입니다. 그러나 사실은 우주 전체가 특정한 방법으로 달을 통해서 지구로 비추어집니다. 달이 이렇게 식물에 비춰 주는 기운은 아주 강한 생명 조직을 만드는 우주 기운입니다. 이 기운으로 성장력이 번식력으로 북돋아지고 식물이 열매를 맺을 수도 있습니다.

그러나 이것들은 오직 보름달이 비치고 있는 지역에만 가능합니다. 초승달이 떠 있는 지역에서는 달이 주는 이런 좋은 영향을 즐기지 못합니다. 초승달 시기에는 식물이 보름달 시기에 받아들인 것을 자체 속에서 오직 붙잡고 있을 따름입니다. 인도 사람들은 19세기에 접어들 때까지 달의 주기에 맞추어 씨를 뿌렸습니다. 이와 같이 뿌린 씨앗의 첫 싹을 트게 하는데 달을 잘 이용하면 눈여겨볼 만한 성과를 거둘 것입니다. 달 주기와 씨앗을 뿌리는 시기에 따른 상관관계를 연구하면 분명 좋은 결과를 얻을 것입니다. 그러나 자연은 인간이 달 주기에 주의를 기울이지 않고 아무 때나 씨앗을 뿌리거나 수확을 해도 무자비하게 벌을 내리지는 않습니다. 1년에 보름달은 열두 번 뜹니다. 열두 번이면 보름달의 작용, 곧 열매를 잘 맺게 북돋아 주는 기운은 충분합니다. 열매를 맺게 하는 어떤 작업을 어쩌다 한 번 보름달이 뜨는 시기가 아니고 초승달이 뜨는 시기에 했더라도 그 작업은 땅속에서 다음 보름달이 뜰 때까지 기다렸다가 인간의 잘못을 넘어서서 다시 자연의 섭리에 따릅니다. 이런 까닭으로 인간이 달 작용에 대하여 전혀 몰라도 달 기운은 충분히 작용합니다. 그러나 이 사실만으로는 잡초를 어떻게 할 수 없습니다.

이런 기운을 그대로 작용하도록 두면 잡초도 다른 농작물이나 마찬가지로 살아갈 권리를 요구하기 때문입니다. 성장을 조절하는 기운에 대하여 모르면 잡초도 다른 농작물이나 마찬가지로 무성하게 자라납니다. 성장을 조절하는 기운에 대하여 먼저 잘 알아야 합니다. 완전히 발달된 달 기운은 식물의 번식에 작용합니다. 뿌리에서부터 열매가 맺어지는 데까지 작용합니다. 이런 까닭으로 달의 작용을 막지 않고 그대로 두면 잡초 또한 무성하게 자랍니다. 달은 가물 때보다 비가 많이 올 때 훨씬 잘 작용합니다. 그러면 이때 잡초 또한 아주 왕성하게 성장합니다. 따라서 우주에서 오는 이러한 기운을 함께 계산에 넣으면 다음과 같은 견해를 얻을 수 있습니다.

잡초에 달 기운을 뺀 나머지 기운만 들어가게 하면 잡초가 번지지 않게 막을 수 있습니다. 그러면 잡초는 더 이상 번식하지 못합니다. 그러나 달을 어떻게 세워 둘 수 없으므로 땅에 어떤 처리를 하여 땅으로 하여금 달의 작용을 받아들일 수 없게 만들어야 할 것입니다. 그리고 여기에서 더 나아가 잡초 스스로 어떤 처리를 한 지역에서 자라는 것을 꺼리도록 만들 수도 있을 것입니다. 이것을 이루면 우리가 바라는 것을 이룰 수 있습니다.

여러분이 어떤 해에 잡초가 생각보다 많이 나오더라도 크게 놀라거나 실망할 필요가 없습니다. 이 사실을 그대로 받아들이고 그 대책을 세우면 됩니다. 자, 이제 잡초 씨앗을 어느 정도 모읍니다. 씨앗 안에는 위에서 말한 기운이 마지막으로 이룬 것이 들어가 있습니다. 이제 불을 붙입니다. 단순히 나무로 붙인 불이 가장 좋습니다. 그리고 잡초 씨앗을 태워서 남은 재를 모두 조심스럽게 모읍니다. 그렇게 많은 양의 재를 모을 수는 없을 것입니다. 이렇게 잡초 씨앗을 불에 태워 얻은 재 속에는 달의 기운을 받아들여 발달시키려는 것과는 정반대되는 기운이 모여 있습니다. 이 재를 잡초에 뿌립니다. 이 재는 넓은 범위까지 작용하므로 너무 조심스럽게 뿌리지 않아도 됩니다. 이렇게 만든 재를 뿌리면 다음해부터 그 잡초가 훨씬 적어지는 것을 확인할 수 있습니다. 그렇게 무성하게 자라지 않을 것입니다. 자연에는 4년 주기로 이루어지는 일이 아주 많습니다. 따라서 이렇게 만든 재를 해마다 계속해서 뿌리면 4년 뒤에는 이 잡초가 논밭에서 더 이상 자라지 않는다는 것을 알 수 있을 것입니다. 자, 보십시오 여러분! 얼마 전 생물 연구소에서 과학적으로도 증명했듯이 이런 극히 적은 양에 들어 있는 성질의 작용으로 아주 커다란 효과를 얻을 수 있습니다. 이렇게 하면 사실 여러분은 많은 것을 이룰 수 있습니다. 오늘날 전혀 알려져 있지 않은 이런 작용을 여러분이 농사를 지을 때 함께 계산에 넣으면 여러분은 정말 이루 말할 수 없이 큰 것을 손에 넣은 것이 됩니다. 여러분은 이제 민들레를 여러분이 원하는 곳에 나게 둘 수 있고 또 씨앗을 태워 얻은 재를 뿌려서 원하지 않는 곳에는 나지 않게 할 수도 있습니다.

지난날 본능으로 가지고 있던 이런 농사의 지혜를 요즘 사람들은 믿지 않습니다. 그때 사람들은 정해진 범위 안에서 자기들이 원하는 식물을 이런 식으로 함께 기를 수 있었습니다. 자, 이제 여러분에게 보여 줄 많은 사실은 실제 곧바로 적용할 수 있는 것입니다. 그러나 오늘날 이런 일은 눈앞에 증명을 해 보여야 한다고 모두들 단정짓고 있으므로 (선입견이라고 말하지 않겠습니다) 아마 직접 실험을 해 봐서 확인을 해야 할 것입니다. 그러나 올바르게 실험을 하면 내가 한 말이 진실이란 것이 곧 드러날 것입니다. 내가 만일 스스로 농사를 짓는다면 진실이 드러날 때까지 기다리지 않고 바로 실천에 옮길 것입니다. 왜냐하면 이런 일이 내가 말한 대로 될 것이라는 것을 조금도 의심하지 않기 때문입니다. 정신과학으로 본 진실은 스스로를 통하여 진실하다고 보기 때문입니다. 다른 외부 조건이나 외부적 방법으로 진실을 입증받을 필요가 없기 때문입니다. 이러한 정신과학의 진실을 눈에 보이는 방법을 가지고 증명할 수 없다고 떠들어대는 실수를 사실 현대 과학은 모든 방면에서 저질렀습니다. 인지학 협회 안에서조차도 이런 사실을 과학으로 증명하려고 했습니다. 사실 이런 일은 스스로 진실하다는 것을 사람들이 알아야 했습니다. 그러나 오늘날 어떤 것을 해 나가기 위해서는 겉으로 보아서 알 수 있도록 증명을 해 보여야 합니다. 어떤 절충안을 받아들여야 합니다. 타협을 피할 수 없습니다. 그러나 원칙을 가지고 따지자면 꼭 타협을 하지 않아도 됩니다. 자, 사물의 안을 어떻게 알 수 있습니까? 사물 안에 확실하게 들어 있는 성질을 통해 알 수 있습니다.

50명이 만들어 내는 어떤 것을 세 배로 늘리려고 하면 150명에게 그 일을 맡깁니다. 사물의 내부에 들어 있는 성질로 미루어 150명을 어림잡았습니다. 그런데 그때 한 영리한 사람이 150명이 일한다고 해서 50명이 하는 일의 세 배를 해낸다고 하는 것을 믿을 수 없다며 먼저 실험을 해 보아야 한다고 말할 수도 있습니다. 그래서 실제 실험을 해 보면 어떤 때는 실험 결과가 처음 세웠던 것과 다를 수가 있습니다. 어떤 사람이 어떤 일을 처음에 한 사람에게 시켰다가 그 다음에 두 사람에게 시키고 다시 세 사람에게 시킨 다음 그 결과를 통계 내었다고 합시다. 그리고 이 통계를 바탕으로 세 사람에게 일을 시켰다고 합시다. 그런데 만일 이 세 사람이 일은 하지 않고 잡담만 했다면 비록 세 사람이 일을 했지만 한 사람만큼도 일을 하지 못한 결과가 나옵니다. 그러면 세 사람이 어느 만큼 일을 할 것이라고 정한 것은 틀린 것이 됩니다. 사실은 전제 조건을 제대로 내세우지 않은 것입니다. 이렇게 실험이라는 것은 처음 세웠던 것과는 반대 결과가 나오기도 합니다. 따라서 실험을 할 때는 반대 결과를 나오게 하는 요소도 미리 정확하게 살펴보아야 합니다. 그러면 안으로 진실한 것이 밖으로도 증명될 수 있을 것입니다.

농작물을 해치는 잡초에 관해서는 범위를 크게 잡아 말해도 됩니다. 그러나 해를 끼치는 동물이나 벌레에 대해서는 전반에 걸쳐 쉽게 말할 수 없습니다. 따라서 먼저 예를 바로 들어 이야기하겠습니다. 이렇게 예를 든 것을 여러분이 실천에 옮기면 실제 그 효과를 잘 볼 수 있을 것입니다.

시골에 사는 사람들에게 특별한 벗인 들쥐를 한번 예로 들어봅시다. 사람들은 지금까지 이 들쥐를 물리치기 위해서 어떤 일도 마다하지 않았습니다. 사람들은 먼저 농업 서적에서 좋다고 일러 주는 대로 인으로 만든 온갖 증폭제와 사카린이 들어 있는 스트리키닌 Strychnine이란 독약을 사용했습니다. 이런 약제가 별 효과가 없자 나중에는 극단적인 들쥐 퇴치 방법도 나타났습니다. 설치류 동물에게만 해가 되는 어떤 세균을 배양해서 감자죽 안에 넣는 방법입니다. 이런 방법까지 쓰고 또 다른 사람에게 권하기까지 합니다. 모든 지역에서 사실 죄 없는 이 동물이 나타났다고 하면 정말 인간이 할 수 있는 행동인가를 의심할 정도로 심한 방법까지 써서 없애려고 합니다. 이뿐만 아니라 국가까지 들고 일어나게 만듭니다. 이웃이 함께 협조하지 않으면 이웃에 있던 쥐가 넘어와 별 효과가 없으므로 국가의 힘을 빌려 정해진 방법으로 모든 사람이 함께 강제로 쥐를 섬멸하도록 합니다. 국가는 어떤 일을 실행에 옮기는 것이 좋다고 결정나면 방법이 옳고 그른 것에 상관하지 않고 누구나 이행하도록 법을 정합니다.

보십시오, 여러분! 이 모든 것은 피상적으로 그저 시도해 보는 것에 지나지 않고 외부에서 이래라 저래라 지시하는 것을 무작정 따르는 것에 지나지 않습니다. 이런 방법을 가지고 아무리 해 본들 쥐는 언제나 다시 찾아옵니다. 그러면 또 마음이 편안하지 못합니다. 자, 이제 말하는 방법도 단지 한 농장에서만 적용하면 그렇게 큰 효과를 거둘 수 없을지 모릅니다. 그래도 적용하면 어느 정도는 도움을 줄 것입니다. 이 방법을 써도 완전하게 뜻을 이룰 수는 없을지 모릅니다. 그리고 이웃의 협조도 얻어야 할 것입니다. 그러나 이때도 이웃을 잘 이해시켜서 스스로 돕도록 하여야 할 것입니다. 미래에는 치안 당국이 정하는 법 조항이 아닌 바른 인식을 통해 어떤 일이 이루어져야 한다고 나는 주장합니다. 여기에 바로 우리 사회의 진정한 발전이 놓여 있습니다.

여러분! 아주 어린 쥐를 잡아서 껍질을 벗겨 낼 수 있겠습니까? 들쥐라야 합니다. 우리가 필요한 만큼은 그렇게 어렵지 않게 구할 수 있을 것입니다. 그만한 쥐는 언제든지 있습니다. 이때 중요한 것은 금성이 전갈자리에 있을 때 들쥐 가죽을 준비하는 것입니다. 보십시오 여러분! 본능에 그 바탕을 두고 있는 옛 학문이 결코 어리석지만은 않습니다. 하늘에 아무런 의미없이 동물 이름을 붙여놓은 것이 아닙니다. 식물 세계 안에서 어떤 일을 이루려고 하면 행성들만 살펴보아도 충분합니다. 동물에게는 안 됩니다. 동물에게는 십이궁 안에 퍼져 있는 붙박이별도 함께 살펴보아야 합니다.

식물의 번식이 이루어지게 하는 데는 달이 작용하는 것만으로도 거의 충분합니다. 동물에 이르면 금성의 작용이 달의 작용을 도와야합니다. 동물은 자신 안에 스스로 달 기운을 가지고 있고 또 달의 직접적인 영향에서 벗어나 있기 때문에 달의 작용을 그렇게 주의 깊게 살피지 않아도 됩니다. 동물 세계 안에서는 꼭 보름달이 아니더라도 달 기운이 잘 펼쳐집니다. 동물은 스스로 보름달의 기운을 가지고 있습니다. 달 주기에 따른 속박에서 벗어나 있습니다. 그러나 다른 행성들이 미치는 기운은 우리가 지금 실행하려는 것과 깊은 관계를 맺고 있습니다. 왜냐하면 이제 우리가 쥐 가죽을 가지고 아주 특정한 것을 이루어 내려고 하기 때문입니다.

금성이 전갈자리에 있을 때 미리 준비해 둔 쥐 가죽을 태웁니다. 그리고 재를 조심스럽게 모읍니다. 타고 남은 것을 모두 모으십시오. 그렇게 많지는 않을 것입니다. 그러나 쥐 가죽을 태운 것이면 어느 정도 넉넉합니다. 금성이 전갈자리 안에 들어섰을 때 불로 태워서 생긴 쥐 가죽의 재 안에는 들쥐의 번식력을 막는 힘이 들어 있습니다. 이렇게 얻은 재를 논밭에 뿌리면 쥐들이 그 논밭을 피할 것입니다. 어느 지역에서는 이런 것을 얻기가 어려울 수도 있습니다. 그럴 때는 동종요법에서 하는 대로 더 낮은 비율로 만들어도 됩니다. 큰 대접에 가득 채울 정도로 준비할 필요는 없습니다. 금성이 전갈자리 한가운데에 들어섰을 때 이 쥐 가죽을 불에 태워 얻은 재를 가지고 이제 여러분은 쥐를 물리칠 수 있습니다. 그런데 이 쥐는 좀 뻔뻔스러운 데가 있습니다. 재가 제대로 떨어지지 않은 곳에 다시 대담하게 모여들 수가 있습니다. 다시 말하면 비록 재의 작용이 아주 멀리까지 미치지만 쥐를 완전히 내쫓지 못할 수도 있습니다. 따라서 이웃에서 함께 실시하면 그 효과는 훨씬 더 클 것입니다. 이런 일은 때때로 커다란 즐거움까지 안겨 주리라 믿습니다. 어떤 음식은 후추를 조금 뿌리면 맛이 훨씬 나아지듯이 이런 식으로 농사를 지으면 농사를 짓는 맛도 훨씬 나아질 것입니다

여러분! 이런 식으로 (미신에 조금도 기대지 않고) 별이 끼치는 작용을 계산에 넣는 것이 중요합니다. 처음에는 학문이었던 것이 나중에 미신으로 변한 것도 많습니다.

그렇다고 미신을 다시 불러일으킬 필요는 없습니다. 다시 학문에서 출발해야 합니다. 그러나 이 학문은 오직 눈앞에 드러나는 물리-감각 현상만을 연구하여 얻는 것이 아니고 정신과학으로 얻어야 합니다. 고등 동물에 속하는 해로운 동물은 이런 식으로 물리칠 수가 있습니다. 설치류인 쥐도 고등 동물에 속합니다. 그러나 곤충들은 이렇게 하면 제대로 효과를 볼 수 없습니다. 왜냐하면 곤충은 전혀 다른 우주의 영향 아래 있기 때문입니다. 곤충은 고등 동물에 비하여 다른 우주의 영향 안에 들어 있습니다.

그림 14

이제 방금 살펴보았던 것과 관련이 있는 예를 하나 들겠습니다.

여러분과 어느 정도 직접 관계가 있는 순무 선충입니다. 순무 뿌리

가 부풀어 오르고 아침에도 잎이 시들어 있는 원인은 선충 때문입니다. 선충으로 말미암아 생기는 표시입니다. 자, 이제 다음 사실을 먼저 알아야 합니다. 식물의 가운데 부분은 (변화가 일어나는 앞부분) 공기에서 우주의 작용을 받아들입니다. 그러나 뿌리는 땅이 먼저 받아들인 우주 기운을 되돌려 받습니다. 선충이 생기면 어떤 일이 일어납니까? 선충이 생기면 잎에서 일어나야 할 우주 기운의 섭취 과정이 뿌리쪽으로 내려갑니다. 그림으로 나타내 보겠습니다.(그림14 참조)

여기가(그림의 가운데 부분) 땅이라고 합시다. 그리고 그 윗부분에 식물이 있습니다. 위에서 작용해야 할 우주 기운이 선충이 있으면 이렇게 땅의 아래에서 작용합니다.(노랑) 뿌리가 부풀고 잎이 시드는 원인이 바로 여기에 있습니다.

선충이 생기면 어떤 우주 기운이 지나치게 아래로 미끄러져 내려갑니다. 이런 까닭으로 식물의 겉모습이 달라집니다. 또 이런 이유 때문에 우주 기운이 없으면 살 수 없는 벌레가 땅속에서 살아갈 수 있습니다. 철사같이 생긴 이 벌레는 땅 위에서는 살지 못합니다. 땅속이 바로 이 벌레가 살아가기에 적합한 영역이기 때문에 잎이 있는 땅 위에서는 살지 못합니다.

어떤 생명 존재는, 아니 모든 생명 존재는 어떤 한계 안에서만 살아갑니다. 온도가 영상 70℃가 되거나 영하 70℃가 되면 사람도 살 수 없습니다. 사람도 한정된 온도 안에서만 살 수 있도록 미리 정해져 있습니다. 선충도 마찬가지입니다. 선충도 땅이 없는 곳이나 우주 기운이 없는 곳에서는 살지 못합니다. 만일 그렇다면 지구 위에 있는 선충은 모두 사라질 것입니다. 생명 존재는 언제나 어느 정해진 조건 아래에서 살아갑니다. 인간도 살아가는 조건이 맞지 않으면 지구 위에서 모두 사라질 것입니다.

이런 식으로 살아가는 존재에게는 (보통은 지구 둘레에만 영향을 미치지만) 4년을 주기로 지구 안에까지 영향을 미치는 우주 기운이 아주 중요한 역할을 차지합니다. 선충에게서는 아주 비정상적인 어떤 것을 볼 수 있습니다. 누군가 여기에 대하여 자세하게 알고 싶으면 더 연구를 할 수도 있습니다. 4년마다 생기는 풍뎅이 애벌레를 주의해서 살펴보면 이 애벌레에도 선충에 작용하는 것과 같은 기운이 작용하는 것을 알 수 있습니다. 이 기운은 땅으로 하여금 감자 싹을 틔울 수 있게 하는 기운입니다. 이 기운은 지구에 다가와 4년마다 감자에 나타나는 풍뎅이 애벌레를 만드는 기운입니다. 자, 이제 우리가 선충을 상대로 하는 작업에도 바로 이 4년 주기에 주의를 기울여야 합니다. 그러나 선충이 반드시 4년 주기에 따라 나타나는 것은 아닙니다.

이번에는 쥐 가죽을 태운 재처럼 몸의 한 부분이 아니라 벌레 전체를 준비합니다. 왜냐하면 뿌리에 들어가 해를 끼치는 이런 벌레들은 사실 몸 전체가 우주 작용의 결과이기 때문입니다. 땅은 오직 밑받침이 될 뿐입니다. 이제 벌레 전체를 불에 태워야 합니다. 불에 태우는 것이 가장 좋습니다. 그래야 가장 빨리 원하는 것을 이룰 수 있습니다. 썩힐 수도 있지만 썩은 것을 모으기란 그리 쉽지 않을 것입니다. 썩히면 태울 때보다 더 나은 효과를 얻을 수도 있을 것입니다. 그러나 곤충의 몸 전체를 태워도 우리가 바라는 것을 충분히 얻을 수 있습니다. 불에 태우는 것은 중요합니다. 어떤 곳에서는 벌레를 말려 두었다가 태울 수도 있을 것입니다. 불에 태우는 시기는 태양이 황소자리에 있을 때입니다. 쥐 가죽을 태울 때는 금성이 전갈자리에 있을 때였습니다. 황소자리는 전갈자리 반대편에 있는 자리입니다. 왜냐하면 곤충 세계와 깊은 관계를 맺고 있는 기운은 태양이 물병자리에서 시작해서 물고기자리, 양자리, 쌍둥이자리를 거쳐 게자리로 옮겨오면서 발달되기 때문입니다. 그런 뒤에 태양이 다시 물병자리에 이르면 아주 약해집니다. 태양이 앞서 말한 자리를 지날 때 곤충 세계와 관계를 맺고 있는 기운을 잘 비추어 줍니다.

사람들은 태양이 얼마나 독특하게 창조된 존재인가를 전혀 모릅니다. 태양의 기운은 하루 또는 한 해 가운데 어디에서 비치느냐에 따라 다릅니다. 황소자리에서 비칠 때 다르고 게자리에서 비칠 때 다릅니다. 그러니까 태양을 언제나 똑같은 것으로 취급하는 말은 (물론 편의상 할 수 없다 하더라도) 사실 무의미한 말입니다. 태양을 양의 태양, 황소의 태양, 게의 태양, 사자의 태양 같은 이름으로 불러야 합니다. 이 별자리들은 서로 완전히 다른 존재입니다. 그리고 이 존재들은 태양이 하루 동안, 그리고 한 해 동안 움직이는 것에 따라 다르게 나타납니다. 태양의 작용과 별자리의 작용, 이 두 작용이 합쳐서 나오는 것입니다. 이 작용은 태양이 봄이 시작될 때 어느 위치에 있느냐에 따라 정해집니다. 이제 여러분은 태양이 황소자리에 있을 때 내가 일러준 대로 벌레를 태운 재를 만들어 순무 밭에 뿌리면 됩니다. 그러면 선충들은 조금씩 조금씩 그 힘을 잃어 갑니다. 4년이 지나면 뚜렷한 결과를 볼 것입니다. 선충들은 더 이상 살 수가 없게 됩니다. 선충들은 이런 재가 들어 있는 땅속에서 사느니 차라리 그 삶을 피할 것입니다.

자, 이렇게 보면 옛날 천문학이라고 이름 붙인 학문이 아주 대단한 학문이라는 것을 알게 되었을 것입니다. 오늘날 우리가 알고 있는 천문학은 오직 수치로 나타낸 위치, 거리, 방향 설정에 지나지 않습니다. 옛날에는 그렇지 않았습니다. 사람들은 별을 보고 땅 위에서 엮어 내는 갖가지 삶의 방향을 정할 줄 알았습니다. 이런 학문은 이제 완전히 사라지고 말았습니다.

자, 이렇게 하여 우리는 농작물에 해를 끼치는 벌레를 물리칠 수 있는 방법을 또 하나 얻었습니다. 땅 위에서 일어나는 일에 대해 제대로 안다는 것은 아주 중요합니다. 한쪽에서 보면 땅은 달과 물이 끼치는 작용을 통하여 식물 속에 자기와 비슷한 것을 스스로 내놓을 수 있는 능력을 어김없이 갖추어 갑니다. 그러나 다른 쪽에서 보면 식물뿐 아니라 모든 존재는 자신 안에 스스로를 없애 버릴 수 있는 씨앗도 함께 지니고 있습니다. 이는 지구상에 있는 물이 풍부한 결실을 맺도록 한다면 불은 오히려 파괴하는 것과 같습니다. 불은 열매 맺는 것을 다 먹어치워 버립니다. 따라서 여러분이 식물로 하여금 풍부한 결실을 맺게 하기 위해 물을 사용하듯 불을 알맞게 사용하면 자연살림 안에서 어떤 것을 사라지게 할 수 있습니다. 이런 이치를 아는 것은 중요합니다. 씨앗은 달 기운이 스며들어가 있는 물을 통해 결실이 북돋아지고, 태양의 기운이 스며들어가 있는 불을 통해 파괴하는 힘이 북돋아집니다. 바로 앞서 든 예에서 보았듯이 씨앗은 태양의 기운뿐 아니라 우주 기운까지 스며들어가 있는 불을 통해 파괴하는 힘이 북돋아집니다.

자, 증폭제가 작용하는 시간까지 함께 계산에 넣는다면 우리가 만드는 증폭제에 아주 세차게 퍼져 나가는 기운이 들어 있다고 말하는 것이 그렇게 이상하게만 들리지는 않을 것입니다. 씨앗 안에 들어 있는 기운도 사실은 계속 퍼져 나가지 않습니까? 이와 같이 스스로를 없애는 힘도 계속 작용합니다. 여러분! 씨앗에 들어 있는 기운은 바로 퍼져나가는 기운입니다. 퍼져 나가는 능력이 바로 씨앗이 가지고 있는 고유한 성질입니다. 이처럼 우리가 만든 후춧가루도 퍼져 나가는 기운을 잘 간직하고 있습니다. 이 가루가 후춧가루처럼 보이기 때문에 후 춧가루라고 말했습니다. 우리가 만든 증폭제들은 대부분 후춧가루처럼 보입니다.

이제 사람들이 흔히 일컫는 식물의 병에 대하여 살펴보는 일이 남았습니다. 여러분! 사물을 사실대로 볼 것 같으면 식물의 병에 대해서는 실제로 말할 수가 없습니다. 정상을 벗어난 상태가 식물에게 나타나면 사람들은 식물이 병들었다고 말합니다. 그러나 식물의 병은 동물에게 나타나는 병과 같은 뜻으로 볼 수 없습니다. 앞으로 우리가 동물에 관해 살펴볼 때 그 차이를 좀 더 뚜렷하게 파악할 수 있을 것입니다. 더구나 식물이 병들었을 때 보여 주는 상태는 사람과는 전혀 다릅니다. 왜냐하면 병에 걸린다는 것은 실제 아스트랄체 없이는 불가능하기 때문입니다. 아스트랄체는 동물이나 사람 안에서 에테르체를 통하여 물질체와 함께 맺어져 있습니다. 거기에도 어떤 정상 상태가 있습니다. 정상일 때 이러한 형체들은 분명하게 정해져 있는 어떤 관계 아래 놓여 있습니다. 만일 아스트랄체가 물질체나 물질체 가운데 어느 일부 기관과 비정상적으로 맺어져 있으면, 다르게 말하면 에테르체가 충분히 두툼하게 차 있지 않아서 아스트랄체가 에테르체보다 더 강하게 물질체 안으로 들어갈 때 대부분 병이 생깁니다. 식물은 자신 안에 아스트랄체를 가지고 있지 않습니다. 이런 까닭으로 사람이나 동물에게 일어나는 병의 증상이 식물에게는 사실 일어나지 않습니다. 이 사실은 매우 중요합니다.

자, 그러면 이제 무엇이 실제로 식물을 병들게 하는지 알아봅시다. 이 사실을 바로 아는 것은 아주 중요합니다. 식물을 둘러싸고 있는 땅은 어떤 특정한 생명을 가지고 있다고 이미 말했습니다. 따라서 땅속에도 이러한 생명으로 말미암아 (식물의 형태를 만들어 낼 정도로 강하지는 않지만 그래도 어느 정도 힘을 지닌) 갖가지 성장력과 비록 미약하기는 하지만 번식력과 물을 통해 작용하는 보름달 기운이 들어 있습니다.

자, 여러분! 주의를 기울여 보십시오. 방금 말한 것 가운데 아주 중요한 사실이 많이 들어 있습니다. 여기에 땅이 있다고 합시다.(그림15 참조)

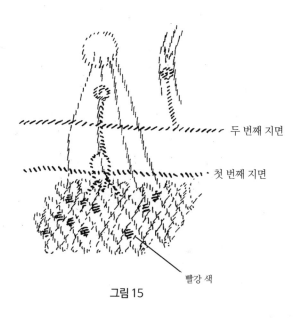

두 번째 지면

첫 번째 지면

빨강 색

그림 15

땅은 물기를 많이 머금고 있습니다. 그리고 또 달이 있습니다. 달은 자신의 빛줄기를 땅속으로 흘려 넣어 땅 자체에 어느 정도 삶이 일어나게 합니다. 땅속 에테르 안에 있는 파동과 진동을 일깨웁니다. 땅이 물로 차 있으면 쉽게 할 수 있고 메말라 있으면 그만큼 더 어렵습니다. 이런 까닭으로 물은 전달자에 지나지 않습니다. 실제 생명을 일구는 것은 땅입니다. 단단한 광물입니다. 물도 어느 정도는 광물입니다. 뚜렷한 경계는 없습니다. 이렇게 우리는 땅속에 달의 작용도 받아야 합니다.

달의 작용이 땅속으로 너무 강하게 들어갈 수도 있습니다. 아주 쉽게 일어날 수 있습니다. 비나 눈이 아주 많이 온 겨울을 생각해 보십시오. 그러면 뒤따라오는 봄에도 겨울과 마찬가지로 온 땅이 매우 젖어 있게 됩니다. 그러면 달 기운이 너무 강하게 땅속으로 들어갑니다. 땅이 지나치게 활기를 띠게 됩니다. 땅에 지나치게 강한 활기가 들어갔습니다. 자, 여기 붉은 점으로 표시한 부분이 지나칠 정도로 강하게 활기를 띤 땅입니다.(그림15 참조) 만일 붉은 점이 없다면(달이 땅에다 그렇게 강한 활기를 불어넣지 않았으면) 여기에서(첫 번째 지면) 식물이 생겨나 열매를 맺을 때까지 정상적으로 자랐을 것입니다. 달이 땅에다 생명 기운을 알맞게 나누어 주면 이 생명 기운이 위로 작용해 씨앗이 성장하고 정상적으로 열매를 맺을 것입니다.

만일 달이 너무 강하게 작용한 결과 땅이 지나칠 정도로 활기를 띠게 되었다고 합시다. 그러면 달 기운이 아래에서 위로 지나치게 강하게 작용하기 때문에 열매를 맺을 때 일어나야 할 것이 그 전에 미리 일어나고 맙니다. 달 기운이 너무 강하게 작용하면 끝까지 올라가는데 충분히 작용하지 않고 오히려 그 아래에서 더욱 강하게 작용합니다. 그러면 열매를 맺을 때 충분한 기운을 내지 못하면서 씨앗은 어느 정도 죽어 가는 삶을 자신 속에 얻게 됩니다. 이런 죽어 가는 삶에 의하여 첫 번째 지면 위에 두 번째 땅바닥(두 번째 지면)이 생깁니다. 이 두 번째 땅바닥 위에서 (비록 땅이 아닐지라도) 땅 위에서 일어나는 작용과 똑같은 작용이 일어납니다. 그 위에 기생 생물과 곰팡이가 생깁니다. 갖가지 곰팡이가 생겨납니다. 이렇게 하여 흑수병이나 이와 비슷한 병이 생겨납니다. 지나치게 강한 달의 작용 때문에 땅에서 위로 작용해야 하는 것이 필요한 높이까지 올라가지 못하고 붙잡히는 결과가 일어납니다. 열매를 맺는 힘은 지나치게 강하지 않은 정상적인 달의 작용에 달려 있습니다. 식물의 병은 달 기운이 약하게 작용해서 생기는 것이 아닙니다. 오히려 달 기운이 너무 강하게 작용할 때 기생충이나 곰팡이가 생기는 것이 아주 특이합니다. 이런 현상을 직접 관찰하지 않고 이론만 가지고 찾으려 한다면 아마 이와는 반대 결과를 낼 수도 있을 것입니다. 그러나 그것은 잘못된 결과입니다. 실제 드러난 사실은 내가 방금 말한 대로입니다.

자, 이제 어떻게 해야 이 문제를 풀 수 있겠습니까? 지나치게 강하게 작용하는 달 기운의 영향에서 땅을 풀어 주는 것이 중요합니다. 달 기운을 제거하여 땅을 풀어 주는 것은 그렇게 어렵지 않습니다. 땅이 강한 달 기운을 받아들이지 않도록, 달 기운을 전달하는 물의 힘을 빼앗고 땅으로 하여금 땅의 성질을 더욱 많이 갖도록 해야 합니다. 땅속에 있는 물을 통해 오는 강한 달의 작용을 땅이 받아들이지 않도록 해야 합니다. 이 모든 것은 다음 방법으로 이룰 수 있습니다. 겉보기에는 모든 것이 있는 그대로입니다. 쇠뜨기(Equisetum arvense, 라틴어 학명)를 가지고 농도가 아주 진한 차를 달여 낸 다음 이 차를 다시 묽게 하여 (흑수병이나 이와 비슷한 병을 물리치려는) 논밭에 오줌 거름처럼 뿌리면 됩니다. 이때도 동종요법에서 쓰는 대로 매우 적은 양이면 됩니다.

여기에서 보면 따로 떨어진 삶의 영역들로 하여금 어떻게 서로 영향을 미치게 해야 하는가를 잘 볼 수 있습니다. 누군가 쇠뜨기가 인간의 신체 조직 안에서 (콩팥이 일으키는 과정을 돌아서) 어떤 특이한 영향을 미치는지를 파악할 수 있으면 이 방법의 옳고 그름도 제대로 판가름할 수 있습니다. 물론 이런 방법을 마음대로 만들어 낼 수는 없습니다. 그러나 쇠뜨기를 달여서 묽게 한 뒤(쇠뜨기 증폭제, 이하 쇠뜨기 증폭제) 오줌 거름처럼 뿌려 보면 내가 한 말이 사실인지 아닌지 곧 알게 될 것입니다.(아주 적게 뿌려도 멀리까지 작용합니다. 꼭 기계를 사용할 필요는 없을 것입니다) 그러면 바로 이 쇠뜨기가 아주 좋은 치료제가 된다는 것을 알 수 있을 것입니다. 사실 치료제라고 부를 수도 없습니다. 왜냐하면 식물은 병들 수가 없기 때문입니다. 이 방법은 진정한 치료는 아닙니다. 단지 앞서 말한 것에 반대 작용을 일으킬 뿐입니다. 이렇게 자연의 영역에서 일어나는 갖가지 작용을 들여다볼 수 있어야 식물의 성장에 영향을 미칠 수 있는 실마리를 찾을 수 있습니다. 동물의 성장에 관해서도 마찬가지입니다. 여기에 관해서는 나중에 다시 살펴볼 것입니다. 이렇게 자연에서 일어나는 여러 작용의 내부를 들여다보는 것이 진정한 학문입니다. 오늘날처럼 무턱대고 이것저것 실험해 보는 것을 가지고 진정한 학문이라고 말할 수 없습니다. 어떤 사실 하나만을 가지고 무엇무엇이 일어나는 것을 기록하는데 그치는 것은 진정한 학문이 아닙니다. 진정한 학문은 자연에 작용하고 있는 기운을 누를 수도, 더 북돋울 수도 있어야 합니다.

실제로 땅 위에 사는 식물이나 동물, 그리고 식물에 기생하는 해충에 이르기까지 생명 존재들은 그 자체만을 가지고는 바로 이해할 수 없습니다. 첫 시간에 나침반 바늘이 언제나 북쪽을 가리킬 때 나침반 바늘에서 그 원인을 찾으려 해서는 아무런 의미가 없다는 말을 했습니다. 이 말은 틀린 말이 아닙니다. 누구도 나침반 바늘 속에서 그 원

그림 16

인을 찾지 않습니다. 북극 남극에 자장 중심을 갖고 있는 지구 전체를 살펴봅니다.

식물에서도 마찬가지입니다. 오직 식물만을 살펴보아서는 안 됩니다. 동물이나 사람을 살펴볼 때도 마찬가지입니다. 왜냐하면 전 우주에서 모든 삶이 나왔기 때문입니다.

지구가 우리에게 넘겨 준 것만으로 삶이 시작된 것이 아닙니다. 자연도 커다란 테두리 안에 들어 있기 때문입니다. 먼 곳곳에서 기운이 다가와 작용하고 있습니다. 이렇게 작용하는 기운을 바로 알 수 있는 사람이 자연도 바로 알 수 있습니다. 그러나 오늘날 학문은 무엇을 하고 있습니까? 조그마한 접시 위에 미리 준비한 것을 놓고 현미경을 가지고 들여다봅니다. 영향을 미칠 수 있는 요소란 요소는 다 치워 버립니다. 전체 자연에 대한 바른 이해를 얻기 위해 해야 하는 것과는 정반대의 행동입니다. 자신을 방 안에 가두어 버리면 어느 누구라도 좋아하지 않습니다. 이 세상은 경이로 가득 차 있습니다. 이런 세상에 들어 있는 것을 따로 떼어 내어 시험관 속에 가두어 버리면 무엇을 더 볼 수 있겠습니까? 오직 현미경을 통해 들여다볼 수 있는 것밖에는 없습니다. 이제 사람들은 넓은 세상에서 점점 현미경 속으로 들어가 버렸습니다. 우리는 우주에 이르는 길을 다시 찾아야 합니다. 그때서야 비로소 자연에 대해서도 그리고 그 밖의 많은 사실에 대해서도 바로 이해할 수 있을 것입니다.

질의 응답 III
1924년 6월 14일

물에 생기는 잡초, 뿌리혹병, 포도에 생기는 곰팡이, 흑수병

천체의 위치

광물 비료

질 문: 선충에 대하여 쓴 방법을 다른 벌레에도 적용할 수 있습니까? 어떤 종류의 해충이라도 됩니까? 이런 방법을 넓은 범위에 사용하여 동물이나 식물을 별 생각 없이 없애 버려도 됩니까? 자칫 잘못하면 아주 어리석은 파괴 행위가 될 수도 있습니다. 인간이 온 세상까지 범위를 넓혀 파괴하지 않도록 어떤 한계를 그어야 한다고 생각합니다.

대 답: 이런 방법을 써도 되느냐 되지 않느냐 하는 문제는 여러 가지로 살펴볼 수 있습니다. 일단 일반적으로든 정신과학적으로든 윤리 문제에 초점을 맞추지 않고 다르게 살펴보겠습니다. 우리가 앞서 말했던 방법을 사용할 수 없어서 이런 문제가 일어나도 손을 대지 못하고 가만히 있었다고 칩시다. 그러면 내가 지금까지 거듭 암시한 일이 일어날 것입니다. 문명 사회의 영역 안에서 농업은 점점 더 그 상태가 나빠질 것이고, 굶주림이나 억제할 수 없는 물가 상승이 어느 한 지역에 국한되어 일어나는 것이 아니라 인류 사회 전체에 걸쳐 일어날 것입니다. 그것도 그리 머지않은 날에 일어날 것입니다. 따라서 사실 우리는 다른 선택을 할 여유가 없습니다. 지구 위에 일어난 문명을 말살시키느냐 아니면 땅을 다시 기름지게 만들어 건강한 농작물을 거두어들일 수 있도록 방법을 찾고 그것을 위하여 노력하느냐, 둘 중에 하나입니다. 사태의 시급함으로 보아서는 이런 방법을 써도 되느냐 되지 않느냐로 토론할 여유가 사실은 없습니다. 그러나 다른 관점에서 보면 얼마든지

할 수 있는 질문입니다. 왜냐하면 이런 방법이 잘못 이용되지 않도록 어떤 종류의 방지책을 정하는 것도 실제로 중요하기 때문입니다. 모든 사람이 이 방법을 알게 되면 분명 잘못 이용될 수도 있습니다. 그렇지 않습니까? 다음 사실을 여러분에게 간단하게나마 알려야겠습니다. 옛날 지구 위에 이런 숨은 사실에 대하여 알고 또 아주 넓은 영역에까지 이러한 방법을 사용한 문명 시대가 있었습니다. 그때는 이런 일이 믿을 수 있는 사람들의 테두리 안에서 잘 지켜질 수 있었기 때문에 잘못 이용되지 않았습니다. 그러다가 아틀란티스 문명 후기 어느 때에 와서 이런 일이 크게 잘못 이용되었습니다. 그 당시 이런 일 속에 들어 있던 기운은 일반 사람들에게까지 영향을 미칠 수 있었기 때문에 이런 일을 잘못 이용한 결과는 엄청나게 컸습니다. 마침내 커다란 천재지변까지 불러일으켰습니다 .

　　일반적으로는 오직 다음과 같이 말할 수 있습니다. 이런 일에 관한 지식을 바깥에 알리지 않고 좁은 테두리 안에 두려는 마음은 충분히 이해할 수 있습니다. 그러나 오늘날 이것은 거의 불가능합니다. 오늘날 이런 지식은 좁은 테두리 안에 남아 있지 않습니다. 좁은 테두리 자체에서 벌써 이런 지식이 어떻게든 바깥으로 나가게 하려고 애를 씁니다. 인쇄술이 아직 알려져 있지 않았을 때만 하더라도 이런 문제는 그렇게 어려운 문제가 아니었습니다. 사람들 대부분이 글자를 몰랐을 때는 더욱 쉬운 일이었습니다. 그러나 오늘날은 아무리 작은 범위에서 하는 강연에도 어디에서 속기사를 데려올까 하는 문제가 일어납니다. 나는 속기사를 결코 달가워하지 않습니다. 어쩔 수 없어서 그대로 두는 형편에 있습니다. 속기사가 없는 편이 훨씬 편안합니다. 물론 속기를 두고 하는 말이지 속기하는 사람 개인을 두고 하는 말은 아닙니다.

그러나 여러분! 다른 면을 더 살펴보아야 하지 않겠습니까? 삶 전체에 걸쳐 윤리 도덕을 개선하는 것이 더 급하지 않겠습니까? 인간의 삶에 놓여 있는 윤리 도덕을 개선하는 것이 바로 이러한 어리석은 행동에 대한 좋은 치료제가 될 것입니다. 물론 현재 일어나는 어떤 일을 보면 어느 정도 비관론자가 되지 않을 수 없을 것입니다. 따라서 윤리 도덕을 개선해야 한다는 생각이 오직 생각에 그쳐서는 안 될 것입니다. 실천에 옮길 수 있는 꿋꿋한 의지가 언제나 생각 안에 함께 들어 있어야 합니다. 윤리의 개선을 위해 조그마한 일이라도 실천에 옮겨야 합니다. 이런 일도 인지학에서 출발할 수 있을 것입니다. '농민 연합 기구' 같은 단체를 만들어 다른 사람에게 해를 끼치는 행동을 미리 막는 역할을 맡게 하는 것도 좋을 것입니다. 여기에 반대하지 않습니다.

자연에서도 보면 그렇습니다. 한쪽에서는 좋은 것도 다른 쪽에서는 해를 끼칠 수가 있습니다. 한번 생각해 보십시오. 만일에 땅속에서 달 기운이 작용하지 않았다면 땅 위에서 병충해를 입지도 않을 것입니다. 그래도 달 기운은 있어야 합니다. 영향을 미쳐야 합니다. 어떤 영역에서는 절대 없어서는 안 되는 것일지라도 다른 영역에서는 또 해가 될 수도 있습니다. 어떤 수준에서는 도덕에 맞는 행동도 다른 수준에서는 완전히 맞지 않을 수도 있습니다. 지구 영역 안에 있는 아리만(사탄) 기운은 오직 지구 영역 안에서만 해를 끼칩니다. 지구 영역보다 높은 영역에서는 오히려 좋은 작용을 합니다. 선충에 대하여 쓴 방법은 다른 벌레에도 충분히 적용할 수 있습니다. 복수Ventral nerve cord를 가지고 있는 모든 하등 동물에게 적용할 수 있습니다. 척수Spinal cord를 가지고 있는 동물은 껍질을 벗겨서 불태워야 하고 복수를 가지고 있는 벌레는 몸 전체를 불태워야 합니다.

질 문: 캐모마일은 야생을 사용합니까?

대 답: 꽃잎이 이렇게 아래쪽을 보는 캐모마일입니다.(그림17 참조) 꽃잎이 위를 보지 않고 아래를 봅니다. 길가에 흔히 자라는 저먼 캐모마일(Chamomilla offcinalis, 라틴어 학명)입니다.

노랑

하양

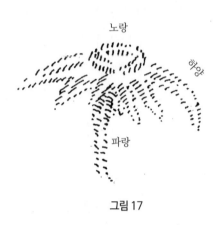

파랑

그림 17

질 문: 쐐기풀도 꽃잎을 가져다 씁니까?

대 답: 쐐기풀은 잎을 같이 써도 됩니다. 꽃이 필 때 뿌리를 뺀 나머지를 모두 사용할 수 있습니다.

질 문: 들판에 보이는 개캐모마일을 써도 됩니까?

대 답: 개캐모마일(우리가 바로 이곳 여기저기에서 볼 수 있는)이 재배 캐모마일보다 훨씬 원 캐모마일에 가깝습니다. 써도 됩니다. 그러나 꽃밭에서 인공으로 키우는 캐모마일은 쓸 수 없습니다. 캐모마일 차를 달일 때 쓰는 캐모마일도 원 캐모마일에 가까운 종류입니다. 충분히 쓸 수 있습니다.

질 문: 우리가 여기 철길가에서 볼 수 있는 캐모마일이 바로 그 캐모마일입니까?

대 답: 예, 맞습니다.

질 문: 잡초를 없애는데 쓰는 방법을 물에 생기는 잡초에 적용해도 됩니까? 예를 들어 물페스트 같은 것 말입니다.

대 답: 늪에서 생기는 것이나 바깥에 있는 것이나 물잡초에도 모두 적용할 수 있습니다. 준비한 가루를 물가나 늪가에 뿌려야 합니다.

질 문: 땅속에 있는 기생충, 예를 들어 뿌리혹병을 일으키는 해충에도 땅 위에 있는 기생충에 썼던 방법과 같은 방법을 씁니까?

대 답: 예, 그렇습니다.

질 문: 식물의 병에 쓰는 알려 주신 방법을 포도에 써도 됩니까?

대 답: 거기까지는 아직 실험을 해 보지 못했습니다. 나도 아직까지 못했고 정신과학에서도 별도로 실험해 본 것이 없습니다. 그럼에도 알려 준 대로 그 과정을 잘 지켜서 포도에 적용하면 포도를 병에서 지켜 줄 수 있을 것이라고 확신합니다.

질 문: 낙엽병은 어떻게 하면 좋습니까?

대 답: 흑수병에 쓰는 방법으로 물리칠 수 있습니다.

질 문: 인지학자로서 포도 재배를 다시 시작해도 됩니까?

대 답: 자, 보십시오 인지학은 많은 분야에서 오직 현재 이루어져 있는 상태에서 출발하는 수밖에 없습니다. 여러 방면에서 앞으로 어떻게 되어야 하는가라는 문제를 답하기란 아직은 매우 어렵습니다. 친하게 지내는 한 인지학자는 포도 농사를 크게 짓는데 해마다 농사로 얻는 수입 가운데 상당 부분을 그림엽서를 구해서 전 세계로 보내며 금주 운동을 위해 애를 씁니다. 이와는 달리 절대 금주주의자이며 살아 있는 동안 줄곧 인지학에 관심을 보이기까지 한 한 친구는 전차에서 볼 수 있는 〈슈테른 베르그 카비넷〉이란 샴페인 광고문을 만든 사람

가운데 한 사람이었습니다. 이런 것을 보아도 실생활에서 일어나는 문제가 그렇게 간단하게 해결될 수 없다는 것을 알 수 있습니다. 오늘날 모든 것을 다 실천에 옮길 수는 없습니다. 따라서 이렇게 말하고 싶습니다. 암소에게서 뿔을 가져와 땅에 묻는 것은 좋지만 황소에게서 뿔을 가져와 모든 것에 맞서 싸우기 위해 우리 머리 위에 붙인다면 경우에 따라서는 인지학이 발전해 나가는데 커다란 해를 끼칠 수도 있습니다.

질문: 수사슴 방광을 다른 것으로 바꿀 수도 있습니까 ?

대답: 예, 수사슴 방광을 얻기가 어려울 수도 있습니다. 그러나 이 세상에 어렵지 않은 것이 어디 있습니까? 물론 다른 짐승의 방광으로 실험을 해 볼 수도 있습니다. 그러나 지금 당장 말할 수는 없습니다. 오스트리아의 제한된 구역 안에 사는 어떤 동물의 방광으로 바꿀 수는 있습니다. 가능합니다. 그러나 유럽 안에 사는 동물 가운데 수사슴을 대신할 수 있는 동물이 있을 것 같지는 않습니다. 동물의 방광이 아닌 것은 전혀 생각할 수 없습니다. 어떤 대용물을 바로 사용하라고 권하고 싶지는 않습니다.

질문: 해충을 물리칠 때 꼭 알려 준 별자리이어야 합니까?

대답: 실험을 해 보아야 합니다. 물병자리에서 게자리에 이르는 모든 자리를 말합니다. 별자리가 바뀌면 하등 동물에게는 분명 미치는 영향이 있을 것입니다. 실험을 해 보아야 합니다.

질문: 들쥐를 물리칠 때 살펴보아야 하는 금성은 천문학에서 말하는 금성입니까?

대답: 예, 우리가 샛별이라고 부르는 별입니다.

질문: 금성이 전갈자리에 있을 때라는 것은 무엇을 말합니까?

대답: 금성이 있는 하늘 뒤편이 전갈자리라는 말입니다. 태양이 넘

어간 뒤입니다.

질 문: 감자 줄기를 태우면 감자가 크는데 어떤 영향을 미칩니까?

대 답: 영향은 아주 적습니다. 사실 별로 중요하지 않습니다. 물론 어떤 영향은 있습니다. 어떤 생명체 가운데 남아 있는 것을 가지고 무엇인가를 하면 몇몇 식물뿐만 아니라 전 들판에 이르기까지 영향은 늘 미칩니다. 그러나 아주 적습니다. 실제로는 문제가 되지 않습니다.

질 문: 소의 장막은 어떻게 이해를 해야 합니까?

대 답: 복막을 의미합니다. 복막은 장막으로 분류됩니다.

질 문: 내장과 같은 것입니까?

대 답: 같지 않습니다. 복막입니다.

질 문: 재를 어떻게 들판에 뿌립니까?

대 답: 여러분이 실제 음식에 후춧가루를 뿌리듯이 뿌리면 됩니다. 우리가 준비한 재는 작용 범위가 넓기 때문에 들판을 걸어가면서 조금씩 뿌려도 충분합니다.

질 문: 증폭제는 과일나무에도 똑같이 작용합니까?

대 답: 보통은 지금까지 말한 모든 것을 과일나무에도 적용할 수 있습니다. 그 밖에 더 주의를 기울여야 할 점은 내일 설명하겠습니다.

질 문: 감자나 고구마 따위에 흔히 외양간에서 나온 똥을 거름으로 줍니다. 소똥 증폭제가 들어 있는 거름을 쌀, 보리 같은 곡물에 주어도 됩니까? 아니면 따로 다른 처리를 해야 합니까?

대 답: 지금까지 해 오고 있는 것은 한동안은 그대로 해도 됩니다. 내가 알려 준 것은 현재 있는 것 위에 덧붙여 주는 것이라고 이해하는 것이 중요합니다. 전해 내려오는 모든 것을 다 나쁘다고 판정을 내리고 모든 것을 한꺼번에 다 개혁하려고 할 필요는 없습니다. 지금까지 가치

를 인정받아 온 일은 그대로 해 나가는 것이 좋다고 생각합니다. 지금까지 설명한 내용을 거기에 더 보태면 됩니다. 그러나 한 가지는 주의를 주고 싶습니다. 만일 양 똥이나 돼지 똥을 거름으로 지나치게 많이 쓰면 우리가 만든 증폭제의 작용에 큰 변화를 줄 것입니다. 지나치게 많이 쓰지 않은 것에 비하여 그 효과가 훨씬 떨어질 것입니다.

질문: 무기 화학 비료를 쓰면 어떻게 됩니까?

대답: 무기 화학 비료는 앞으로 그만 써야 한다는 결론을 내릴 것입니다. 왜냐하면 모든 무기 화학 비료는 어느 정도 시간이 지나면 농작물의 영양가를 오히려 떨어뜨리기 때문입니다. 이것은 어쩔 수 없는 일반 법칙입니다. 내가 말해 준 것을 실행하면 3년에 한 번 이상은 무기 화학 비료가 필요하지 않을 것입니다. 아마 4~6년 사이에 한 번 정도 필요할지 모릅니다. 그러다가 완전히 필요가 없어질 것입니다. 또한 내가 알려 준 방법을 쓰면 무기 화학 비료를 쓰는 것보다 비용도 적게 든다는 것을 알게 될 것입니다. 그러면 더욱더 이 무기 화학 비료를 쓰지 않게 될 것입니다. 인공으로 만든 화학 비료는 더 이상 필요하지 않아야 합니다. 사라져야 합니다. 사람들은 오늘날 모든 것을 지나치게 짧은 시간 안에 판정을 내립니다. 얼마 전 양봉에 관한 토의를 하는 자리에서 오늘날의 사고방식에 물든 한 양봉가가 여왕벌을 한 사람 한 사람이 키우지 말고 한 곳에서 대량 생산해서 팔자는 주장을 아주 강하게 했습니다. 나는 그때 이렇게 말했습니다. 여러분이 얼마든지 그렇게 할 수는 있습니다. 그렇게 해도 삼사 년 안에는 아무 일도 일어나지 않을지 모릅니다. 그러나 사오십 년 동안 여왕벌을 대량 생산해서 판다면 결국에는 양봉 자체가 아예 몰락하고 말 것입니다. 이런 일을 잘 살펴보아야 합니다. 요즈음은 모든 방면에서 기계를 사용하고 인공으

로 광물질을 만들어 냅니다. 그러나 광물질은 오직 자연이 스스로 이루어 내도록 두어야 합니다. 자연과는 동떨어지고 생명이라고는 전혀 없는 광물질을 살아 있는 땅에 넣어서는 안 됩니다. 물론 이것이 내일 당장은 가능하지 않을지라도 내일이 지나 모레가 되면 분명 저절로 가능해질 것입니다.

질 문: 벌레를 어떻게 잡아야 합니까? 애벌레를 써도 됩니까?

대 답: 애벌레나 날개 달린 것이나 다 쓸 수 있습니다. 다만 별자리에 약간 변경이 있을 것입니다. 애벌레를 쓰면 물병자리에서 게자리 쪽으로 약간 옮겨지고, 다 자란 벌레를 쓸 때는 조금 더 물병자리 쪽에 가까이 있을 때입니다.

일곱 번째 강의
1924년 6월 15일

은밀한 자연의 상호 작용

논, 밭, 과수 농사와 가축 사육 사이의 관계

자, 이제 남아 있는 시간 동안에는 지금까지 살펴본 사실에 가축 사육, 과수 재배, 채소 재배에 관한 몇 가지를 덧붙여 말하겠습니다. 물론 우리에게 남아 있는 시간은 그렇게 넉넉하지 않습니다. 그러나 농사를 지을 때 이 분야와 관계를 맺고 있는 것도 바로 이해할 수 있어야 여러 방면에서 올바른 결실을 맺을 수 있습니다. 오늘은 이 분야에 놓여 있는 여러 가지 내적 사정을 먼저 살펴보고 내일 다시 실제 적용 문제로 넘어가겠습니다.

　오늘 다룰 문제는 여러분이 평소에 별로 관심을 기울이지 않는 내용일 것입니다. 그래도 마음을 모아서 같이 한번 살펴봅시다. 옛날 아직 본능으로 농사를 지었을 때는 이런 일에 대한 인식은 아주 흔한 일이었지만 요즘은 전혀 모르는 나라에서 일어나는 일이 되어 버렸습니다.

　사람들은 자주 자연에서 볼 수 있는 존재들 곧 광물, 식물, 동물 들이 따로 따로 떨어져 존재하는 것으로 여깁니다. 사람은 여기에서 우선 제외합니다. 이뿐만 아니라 어떤 식물을 살펴볼 때도 그 식물을 주변의 자연에서 따로 떼어 내어 살펴보는데 익숙해져 있습니다. 그리고 다시 여기서 출발하여 한 식물 종류만 따로 떼어서 살펴보고 다른 식물 종류도 이런 식으로 따로 갈라놓고 살펴봅니다. 이런 식으로 모든 식물을 어느 과科에 속하는 어느 종으로 갈라 놓고 예쁘게 상자 안에 담아서 우리가 식물에 관하여 알아야 할 사항으로 정해 놓습니다. 그러나 자연은 그렇게 따로 떨어져 존재하지 않습니다. 자연은, 아니 자연뿐만 아니라 세상의 모든 존재는 서로 영향을 주고 받습니다. 한 존재는 언제나 다른 존재에게 영향을 미칩니다. 오늘날과 같은 물질주의 시대에 사람들은 오직 한 존재가 다른 존재에게 먹혀서 소화되고 그 나머지가 나중에 거름이 되어 들판에 뿌려지는 것과 같은 단순한 작용만을 뒤쫓습니다. 오직 이러한 거칠고 단순한 상호 작용 하나만을 뒤쫓습니다.

이러한 거친 물질로 이루어지는 상호 작용 외에도 아주 미세한 기운, 미세한 성분, 온기, 대기 가운데 끊임없이 작용하는 화학-에테르, 생명-에테르가 끊임없이 서로 영향을 주고 받습니다. 이러한 미세한 기운들이 엮어 내는 상호 작용을 함께 살펴보지 않고는 농사를 지을 때, 때에 따라서는 더 이상 앞으로 나아갈 수가 없습니다. 그러므로 농사에 딸려 있는 동물이나 식물이 서로 어떠한 관계를 맺고 있는가를 알려면 이러한 자연의 내면에 놓여 있는 은밀한 상호 작용을 잘 들여다보아야 합니다. 그리고 우리에게 바로 가까이 있는 소, 말, 양과 같은 동물만 살펴볼 것이 아니라, 예를 들어 한 해 동안 어느 특정한 시기에 식물 세계 주변을 날아다니는 갖가지 곤충들도 살펴보아서 그런 곤충에 대한 바른 이해도 갖추도록 하여야 할 것입니다. 이뿐만 아니라 새들에 대한 바른 이해도 갖추어야 할 것입니다. 오늘날 인류는 현대의 생활 방식으로 말미암아 어떤 지방에서 어떤 새들이 사라지는 것이 농사나 산림에 어떤 영향을 주는지 제대로 알 수 없습니다. 이러한 사정도 정신과학을 통하여, 다르게 말하면 전 우주의 관찰을 통해서 밝게 비추어 주어야 합니다.

자, 이제 여러분이 지금까지 들었던 것을 잘 돌이켜보면 앞으로 언급할 사항에 대해서도 바로 이해할 수 있을 것입니다.

여러분이 배나무나 사과나무, 또는 복숭아나무 같은 과일나무는 채소나 곡식 같은 식물에 비하여 겉보기부터 벌써 아주 다른 것을 알 수 있습니다. 그러나 나무라는 것이 어떻게 다른지 좀 더 정확하게 알아야 합니다. 그렇지 않으면 자연의 살림살이에서 과일나무가 차지하는 역할을 결코 이해할 수 없습니다. 여기서 과일이란 것은 물론 나무 위에 열리는 열매를 말합니다.

자, 이제 나무를 한번 자세히 살펴봅시다. 나무는 전체 자연의 살림살이 안에서 실제로 무엇입니까? 나무를 자세히 살펴보면 나무에서 실제 식물에 들어가는 것은 푸른 잎이 달려 있고, 꽃이 피고, 열매가 열리는 가느다란 나뭇가지라는 것을 알 수 있습니다. 잎이나 꽃이나 열매는 채소 같은 식물이 땅에서 자라나듯이 나무에서 자라 나옵니다. 나무는 실제로 가지에서 자라는 것에게는 바로 땅 구실을 합니다. 나무는 바로 언덕같이 위로 치솟은 땅입니다. 다만 채소나 곡식이 자라는 땅보다 생명 기운이 조금 더 왕성한 땅입니다.

나무를 바로 이해하려면 두터운 나무둥치뿐 아니라 굵고 가는 가지도 나무에 포함시켜야 합니다. 바로 여기에서 실제 식물이 나와서 잎을 내고 꽃을 피웁니다. 나무에 있는 식물은 채소나 곡식이 땅에 뿌리를 내리고 있듯이 나무 둥치나 가지에 뿌리를 내리고 있는 식물입니다. 그러면 곧바로 이러한 의문이 일어납니다. 나무에 완전히, 또는 일부분만 기생하는(우리가 기생식물이라고 부르는) 식물도 마찬가지로 실제 나무에다 뿌리를 내리고 있는가?

실제 기생식물의 뿌리를 나무 위에서 찾아볼 수 없습니다. 나무 위에서 잎을 내고, 꽃을 피우고, 또 가지를 만드는 이러한 기생식물은 나무 위에 올라앉음으로 인해 뿌리를 잃어버렸다고 보아야 바르게 이해하는 것입니다. 그러나 식물이 뿌리가 없으면 온전한 식물이 아닙니다. 식물은 뿌리가 있기 마련입니다. 그러면 이 식물의 뿌리는 어디에 있느냐고 묻지 않을 수 없습니다.

여러분, 이 식물의 뿌리는 겉보기에 단순히 드러나 있지 않을 뿐입니다. 이런 경우에는 뿌리를 겉에서 보려고만 하지 말고 뿌리라는 것이 무엇인지 이해할 수 있어야 합니다. 뿌리를 이해한다는 것은 무엇을 뜻합니까? 예를 한 가지 들어 여러분이 좀 더 쉽게 이해할 수 있게 해 보겠습니다. 한번 상상해 보십시오! 내가 어떤 식물을 바로 나란히 심었습니다. 따라서 그 식물들의 뿌리가 자라 서로 엉켜서 어떤 뿌리죽 같은 것이 만들어졌습니다. 이 뿌리죽이 마구 엉키지 않고 어떤 규칙이 생겨나 뿌리를 통하는 즙이 땅 밑에서 서로 안으로 흘러들어 간다고 상상해 보십시오. 이렇게 어떤 질서가 이루어져 있는 뿌리죽에서는 어디가 시작이고 어디가 끝인가를 가려낼 수 없습니다. 그러면 나란히 심은 식물 전체에 공동의 뿌리가 생긴 것으로도 볼 수 있습니다.

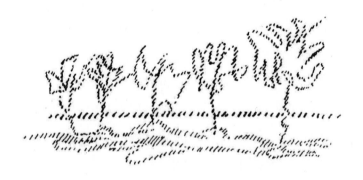

그림 18

위에 든 예가 실제로 일어나야 할 필요는 없습니다. 오직 여러분의 이해를 돕기 위한 것입니다. 다시 한번 그림으로 나타내 보겠습니다. 자, 여기가 땅바닥입니다.(그림18 참조)

여러 가지 식물을 여기에 모두 심었습니다. 이제 땅 밑에서 뿌리가 생기고 자라 서로 모두 엉킵니다. 이제 전 뿌리층이 한 면 같은 것을 이루었습니다. 어디가 시작이고 어디가 끝인지 알 수 없습니다. 자, 여기 가상으로 그린 것이 실제 나무 안에 들어 있습니다. 나무 위에 붙어사는 식물은 자신의 뿌리를 잃어버렸습니다. 아니, 오히려 자신의 뿌리에서 어느 정도 자신을 떼어 놓았다고도 볼 수 있습니다. 이 식물은 자신의 뿌리와 오직 에테르로만 맺어져 있습니다. 내가 여기 가상으로 그린 것이 나무 안에 있는 생장층입니다. 따라서 이 기생식물은 자신의 뿌리를 생장층으로 바꾸었다고밖에 볼 수 없습니다. 생장층은 뿌리같이 보이지는 않습니다. 그러나 여기에서 언제나 새로운 세포를 만들고 여기에서 새롭게 성장이 펼쳐집니다. 마치 땅 밑에 있는 뿌리에서 식물이 생겨나는 것과 같습니다. 나무를 자세히 살펴보면 바로 여기에서 식물 세포가 생긴다는 것을 알 수 있습니다. 다른 부분에서는 새로운 세포를 만들 수 없습니다. 나무는 실제로 땅이 위로 솟구쳐 올라 공기 속으로 자라난 것입니다. 이런 까닭으로 나무는 밑에서 뿌리를 지니고 있는 땅보다 훨씬 더 생명을 안으로 모아야 할 필요가 있습니다. 자, 이제 나무를 더 잘 이해할 수 있을 것입니다. 나무는 아주 특이한 존재입니다. 나무는 나무 위에서 자라는 식물, 곧 가지와 꽃과 열매를 뿌리와 따로 떨어지게 했다가 나중에 오직 정신을 통해서 또는 에테르를 통해서 다시 이어 줍니다.

이렇게 식물의 성장 속에 들어 있는 우주 요소를 들여다보고 이해하는 것이 꼭 필요합니다. 조금 더 들어가 봅시다. 나무가 생기면 어떤 일이 일어납니까? 다음과 같은 일이 일어납니다. 나무 위 공기와 바깥 온기 속에 자라는 식물은 바로 땅 위 공기와 온기 속에서 자라는 식물과는 다른 식물입니다. 나무 위에서 자라는 식물 세계는 주변 공기와 온기 속에 나와 있는 아스트랄과 훨씬 더 가까운 내면적 관계를 맺고 있습니다. 이 아스트랄은 사람과 동물이 쓸 수 있도록 공기와 온기로 하여금 광물 성질을 띠게 합니다. 바로 땅 위에서 자라는 식물을 보면 여기에는 아스트랄이 내가 이미 말한 대로 식물 주위에서 구름처럼 멀리 떠 있는 것을 알 수 있습니다. 그러나 나무 위에는 훨씬 가깝게 다가와 있습니다. 나무 위에는 아스트랄이 함께 모여 있는 것으로 여길 수 있을 만큼 가까이 다가와 있습니다. 우리 주변에 있는 나무는 바로 아스트랄을 모으는 존재입니다.

바로 이 영역에서 사실은 가장 쉽게 높은 정신의 발달을 이룰 수 있다고 말하고 싶습니다. 정신의 발달을 위해 노력하는 사람은 이 영역에서 아주 쉽게 은밀한 정신세계에 다가설 수 있습니다. 영적인 눈까지 바로 얻을 수는 없습니다. 그러나 여러 가지 냄새, 곧 바로 땅 위에서 자라는 식물에게서 나는 냄새, 과일나무에게서 나는 냄새, 특히 과일나무가 꽃을 피울 때 나는 냄새, 숲에서 나는 냄새에 이르기까지 여러 냄새에 대한 감각을 예민하게 기를 수 있다면 냄새를 통하여 사물에 있는 영성을 아주 쉽게 알 수 있습니다. 그러면 땅 위에서 바로 자라는 식물에서 퍼져 나오는 (아스트랄이 적게 들어 있는) 식물의 분위기와 나무 꼭대기에서 기분 좋게 퍼져 나오는 (아스트랄이 많이 들어 있는) 식물의 분위기를 냄새로 가려낼 수 있을 것입니다. 나무 냄새와 초본草本 식물의 냄새를 하나하나 가려서 그 특징을 개별화시키면 초본 식물에서는 옅은 아스트랄을 맡을 것이고 나무에서는 짙은 아스트랄을 맡을 수 있을 것입니다. 이처럼 농부들은 정신세계를 냄새 맡는 코를 가질 수 있습니다. 오늘날에는 이런 일을 옛날처럼(본능으로 이미 영적인 눈이 열려 있던 때처럼) 이용하지는 않습니다. 그러나 시골 사람들은 이렇게(내가 이미 말했듯이) 냄새로 정신세계에 다다를 수 있습니다.

앞서 살펴본 것을 더 발전시키려면 이제 다음과 같은 질문을 던져야 합니다. 그러면 나무에 붙어 자라며 나무 주변에 아스트랄을 불러 모으는 식물과는 반대편에 서 있는 생장층을 통해서는 어떤 일이 일어나는가? 생장층은 무엇을 하는가?

보십시오 여러분! 나무는 (자신 안에) 자신에게서 먼 둘레까지 정신적 분위기를 아스트랄이 가득 차도록 만듭니다. 나무 위에서 잎을 내는 식물이 자라면 어떤 일이 일어납니까? 그러면 나무는 어느 특정한 내면적 활력, 에테르, 어떤 강한 생명을 자신 안에 갖습니다. 이때 생장층은 이러한 생명을 어느 정도 가라앉혀 광물과 비슷해지도록 합니다. 나무 위 둘레에 풍부한 아스트랄이 생기는 동안 생장층은 나무 안에 있는 에테르를 처음보다 약하게 만듭니다.

그러면 나무 안은 나무 위에 있는 식물에 비해 약한 에테르를 갖게 됩니다. 여기에 약한 에테르가 생기게 됩니다.(그림19 참조) 그 결과 생장층을 통하여 나무 안에 생긴 약한 에테르는 다시 뿌리에 영향을 미칩니다. 그러면 나무에 붙어 있는 뿌리는 초본 식물에 붙어 있는 뿌리보다 훨씬 더 광물성을 띱니다.

이렇게 광물성을 띠게 되면서 뿌리는 이제 생명 기운이 들어 있는 땅에서 그 에테르를 빼앗아 옵니다. 따라서 나무의 뿌리는 초본 식물의 뿌리보다 주변 땅을 조금 더 죽입니다. 이러한 사실을 잘 눈여겨 두어야 합니다. 자연에서 이루어지는 일은 비록 작은 것일지라도 전체 자연의 살림 안에서 중요한 뜻을 가지고 있고 은밀하게 계속 영향을 줍니다. 그러므로 나무 둘레에 생기는 풍부한 아스트랄과 나무 뿌리 주변에 생기는 약한 에테르가 자연의 살림 안에서 어떻게 은밀하게 영향을 주고받는지 살펴보아야 합니다.

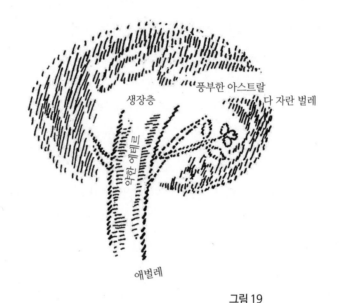

그림 19

우리가 자연을 잘 둘러보면 무슨 일이 계속 일어나는지 찾아낼 수 있을 것입니다. 나무를 통해 생긴 풍부한 아스트랄로 말미암아 다 자란 벌레가 활발하게 살 수 있습니다. 내가 어제 인간의 카르마에 대하여 설명할 때 정신은 언제나 전체에 작용한다고 했습니다. 이처럼 나무 때문에 에테르가 약해진 땅속은 그 영향을 애벌레에게도 미칩니다. 땅 위에 나무가 없었더라면 땅 위에 벌레도 없었을 것입니다. 나무가 벌레들이 살 수 있도록 준비해 주기 때문입니다. 숲이 있기 때문에 나무 위로 많은 벌레가 날아다니며 살 수 있고 또 숲이 있기 때문에 애벌레들도 살 수 있는 것입니다.

자, 이제 모든 뿌리 존재와 땅속 동물 세계 사이에 놓여 있는 은밀한 관계를 한 가지 더 말하겠습니다. 내가 앞서 설명한 것은 나무를 잘 살펴보면 알 수 있을 것입니다. 그러나 이제 다시 중요한 것은 다음과 같습니다. 나무에 뚜렷하게 나타나는 이러한 성질이 식물 세계 전체에도 나타난다는 것입니다. 따라서 모든 식물은 나무가 되려 한다는 것입니다. 사실 모든 식물의 뿌리는 주변에서 에테르를 가져오려 하고 잎이 자라는 위쪽으로는 아스트랄을 끌어들이려 합니다. 모든 식물 안에는 사실 나무가 되려고 하는 성질이 들어 있습니다. 이런 까닭으로 모든 식물도 나무처럼 벌레와 가까운 관계를 맺을 수 있습니다. 그리고 이렇게 벌레와 맺기 시작한 가까운 관계는 또 동물 전체로 넓혀집니다.

애벌레는 처음에 나무 뿌리가 있는 곳에서만 살 수 있었습니다. 그러다가 여기서 원래 애벌레와 비슷한 동물이 생겨났습니다. 이 동물은 어떤 식의 애벌레 상태로 한동안 살다가 어느 정도 나무 뿌리의 영향권에서 벗어나 초본 식물 뿌리에도 살 수 있게 발달했습니다. 자, 이제 나무 뿌리에서 살던 애벌레와는 아주 다른 동물이 나왔습니다. 땅속에 사는 이 동물은 땅속에 있는 에테르-생명 기운을 조절할 수 있는 능력을 갖추게 되었습니다. 땅속이 지나치게 생명으로 넘치면 이 동물이 넘치는 활기를 땅 밖으로 나가도록 이끕니다. 따라서 이 동물은 땅속에 있는 활기를 조절하는 놀라운 역할을 맡고 있습니다. 이 존재는 땅에게는 이루 말할 수 없이 귀중한 존재입니다. 이 존재는 바로 지렁이입니다. 지렁이는 금같이 값진 동물입니다. 땅으로 하여금 식물의 성장에 필요한 만큼만 에테르를 갖게 하는 이 지렁이가 땅속에서 어떻게 사는지 사실 깊은 연구를 해야 합니다.

자, 이렇게 땅 밑에는 애벌레를 떠올리게 하는 지렁이와 지렁이 비슷한 동물들이 있습니다. 어떤 땅은 실제로 그 땅에 알맞은 지렁이를 기르는데 힘을 기울여야 하는 곳도 있습니다. 그러면 이렇게 땅속 동물들을 조절하여 식물뿐 아니라 나아가서는 동물 세계에 이르기까지 아주 좋은 영향을 미칠 수 있다는 것을 알 것입니다.

자, 여기 다 자라서 날아다니는 벌레와 조금 닮은 동물이 또 있습니다. 바로 새들입니다. 사람들에게 잘 알려져 있듯이 지구가 발달해 나가는 가운데 벌레들과 새들 사이에 놀랄 만한 일이 일어났습니다. 어떤 일이 일어났는지 비유를 통해서 말하겠습니다. 하루는 벌레들이 새들에게 이렇게 말했습니다. "나무 둘레 여기저기에서 뿜어 나오는 아스트랄을 제대로 처리하기에 우리는 충분히 강하지 않다. 그러니 너희들에게 나무 둘레에 있는 아스트랄을 맡긴다. 우리는 식물이 나무가 되려는 것을 이용하여 이런 식물 둘레를 날아다닐 것이다." 이렇게 하여 자연 안에서 새와 나비 사이에 분업이 이루어졌습니다. 그 뒤 이 둘이서 함께 아주 훌륭하게 땅 위의 공기 가운데 아스트랄이 필요한 곳곳에 아스트랄을 퍼뜨렸습니다. 이런 날짐승들을 쫓아 버리면 아스트랄도 실제 작업을 잘 할 수 없고 식물도 제대로 자랄 수 없습니다. 날짐승과 땅 위의 공기 속에서 자라는 것은 함께 있어야 합니다. 어느 쪽이든 한쪽이 없는 다른 쪽은 아예 생각할 수 없습니다. 이런 까닭으로 농사를 지을 때 벌레와 새도 잘 날아다닐 수 있도록 마음을 써야 할 것입니다. 나아가 농부들 스스로 곤충과 새를 어떻게 기르는지에 대해서도 잘 이해하고 있어야 할 것입니다. 왜냐하면 언제나 다시 힘주어 말하듯이 자연에 있는 모든 것은 서로 연결되어 있기 때문입니다.

방금 살펴본 사실은 우리가 자연을 바로 이해하는데 특히 중요한 사실입니다. 이런 까닭으로 이 사실을 한번 더 가까이 들여다봅시다. 방금 살펴본 바로는 공기 속에 아스트랄이 알맞게 퍼질 수 있게 작용하는 것은 새와 날아다니는 벌레입니다. 그리고 공기에 아스트랄이 가득 차는 것은 바로 숲이 있기 때문입니다. 숲은 마치 어떤 특정한 힘이 우리 몸 안에 있는 피를 올바르게 이끌 듯이 아스트랄을 올바르게 이끕니다. 숲은 아스트랄을 이끌어 숲에서 멀리 떨어진 곳까지도 영향을 미치게 합니다. 그러므로 숲이 없는 지역에서는 숲이 하는 일을 완전히 다른 것으로 바꾸어 넣을 수 있어야 합니다. 숲, 들판, 목초지가 번갈아 가며 있는 지역에서 자라는 식물은 숲이 없는 지역에서 자라는 식물에 비하여 훨씬 다른 법칙 아래 놓여 있습니다. 이런 사실을 잘 알아야 합니다.

지구 위에 있는 어느 지역에서는 사람이 힘을 들이지 않았는데도 처음부터 숲이 잘 이루어져 있는 것을 볼 수 있습니다. 어떤 점에서 보면 자연은 아직까지 사람보다 뛰어납니다. 그리고 자연스럽게 이루어진 숲이 옆 들판에서 자라고 있는 채소나 곡식에 좋은 영향을 미치는 것도 볼 수 있습니다. 그러므로 이런 지역에 있는 숲을 없애 버려서는 안 됩니다. 오히려 잘 보살펴야 합니다. 이뿐만 아니라 갖가지 기후 변화와 우주에서 오는 영향으로 조금씩 그 모습을 달리하는 지구를 보면 더욱이나 숲을 보살피는데 힘을 써야 할 것입니다.

어떤 때는 농작물이 잘 자라지 않을 때도 있습니다. 그때 온갖 실험을 오직 들판 위에서, 그리고 들판을 위해서만 하지 말고 오히려 들판 가까이 있는 숲의 면적을 조금 더 늘려 볼 수도 있습니다.

또 이와는 달리 농작물이 지나치게 웃자라서 열매를 제대로 맺지 못하면 숲의 면적을 조금 줄일 수도 있습니다. 숲이 이미 이루어져 있는 지역에서는 숲을 조절하는 것도 당연히 농사에 들어갑니다. 따라서 숲이 미치는 영향을 눈에 보이지 않는 정신 영역까지 넓혀서 살펴보아야 합니다.

그러면 이제 다시, 기어다니는 벌레나 애벌레는 땅에 있는 칼슘, 곧 광물 성질인 칼슘과 서로 영향을 주고받는 관계에 놓여 있고 날아다니는 벌레나 새들은 아스트랄과 서로 영향을 주고받는 관계에 있다고 말할 수 있습니다. 땅속에 있는 벌레나 애벌레는 광물 성분, 특히 석회 성질과 서로 영향을 주고받습니다. 이렇게 하여 에테르가 올바르게 이끌어집니다. 이 점에 관해서는 우리가 며칠 전에 다른 관점에서 살펴보았습니다. 그러나 칼슘은 이 과제를 벌레나 애벌레와 함께 이루어 냅니다.

여러분! 이제껏 설명한 것을 좀 더 전문적으로 파고 들어가면 (지난날 본능으로 이미 영적인 눈이 열려 있던 때) 느낌으로 어떤 것을 적용하던 상태에 다다르게 됩니다. 이 상태에 대한 상세한 설명은 지금 이 자리에서는 할 수 없을 것 같습니다. 그러나 오늘날에 와서 사람들은 그러한 본능을 다 잃어버렸습니다. 두뇌 지식은 모든 본능을 송두리째 뽑아 버렸습니다. 오늘날 사람들이 아주 영리해지고 두뇌 지식으로 가득 차게 된 것은 바로 물질주의 탓입니다. 두뇌 지식으로 꽉 차 있지 않았던 때에 사람들은 그렇게 영리하지 않았습니다. 그러나 훨씬 지혜로웠습니다. 사람들은 많은 일을 느낌으로 어떻게 처리해야 할지 알았습니다. 그러나 오늘날 우리는 옛날 사람들이 본능으로 할 수 있었던 것을 인지학을 통하여 의식적으로 이루어 내고 있습니다. 인지학은 사람을 영리해지도록 이끌지 않습니다. 오히려 지혜로 이끌려고 합니다. 사람들은 쉽게 "사람은 물질체와 에테르체 등등으로 이루어져 있다."고 말하며 인지학을 설명하려 듭니다. 그러나 인지학은 어떤 추상 개념을 외워서 요리책을 읊듯이 그저 읊는 것에 그치는 것이 아닙니다. 이제 인지학이 이끄는 지혜로 모든 사물에 놓여 있는 지혜에 다가가면 옛날 사람들이 단순히 본능으로 해냈던 것을 다시 의식적으로 해낼 수 있을 것입니다. 인지학을 하나의 지식으로 외워 지니는 것은 중요한 것이 아닙니다. 중요한 것은 인지학으로 얻은 지혜를 가지고 곳곳에 들어 있는 지혜를 찾는 것입니다. 그제서야 (지금까지 여러분에게 설명한 방법으로 다가가면) 비로소 정신세계를 볼 수 있는 눈을 갖게 되고 자연 속에 있는 모든 사물의 본질을 실제 가려낼 수 있게 됩니다.

그리고 새들 주변에 침엽수 숲이 없으면 새들은 오히려 해를 끼친다는 것을 알 수 있습니다. 침엽수 숲이 있어야 새들이 이루어 내는 것이 유익하게 변합니다. 그리고 다시 조금 더 깊이 들어가면 다른 존재들이 맺고 있는 근친 관계도 찾아낼 수 있습니다. 새와 침엽수 숲 사이에 놓여 있는 특이한 근친 관계를 알아내면 또 이와 비슷한 다른 근친 관계를 찾아낼 수 있습니다. 이 관계도 방금 설명한 관계처럼 아주 미묘한 관계입니다. 그러나 우악스럽게 바뀔 수도 있습니다. 나무가 되지는 못하지만 초본 식물처럼 작게 머물러 있지도 않은 식물이 있습니다. 바로 관목입니다. 이런 관목(예를 들면 개암나무)과 포유동물은 서로 친밀한 관계를 맺고 있습니다. 이런 까닭으로 가축이 있는 주변에 관목을 심어 주면 그 발육을 북돋아 줄 수 있습니다. 관목이 있는 그 자체가 좋은 영향을 미칩니다. 왜냐하면 자연 안에 있는 모든 것은 서로 영향을 주고받기 때문입니다.

조금 더 들어가 봅시다. 동물들은 사람처럼 그렇게 어리석지 않습니다. 동물들은 관목과 자기들 사이에 놓여 있는 가까운 관계를 금방 눈치챕니다. 그리고 동물들이 자기들이 태어날 때부터 관목을 좋아한다는 것을 눈치채고 곧 이 관목을 먹고 싶어 합니다. 그러고는 자기들에게 필요한 만큼 뜯어 먹습니다. 이 관목은 동물들이 먹은 다른 먹이를 조절하는데 아주 중요한 작용을 합니다. 자, 이렇게 자연 안에 있는 은밀한 내면적 관계를 쫓다 보면 여기에서 다시 농작물에 해를 끼치는 존재에 대한 이해도 얻을 수 있습니 다.

침엽수 숲과 새들이, 또 관목과 포유동물이 서로 깊은 관계에 놓여 있듯이 모든 버섯류는 하등 동물인 박테리아와 이와 비슷한 하등 동물, 곧 농작물에 해를 끼치는 기생충과 서로 깊은 관련이 있습니다. 농작물에 해를 끼치는 기생충은 버섯 종류와 함께 붙어 있습니다. 이 기생충은 버섯이 여기저기 일어나는 곳에서 생기고 또 그 수를 불려 나갑니다. 그러면 농작물에 병이 생기고 농작물이 해를 많이 입습니다. 그러나 경작지 옆 알맞은 곳에 목초지를 조성하고 목초지 안에 버섯이 자라기에 알맞은 조건을 만들어 주면 농작물 전체에 좋은 영향을 미칠 수 있습니다. 이때 목초지 안에 실제로 버섯이 잘 자랄 수 있도록 주의를 기울여야 합니다. 경작지 옆에 그렇게 넓지는 않더라도 버섯이 자라고 있는 목초지가 있으면 박테리아나 다른 기생충이 버섯과 맺고 있는 근친 관계 때문에 다른 농작물에 가지 않습니다. 버섯은 다른 식물보다 이런 하등 동물을 훨씬 더 잘 붙잡을 수 있습니다. 자, 이제 내가 어제 설명한 방법에다 또 목초지를 조성하는 방법을 더하면 기생충으로 생기는 피해는 대부분 막을 수 있을 것입니다.

이런 까닭으로 한 농장 안에 경작지 외에 숲, 과일나무, 관목, 버섯이 자연스럽게 자라고 있는 목초지가 잘 나뉘어져 있어야 훌륭한 농장이라고 말할 수 있습니다. 비록 농경지가 적어지더라도 실제로는 훨씬 더 많은 것을 얻을 수 있습니다. 그렇게 하지 않고 농장에 있는 땅을 모조리 농경지로 사용해야만 더 많은 수확을 올릴 수 있을 것이라고 생각하는 것은 사실 경제적인 생각이 아닙니다. 그렇게 하면 물론 더 많은 농작물을 거두어들일 수는 있을 것입니다. 그러나 앞서 말한 여러 가지를 함께 둔 곳보다 훨씬 질이 떨어지는 농작물을 거두어들일 것입니다. 자연과 아주 밀접한 관계를 맺고 있는 농업이 자연의 살림 안에서 일어나는 상호 교환 작용이나 여러 생명 존재들이 서로 맺고 있는 관계를 무시하면 결코 좋은 농업이 될 수 없습니다.

자, 이제 식물이 동물과 맺고 있는 관계, 또는 반대로 동물이 식물과 맺고 있는 관계를 바로 알아야 할 시간이 다가왔습니다. 식물은 실제 무엇입니까? 그리고 동물은 또 실제 무엇입니까? 식물에 관해서는 식물 세계 전체를 통틀어 말해야 합니다. 동물은 무엇입니까? 식물은 무엇입니까? 이 질문에 대한 답을 바로 찾으려면 먼저 동물과 식물이 맺고 있는 관계에 대하여 알아야만 합니다. 그래야만 우리가 동물에게 어떤 먹이를 주어야 하는가를 어느 정도 이해할 수 있기 때문입니다. 식물과 동물이 맺는 관계를 제대로 보았을 때 그때서야 비로소 우리가 동물에게 올바른 먹이를 줄 수 있습니다. 동물은 무엇입니까?

사람들은 동물을 이런 식으로 연구합니다. 먼저 겉모습을 살펴보고 해부까지도 스스럼없이 합니다. 그러면서 골격 구조를 보고 감탄할 수도 있을 것입니다. 그리고 근육 조직과 신경 조직까지 섬세하게 연구합니다. 그러나 이런 식으로는 동물이 전 자연의 살림 안에서 실제 어떠한 위치에 서 있는가는 찾아낼 수 없습니다. 이러한 것은 오직 동물들이 주변 환경과 무엇을 가지고 직접, 그리고 은밀하게 서로 영향을 주고받는지를 알아야 찾아낼 수 있습니다. 여러분! 사실은 이렇습니다. 동물은 자신의 신경-감각 조직 안과 일부 호흡 조직 안에서 주변 환경 가운데 공기와 온기를 통해 오는 모든 것을 직접 가공합니다. 동물은 (자신이 고유한 개체를 가지고 존재하는 한) 주로 자신의 신경-감각 조직을 통하여 공기와 온기를 직접 가공하는 존재입니다.

동물을 이런 간단한 형태로 나타내 볼 수 있습니다.(그림20 참조)

공기-온기 안에 있는 고유한 존재

그림 20

동물은 무엇보다도 자신이 사는 주변환경 안에서 자신의 신경-감각 조직과 일부 호흡 조직으로 공기와 온기에 직접 맞대어 사는 고유한 존재입니다. 동물은 공기 및 온기와 직접 관계를 맺고 있습니다. 실제로 온기에서 동물의 골격 구조가 이루어졌습니다. 동물의 골격 구조는 온기를 통하여 전해진 태양과 달의 작용으로 이루어졌습니다. 그리고 공기에서 동물의 근육 구조가 이루어졌습니다. 동물의 근육 구조는 태양과 달의 기운이 (공기를 돌아) 작용하여 이루어졌습니다.

이와는 달리 땅과 물은 동물이 직접 가공할 수 없습니다. 땅과 물은 안으로 먼저 받아들여야 합니다. 따라서 소화 통로를 가져야 합니다. 밖에서 안으로 들어온 땅과 물은 소화 통로를 지난 다음 온기와 공기를 통해 만들어진 것과 함께 다시 안에서 어떤 가공이 이루어져야 합니다. 이때 동물은 땅과 물에 일부 호흡 조직으로 어떤 작업을 한 다음 신진대사 조직으로 넘깁니다. 동물은 일부 호흡 조직과 일부 신진대사 조직으로 땅과 물을 가공합니다. 동물은 이런 식으로 땅 영역과 물 영역에 삽니다. 물론 내가 말한 가공이란 기운으로 일어나는 것을 가리키는 것이지 실제 물질 가공을 말하는게 아닙니다. 그러면 이제 식물은 실제 무엇인지 알아봅시다.

여러분! 식물은 동물이 공기와 온기에 직접 관계를 맺고 있듯이 땅과 물에 직접 관계를 맺고 있습니다. 따라서 식물은 호흡 비슷한 것을 통하여, 그리고 감각 조직과 아주 조금 닮은 것을 통하여 (동물이 공기와 온기를 직접 받아들이듯이) 땅과 물을 직접 받아들입니다. 식물은 땅과 물에 바로 맞대어 삽니다. 그러면 여러분은 이렇게 생각할지 모르겠습니다. "자, 동물이 공기와 온기에 바로 맞대어 사는 것처럼 식물은 땅과 물에 바로 맞대어 사는구나. 그러면 식물은 동물이 자신 안에서 땅과 물을 가공하는 것처럼 자신 안에서 공기와 온기를 가공하겠군!"

그러나 실제로는 여러분이 짐작하는 것과 다릅니다. 한 가지 아는 것을 가지고 다른 것을 미루어 어림잡아서는 정신세계의 진리에 다가설 수 없습니다. 사실은 이렇습니다. 동물은 땅 성질과 물 성질을 받아들여 자신 안에서 가공하지만 식물은 땅과 함께 공기와 온기를 겪은 다음 바로 이 공기와 온기를 도로 내보냅니다. 따라서 공기와 온기는 식물 안으로 들어가지 않습니다. 조금 들어가는 것처럼 보이지만 실제로는 안으로 들어간다고 볼 수 없습니다. 공기와 온기는 식물에 사용되어서 없어지지 않고 다시 밖으로 나옵니다.

바로 이렇게 내보내는 과정이 사실 중요합니다. 생명 조직체의 관점에서 보면 식물은 모든 점에서 동물과는 반대입니다. 정반대입니다. 동물이 먹이를 먹는 것이나 식물이 공기와 온기를 내보내는 것은 그 중요함에 있어서 같습니다. 동물이 먹이를 먹으며 사는 것과 똑같은 의미로 식물은 공기와 온기를 내보내며 삽니다. 자신의 존재를 통하여 욕심스럽게 무엇인가를 받아들이려 하지 않고 동물이 세상에서 받아들이는 것을 내어 주며 살아가는 모습이 바로 식물이 가지고 있는 순결한 모습입니다.

여러분이 바로 이 주고받는 것에 주의를 잘 기울이면 이러한 사실에 대하여 (옛날 본능으로 알고 있던 것 가운데 중요한 역할을 차지했던) 어떤 것을 다시 알아낼 수 있을 것입니다. 나는 정신과학을 통한 관찰로 다음과 같은 인식을 얻을 수 있었습니다. "자연의 살림 안에서 식물은 주고 동물은 받는다." 그러나 자연에 대한 이런 인식은 옛날 본능으로 영적인 눈을 가지고 있던 시대에는 아주 평범한 인식에 지나지 않았습니다. 특히 민감한 사람은 그 뒤 오랜 시간이 지날 때까지 이런 사실을 인식할 수 있었습니다. 괴테Johann Wolfgang von Goethe에게서도 이런 면을 찾아볼 수 있습니다. 괴테는 자주 이런 말을 했습니다. "자연에 있는 모든 것은 서로 주고받으며 산다." 괴테의 작품을 두루 살펴보면 방금 했던 말을 찾을 수 있을 것입니다. 괴테는 자신이 한 말 속에 담겨 있는 뜻을 제대로 이해하지는 못했습니다. 옛날부터 전해 내려온 말들에서 빌려온 것입니다. 그러나 괴테는 이 말 속에 어떤 진실이 들어 있다는 것을 느낄 수는 있는 사람이었습니다. 괴테 이후 사람들은 옛날부터 전해 내려온 이러한 사실을 전혀 이해할 수 없었을 뿐 아니라 괴테가 어떠한 생각으로 주고받는 것에 대한 말을 했는가에 대해서도 이해하지 못했습니다. 괴테는 호흡에 관해서도(물질 교환이란 의미에서) 주고받는 것을 말했습니다. 괴테는 뚜렷하지만 뚜렷하지 않은 말을 했습니다.

자, 여러분! 땅 위에 있는 숲, 과수원, 관목 숲들은 어떤 의미에서는 식물이 올바르게 자라도록 조정하는 조정자들입니다. 그리고 땅속에서도 하등 동물에 속하는 애벌레나 벌레들이 칼슘과 함께 조정자 비슷한 구실을 하고 있습니다. 자, 이렇게 들농사, 과수농사, 가축 사육 사이에 놓여 있는 관계를 먼저 살펴보았습니다. 이제 실제 적용으로 넘어가야 합니다. 실제 적용 문제는 우리에게 남아 있는 마지막 시간에 살펴보겠습니다. 그래서 좋은 뜻으로 뭉친 농민 연합회가 지금까지 살펴본 여러 가지를 실제로 실천에 옮기며 앞으로 계속 나아갈 수 있도록 힘을 모아 보도록 하겠습니다.

여덟 번째 강의
1924년 6월 16일

먹이(사료)의 본질

이번 마지막 강의 시간에는 지금까지 살펴본 사실에 몇 가지를 더 보태어 설명한 뒤에 실제 적용 문제에 대해서 살펴보기로 하겠습니다. 그리고 이 시간이 끝나고 이어질 질의 응답 시간에는 여러분이 가지고 있는 궁금한 점을 어느 정도 풀어 줄 수 있을 것이라고 생각합니다. 자, 이 실제 적용 문제에 대한 해답을 공식이나 이와 비슷한 것을 가지고 모두에게 들어맞도록 찾아내는 것은 아주 어렵습니다. 오히려 여러분이 믿고 있는 농장의 개별적 특성에 따라, 또 여러분 나름대로 가지고 있는 방식에 따라 다르게 찾아야 할 것입니다. 따라서 (특히 이 농업 분야에서는) 여러분이 정신과학을 통하여 스스로 깊은 인식을 얻어야 합니다. 바로 이러한 인식이 여러분으로 하여금 (여러분 스스로 충분히 인식을 하면서) 나름대로 독자성을 가지고 농사를 지을 수 있도록 이끌 것입니다.

여러분! 한번 생각해 보십시오! 농업 분야 가운데 가장 중요한 분야에 대하여 오늘날까지도 제대로 인식을 못하고 있는 것이 있습니다. 농가에서 기르는 동물의 먹이에 대한 분야입니다. 이 분야에 대한 지침서가 아무리 많이 나와 있어도 모르기는 마찬가지입니다. 동물에게 도대체 무엇을 먹여야 합니까? 만일 학교 농업 수업이 먹이의 본질에 대한 바른 인식을 심어 줄 수 있는 방향으로 나아간다면 이 문제는 밑바탕부터 달라질 것이라고 봅니다. 먹이의 본질에 대하여 먼저 몇 가지를 말하겠습니다.

자, 여러분! 동물이나 사람에게도 마찬가지로 먹는다는 것이 무엇을 뜻하는 것인지 앞서 잠깐 이야기한 바 있습니다. 사람들은 먹는 것에 대하여 완전히 잘못 보고 있습니다. 사람들의 거의 대부분은 먹을거리가 밖에서 안으로 들어가서 나중에 신체 조직에 저장된다고 생각합니다. 비록 이때 몸 안에서 일어나는 갖가지 변화 과정을 생각한다 하더라도 사실은 (아주 엉성하고 단순한) 눈앞에 드러나는 사실만 생각하는 꼴입니다. 사실은 이것이 중요한 것이 아닙니다. 사람들은 다음과 같이 어림잡아서 생각합니다. "바깥 자연에 있는 먹이를 동물이 먹으면 동물에게 필요한 것은 몸 안에 저장되고 필요없는 것은 다시 나간다." 따라서 어떻게 하면 동물에게 많이 먹이지 않아도 영양가가 높은 먹이를 먹여서 영양소가 충분히 몸 안에 들어갈 수 있게 하는가에 대하여 신경을 많이 씁니다. 사람들은 물질주의에 물들은 생각으로 먹이를 실제 영양분이 되는 것과 신체 조직 안에서 사람들이 일컫는 연소 작용을 촉진하는 성분으로 갈라 놓습니다. 그리고 여기에 따른 갖가지 이론을 세우고, 또 세운 이론에 따라 실제 적용도 합니다. 몇 가지는 맞지만 대부분은 전혀 맞지 않습니다. 또는 시간이 지나면 맞지 않고, 또는 이런 저런 것으로 인해 처음 말했던 것과는 달라지는 것을 확인할 수 있습니다. 이러니 어떻게 다른 것을 기대할 수 있겠습니까?

여러분! 사람들은 신체 조직 안에서 일어나는 연소 과정에 대하여 말합니다. 그러나 신체 조직 안에서는 연소 과정이 일어나지 않습니다. 신체 조직 안에서 어떤 원소가 산소와 합쳐지는 것을 연소라는 말로 부를 수 없습니다. 전혀 다른 뜻을 지니고 있습니다. 연소라는 것은 생명이 없는 광물 세계에서 일어나는 과정입니다. 생명 조직체가 수정이라는 광물과 다르듯이 신체 조직 안에서 연소로 보이는 것은, 바깥 자연에서 일어나는생명 없는 연소 과정과는 다릅니다. 오히려 신체 조직 안에서 일어나는 것은 생명을 갖는 것입니다. 아니면 어떤 느끼는 것이라고까지 말할 수 있습니다.

앞서 살펴보았듯이 사람들이 처음에는 대강 말했던 것에 지나지 않는 것을 가지고 어떤 고정 이론을 세움으로써 그 해악이 점점 더 커졌습니다. 어떤 사람이 생명 조직체 안에서 연소에 대하여 어림잡아 말했다고 합시다. 그 사람이 본질을 제대로 알고 있으면서 오직 말을 어림잡아 했다면 그것은 그렇게 해가 되지 않습니다. 그 사람이 말은 어림잡아 했다 하더라도 자신의 행동은 본능이나 전통에 따라서 어느 정도 바르기 때문입니다. 그러나 이렇게 어림잡아 한 말이 정신병이든(이와 같은 표현을 이전에도 자주 썼습니다) 교수의 손에 이르게 되면 어느 결에 굉장한 이론으로 바뀌어져 나옵니다. 그 뒤 사람들은 사실과는 전혀 맞지 않는 이론임에도 이런 교수가 세운 이론에 따라 일을 결정합니다. 이런 까닭으로 사람들이 식물이나 동물에게 일어나는 일에 관하여 말하는 것이 때때로 사실과는 전혀 다릅니다. 이런 현상이 오늘날 볼 수 있는 특징입니다. 이렇게 하여 사람들은 자연과는 전혀 맞지 않는 행동을 합니다. 이런 까닭으로 이런 방면에 다시 한번 눈길을 돌려서 정말 중요한 것이 무엇인지 제대로 살펴보아야 합니다.

어제 우리가 다다른 사실을 다시 한번 살펴봅시다. 식물은 물질체와 에테르체를 가지고 있습니다. 아스트랄은 식물 위에 어떤 때는 많이, 또 어떤 때는 적게 떠 있습니다. 식물은 아스트랄체를 자신 안에 지니는 데까지는 이르지 못합니다. 그러나 아스트랄은 식물 위에 떠 있습니다. 식물이 (마치 열매가 맺힐 때처럼) 이 아스트랄과 결합하면,

동물이나 사람의 먹이에 동물이나 사람 몸 조직 안에서 아스트랄을 북돋아 줄 수 있는 어떤 것을 만들어 냅니다. 이 과정 속을 들여다볼 수 있으면 어떤 식물이나 또 어떤 다른 존재 안에 들어 있는 것이 동물의 몸 조직 안에 들어 있는 어떤 성질을 더 북돋아 주는지 아닌지 쉽게 알 수 있습니다. 그러나 이 과정과 반대편에 놓여 있는 것도 또 살펴보아야 합니다. 바로 여기에 실제로 아주 중요한 사실이 들이 있습니다. 이제 말할 사항은 앞에서 잠깐 언급한 적이 있습니다. 그러나 이제 먹이에 대한 기본적인 이해를 다시 해야 하므로 다시 한번 이 사항을 분명하게 짚고 넘어가야 합니다.

우리는 지금 동물 먹이에 대해 다루고 있으므로 동물에서 시작하겠습니다. 동물은 사람처럼 몸 조직을 그렇게 뚜렷이 크게 세 부분으로 나누어 말할 수 없습니다. 동물에게도 신경-감각 조직과 신진대사-사지 조직은 뚜렷하게 볼 수 있습니다. 이 두 조직은 서로 아주 분명하게 나뉘어져 있습니다. 그러나 가운데 조직인 호흡-순환 조직은 동물에게서 그렇게 뚜렷하게 나뉘어져 있지 않고 희미하게 이루어져 있습니다. 감각 조직에서 나온 어떤 것과 신진대사 조직에서 나온 어떤 것이 호흡-순환 조직 속으로 들어가 있기 때문에 동물의 몸 구조는 사람과는 다른 관점에서 보아야 합니다. 사람의 신체 구조는 세 조직으로 아주 명확하게 나누어서 볼 수 있습니다. 그러나 동물은 머리에 대부분 모인 신경-감각 조직과 몸통 뒷부분 그리고 사지 조직만 명확하게 나누어서 볼 수 있습니다. 이 신진대사-사지 조직도 온몸으로 스며들어 갑니다. 가운데 부분에서 신진대사 조직은 사람에 비하여 훨씬 더 일정한 순환 주기에 들어 있고, 또 신경-감각 조직도 훨씬 더 일정한 순환 주기에 들어 있습니다. 신진대사 조직과 신경-감각 조직은 둘 다 안으로 흘러 뒤섞입니다. 따라서 동물에게는 뚜렷하게 독립한 호흡-순환 조직이 이루어지지 않습니다. 호흡-순환 조직은 오히려 양극에 있는 두 조직이 분명하지 않게 서로 뒤섞여 울리고 있는 조직입니다. 이런 까닭으로 동물의 몸 구조는 크게 둘로 나누어 보아야 합니다. 따라서 이 두 조직과 가운데에서 서로 섞여 있는 조직이 바로 전체 동물의 몸 조직입니다.(그림21 참조)

신경-감각 조직　　　　　　　　　　신진대사-사지 조직

지구 성분　　　　　　　　　　　우주 성분
우주 기운　　　　　　　　　　　지구 기운

그림 21

　동물의 머리 조직을 이루고 있는 모든 성분은 (사람도 마찬가지입니다. 그러나 지금은 사람으로 넘어가지 않고 동물만 설명하겠습니다) 지구에서 나온 물질로 이루어져 있습니다. 태아 때부터 이미 지구에서 나온 물질이 머리 조직 속으로 이끌려 들어갑니다. 태아의 신체 조직 가운데 머리는 그 성분을 지구에서 받도록 정해져 있습니다. 따라서 머리 조직 안에는 지구 성분이 들어 있습니다. 이와는 달리 신체 가운데 신진대사 조직, 창자, 팔다리, 근육, 뼈 등은 지구에서 나온 성분으로 이루어져 있지 않고 지구 위에 있는 공기와 온기에서 나온 것으로 이루어져 있습니다. 이것은 바로 우주 성분입니다. 여러분이 동물 발톱이나 발굽을 볼 때 동물이 먹은 물질이 발톱이나 발굽까지 내려가서 거기서 저장된다고 보아서는 안 됩니다. 그렇게 보는 것은 맞지 않습니다. 동물 발톱이나 발굽은 감각과 호흡으로 받아들인 우주 성분입니다.

동물이 먹는 것은 단순히 신진대사-사지 조직 안으로 곧 발톱, 발굽까지 우주 성분이 들어갈 수 있게 하는 동력을 만들기 위한 것입니다. 그러나 기운과 관계를 맺고 있는 것은 또 이와는 반대입니다. 머리 안에서는 우주 기운과 관계를 맺고 있습니다. 왜냐하면 머리에 주로 감각 기관이 들어 있고 감각들은 우주에서 인식하기 때문입니다. 신진대사-사지 조직에서는 지구 기운과, 곧 우주 성분과 지구 기운이 관계를 맺고 있습니다. 한번 생각해 보십시오! 사람이 걸을 때는 지구가 끌어당기는 기운과 마주하게 됩니다. 따라서 사람이 팔다리로 하는 모든 것은 지구 기운과 연결되어 있다고 말할 수 있습니다.

암소나 황소를, 사지를 쓰는 일소로 부리고자 할 때 소에게 어떤 성분을 먹이든 아무 상관없는 것이 결코 아닙니다. 소에게 일을 제대로 시키려면 소가 될 수 있는 대로 많은 우주 성분을 자신 안으로 받아들일 수 있게 하여야 합니다. 그리고 위장으로 들어가는 먹이도 (우주 성분을 온 사지와 근육, 그리고 뼈 속으로 이끌어 갈 수 있는) 기운을 충분히 낼 수 있는 먹이여야 합니다. 이뿐만 아니라 머리 안에 필요한 성분은 바로 음식을 통해서 가져와야 하는 것도 알아야 합니다. 그리고 위장에서 소화 과정을 거친 음식물은 머리로 이끌어져야 합니다. 머리가 위장에 달려 있지 엄지발가락에 달려 있는 것이 아닙니다. 그리고 머리는 몸으로부터 받는 이런 음식을 알맞은 방법으로 우주에서 기운을 가져올 수 있어야 비로소 제대로 가공할 수 있다는 것도 분명히 알아야 합니다. 따라서 동물을 우주 기운이 흘러갈 수 없는 어두운 우리에 가두어 둘 것이 아니라 목초지로 데리고 나가서 동물로 하여금 감

각–인식으로 바깥세상과 마주할 수 있는 기회를 주어야 합니다. 자, 여러분! 다음 예를 주의 깊게 보십시오

어두운 우리 안에서 오직 여물통 하나만을 앞에 두고 자라야 하는 짐승을 한번 생각해 보십시오. 이 짐승이 자주 기분을 전환할 기회를 갖지 못하면 (기분 전환은 오직 바깥 자연에서만 가능합니다) 다른 짐승, 곧 바깥에서 자신의 코로 냄새를 맡아가며, 다르게 말하면 자신의 코가 이끄는 대로 우주 기운을 따라가며 스스로 먹을거리를 찾아다니는 짐승과는 커다란 차이를 보일 것입니다. 이렇게 먹이를 스스로 찾아 먹는 가운데 짐승은 자신의 삶을 활발하게 발달시켜 나갈 수 있습니다.

여물통 하나만을 앞에 두고 어두운 우리 안에 갇혀 사는 짐승들은 자신들이 우주 기운을 받지 못하고 있는 것을 금방 드러내지는 않습니다. 그러나 이런 일은 유전되기 때문에 세대가 이어지면서 점점 나타납니다. 우주 기운을 간직하지 못한 새끼가 세상에 나옵니다. 이런 짐승은 머리에서부터 벌써 약합니다. 몸 안으로 들여와야 하는 우주 기운을 받아들이지 못하므로 온 몸을 바로 살리지 못한다는 말입니다. 따라서 이럴 때는 이런 것을 저럴 때는 저런 것을 먹이라고 말하며 단순히 입으로 먹는 먹이에만 주의를 모으게 해서는 안 된다는 것을 알 수 있습니다. 오히려 짐승에게 무엇을 어떻게 먹이느냐에 따라 모든 짐승의 몸 구조를 다르게 만들 수 있다는 것도 생각해야 합니다.

자, 계속 더 살펴봅시다. 머리 안에는 실제로 무엇이 들어 있습니까? 지구에서 나온 성분입니다. 가장 고귀한 조직인 두뇌를 동물에게서 잘라 내어 본다면 그 안에 들어 있는 것은 지구 성분인 것을 알 수 있습니다. 사람 두뇌도 지구 성분으로 이루어져 있습니다. 오직 기운

만이 우주에서 온 것입니다. 두뇌를 이루고 있는 물질 자체는 지구에서 나온 것입니다. 그런데 이 두뇌는 어디에 그 쓸모가 있습니까? 자아를 세우는 밑바탕으로 쓰입니다. 동물에게는 아직 자아가 없습니다. 자, 다시 한번 분명히 짚고 넘어갑시다. 두뇌는 자아를 위한 밑바탕으로 쓰입니다. 동물은 아직 자아가 없습니다. 동물의 두뇌는 이제야 비로소 자아가 만들어지는 길에 들어섰습니다. 사람의 두뇌는 언제나 자아가 만들어지는 데까지 나아갑니다. 자, 동물도 두뇌를 가지고 있습니다. 어떤 식으로 이 두뇌가 이루어집니까? 몸 안에서 일어나는 전 생명 과정을 한번 생각해 보십시오. 머리 안에서 보이는 모든 것은, 곧 지구 물질은 생명 과정 가운데 마지막으로 내보내진 것입니다. 두뇌에는 지구 물질이 자아를 세우는 밑바탕이 되기 위하여 모여 있습니다. 먹은 음식은 소화 작용을 거쳐 신진대사─사지 조직에 나누어집니다. 이 과정 가운데 어떤 특정한 양의 지구 물질은 머리와 두뇌 속으로 이끌려 들어갈 수 있습니다. 두뇌에 있는 물질은 이런 생명 과정을 거친 특정한 양의 지구 물질입니다. 그러나 음식물이 두뇌로만 내몰아지는 것은 아닙니다. 장으로도 몰아집니다. 가공할 수 없는 것은 장으로 내몰아집니다. 자, 이제 여러분이 듣기에 큰 모순처럼 여겨질 수 있는 것이 나타납니다. 그러나 동물이나 사람의 몸 구조를 이해하는데 그냥 스쳐갈 수 없는 중요한 사실입니다. 다름이 아니라 바로 두뇌와 장 사이에 놓여 있는 서로 닮은 성질입니다. 두뇌를 이루고 있는 덩어리는 무엇입니까? 이 골 덩어리는 내장 안에 있는 덩어리가 끝까지 나아간 것입니다. 두뇌로 모이기 전에 떨어져 나간 것은 장에 모입니다. 장에 들어 있는 내용물은 생명 과정에서 보면 두뇌에 들어 있는 내용물과 아주 닮았습니다.

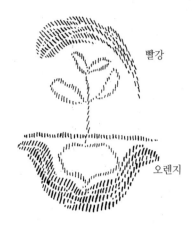

빨강

오렌지

그림 22

자, 이렇게 말하면 이상하게 들릴지 모르겠습니다. 그러나 사물의 이치를 따져 보면 꼭 맞는 말입니다. 장에서 더 발달된 똥 무더기가 바로 두뇌 안에서 자리를 차지하고 있는 것입니다. 자신의 몸 안에서 일어나는 과정을 통하여 두뇌 안의 고귀한 덩어리로 바뀌어서 자아 발전을 위한 밑바탕이 되는 것은 사실 똥입니다. 사람에게는 될 수 있는 대로 많은 배-똥이 두뇌-똥으로 바뀌어집니다. 사람은 지구에서 자신의 자아를 스스로 나르기 때문입니다. 동물에 이르면 바뀌는 양은 훨씬 적어집니다. 이런 까닭으로 동물의 배 속에는 똥이 많이 남아서 나중에 거름으로 쓰여집니다. 따라서 이 거름 안에는 이제 막 싹트는 단계에 있는 자아가 들어 있습니다. 동물은 아직 자아까지 이르지 못하기 때문입니다. 이런 까닭으로 동물 똥과 사람 똥은 완전히 서로 다른 사물입니다. 동물의 똥은 아직 자아-싹을 간직하고 있습니다. 그런 의미에서 우리가 식물의 뿌리에다 동물의 배설물 즉 분뇨를 거름으로 주는 것은 자아를 식물 뿌리에 주는 것입니다. 자, 식물을 완전하게 그리면 이렇습니다.(그림22 참조)

아래에는 뿌리가 있습니다. 위에는 잎이 나고 꽃이 핍니다. 여기에 공기와 관계를 맺어 아스트랄이 발달하고 여기에 거름과 서로 관계를 맺어 식물 자아-씨앗이 발달합니다.

이렇게 보면 하나의 농장은 실제로는 하나의 생명 조직체입니다. 위에서는 과일나무와 숲이 아스트랄을 발달시킵니다. 그리고 동물들은 땅 위에 있는 것을 먹고 자아-기운을 발달시켜 똥으로 내보냅니다. 이 똥은 다시 거름이 되어 땅속으로 들어갑니다. 그러면 거름 속에 들어 있던 올바른 자아-기운은 식물의 뿌리로 하여금 지구가 끌어당기는 쪽으로 올바로 자라도록 이끕니다. 자, 이 모든 것은 놀랍게도 서로 영향을 주고받고 있습니다. 그러나 이 작용은 끊이지 않고 이어지는 것으로 이해를 하여야 합니다.

여러분! 이런 사실을 미루어 보면 농장은 하나의 고유한 개체 존재라고 볼 수 있습니다. 그것을 바로 이해할 수 있으면 식물과 동물이 (어떤 때는 아주 가깝게, 또 어떤 때는 멀리) 언제나 서로 관계를 맺는 가운데 자랄 수 있게 해야 한다는 인식을 얻을 수 있을 것입니다. 이런 까닭으로 농장 안에서 직접 기르고 있는 동물에게서 거름을 얻지 않고 (오히려 있는 동물까지 다 치워 버리고) 칠레 같은 먼 나라에서 거름을 가져오는 것은 어떤 의미에서는 자연을 해치는 행동입니다. 이렇게 되면 하나의 테두리 안에서 이루어져야 하는 순환 관계가 깨지기 때문입니다. 따라서 농사를 지을 때 필요한 거름을 충분히 얻을 수 있을 정도의 동물은 키워야 합니다. 그리고 농장에서 키우는 동물이 본능에 따라 스스로 먹이를 찾아 먹을 수 있도록 먹이가 될 만한 식물도 심어 주어야 할 것입니다.

우리가 시도하려는 것이 그렇게 간단하게 이루어지지는 않을 것입니다. 왜냐하면 모든 농장이 제 나름대로 독립성을 갖춘 고유한 존재가 되어야 하기 때문입니다. 그러나 여기서 중요한 것은 어떤 식으로 시도할 것인지 그 방향을 잡는 것입니다. 그러면 잡혀지는 방향에 따라 여러 가지 시도를 해 볼 수 있고 그러다 보면 또 어떤 법칙도 세울 수 있을 것입니다. 그러나 이때 가능한 한 농장 자체 안에서 모든 것을 이루어 내어야 한다는 원칙 아래 모든 법칙을 세워야 합니다. 물론 완전하게 이룰 수는 없을 줄 압니다. 왜 그렇습니까? 정신과학의 관점에서 사물의 이치를 따지면 결코 광신자는 되지 않기 때문입니다. 현대 경제 체제 안에서는 우리가 시도하는 것을 완전하게 이룰 수 없습니다. 그러나 최선을 다해 그 길을 찾아는 보아야 할 것입니다. 자, 여러분이 이런 식으로 여러 가지를 시도해 보면 동물의 생명 조직이 식물의 생명 조직, 곧 먹이 조직과 맺고 있는 관계를 찾을 수 있습니다. 먼저 큰 테두리 안에서 전반에 걸쳐 적용할 수 있는 것을 살펴봅시다.

뿌리를 한번 살펴봅시다. 뿌리는 보통 땅속에서 자랍니다. 만일 땅속에 거름을 통해서 '이루어지고 있는 상태의 자아 기운'이 스며 있으면 뿌리는 자신의 방식대로 '이루어지고 있는 상태의 자아 기운'을 빨아들입니다. 이때 알맞은 양의 소금이 있으면 더 잘 빨아들입니다.

자, 여기 우리가 방금 예로 들었던 뿌리가 있다고 합시다. 이 뿌리는 인간의 신체 조직 안에서 소화 기관을 거쳐 가장 쉽게 머리로 갈 수 있는 음식물이라고 말할 수 있습니다. 이런 까닭으로 올바른 물질 성분을 머리에 주기 위해서는 뿌리를 먹이로 줍니다. 그러면 머리를 통하여 작용하는 우주 기운은 자신의 조소彫塑 활동에 필요한 성분을 얻게 됩니다. 누군가 다음과 같이 말한다고 합시다. "동물 머리에 물질 성분을 이끌어 주어 동물로 하여금 자신이 들어 있는 우주 환경 속에서 될 수 있는 대로 활발한 감각 관계, 곧 우주 관계를 이루게 할 필요가 있을 때는 뿌리를 먹여야 한다." 그러면 바로 송아지와 당근이 떠오르지 않습니까? 송아지가 당근을 먹으면 방금 말한 과정은 다 이루어집니다. 여러분이 이제 이러한 사실을 알면 실제로 무엇을 해야 할지도 알 것입니다. 여러분은 오직 상호 교환 작용이 어떻게 이루어지고 있는가를 잘 알면 됩니다.

조금 더 나가 봅시다. 송아지에게 당근을 먹여서 물질 성분을 머리 속으로 이끌었으면 이제 반대 과정이 일어나야 합니다. 이제 머리가 강한 의욕을 가지고 작업을 해서 몸 조직 안에서도 기운을 만들어 낼 수 있어야 하고 다시 이 기운이 몸 조직 안으로 들어가서 어떤 작업이 일어나도록 해야 합니다. 당근 똥이 단순히 머리 안에 저장되기만 해서는 안 됩니다. 저장되었다가 다시 분해되는 것으로 인해 몸 조직 안으로 기운이 쏟아져 나와야 합니다. 곧 두 번째 음식물이 있어야 한다는 말입니다. 한 음식물이 머리에 가서 쌓였으면 이제 다시 이 머리로 하여금 올바른 방법으로 다른 몸 조직을 위해 일할 수 있게 하는 두 번째 음식물이 있어야 합니다.

자, 보십시오! 당근을 한 짐승에게 주었다고 합시다. 그런 다음 이제 머리에서 발달하는 기운을 온 몸에 스며들게 하고 싶습니다. 여기에는 자연 안에서 내뿜는 형태를 지닌 것이 필요합니다. 내뿜는 것을 강하게 모아서 붙들고 있는 것이 필요합니다. 어떤 것이 좋겠습니까? 당근에다 덧붙여 줄 것이 필요합니다. 식물 안에서 내뿜는 것으로 넘어가는 어떤 것을 강하게 붙잡고 있는 것입니다. 아마亞麻 씨앗이나 이와 비슷한 것이 떠오르지 않습니까? 여러분이 어린 짐승에게 당근에다 아마 씨앗이나 (다른 방법으로 내뿜는 것을 모으고 있는) 갓 말린 풀 같은 것을 덧붙여 주면 짐승에게 아주 좋은 영향을 미치고 짐승으로 하여금 자신의 몫을 다할 수 있도록 이끌어 줍니다. 어린 짐승에게 이런 먹이를 주면 한편으로는 자아 기운을 북돋아 주고 다른 한편으로는 위에서 아래로 내려가는 아스트랄이 잘 차도록 도와줍니다. 특히 줄기가 긴 상태로 마르는 풀이 좋습니다.(그림23 참조)

그림23

이런 식으로 농사를 지을 때는 언제나 전체를 함께 살펴보아야 합니다. 동물이 먹은 풀은 몸 조직 안에서 어떻게 작용하고, 또 나중에 똥이 되어 나오면 식물에게 어떤 작용을 하는지 이런 것을 두루 잘 알아야 합니다.

이 문제를 좀 더 깊이 파고 들어갑시다. 여기 어떤 동물이 있습니다. 이 동물은 몸의 가운데 부분이 강해야 합니다. 가운데 부분은 호흡 계통으로 더 발달해 있는 머리 조직, 곧 신경-감각 조직과 순환 계통으로 더 발달해 있는 신진대사 조직이 뒤섞여 있는 곳입니다. 가운데 부분이 강해야 하는 동물은 어떤 동물입니까? 예, 바로 소입니다. 소는 가운데 부분이 강해야 합니다. 가운데 부분이 강하면 젖을 내는 과제를 잘 이루어 냅니다. 자, 그러면 이제 어디를 더 살펴보아야 합니까? 이 동물에게 흐르고 있는 흐름들을 살펴보아야 합니다. 한 흐름은 주로 머리에서 꼬리 쪽으로 흐르는 기운입니다. 또 다른 흐름은 꼬리 쪽에서 머리 쪽으로 흐르는 물질의 흐름입니다. 가운데 부분에서 이 두 흐름이 서로 잘 협력하는 관계를 이루어야 합니다. 꼬리 쪽에서 머리 쪽으로 흐르는 물질의 흐름과 머리 쪽에서 꼬리 쪽으로 흐르는 기운의 흐름의 협력 관계가 잘 이루어졌을 때 맛도 좋고 영양도 풍부한 우유가 생깁니다. 좋은 우유 안에는 신진대사 과정에서 특별히 만들어지는 성분이 들어 있기 때문입니다. 그것은 성性 조직을 지나갈 때 만들어지는 것은 아니지만 이와 비슷한 것이 들어 있습니다. 신진-소화 과정 안에서 성-소화 과정을 거친 것과 비슷한 것이 만들어집니다. 우유는 사실 변화된 성선性腺 분비물입니다. 우유는 성 분비물이 될 성분에 머리 기운이 작용해서 변화된 것입니다. 이렇게 이루어지는 과정을 실제 들여다볼 수 있습니다.

방금 말한 과정이 잘 이루어지게 하려면 먼저 올바른 먹이를 찾아 주어야 합니다. 이 먹이는 자아 기운을 받아들인 뿌리보다는 적게 머리 쪽으로 작용하는 것이라야 합니다. 그리고 성性 기운에 가깝게 머물도록 해야 하기 때문에 아스트랄을 너무 많이 가지고 있지 않아야 합니다. 따라서 주로 아스트랄이 담겨 있는 꽃과 열매를 너무 많이 주지 않아야 합니다. 이런 점을 주의해서 보면 소가 젖을 잘 내게 하기 위해서는 꽃과 뿌리 사이에 있는 푸른 잎 종류를 주어야 한다는 것을 알 수 있습니다. 열매를 맺기보다는 잎이 더 발달하는 식물을 주어야

그림 24

합니다.(그림24 참조)

　소의 젖을 많이 얻기 위해서는 다음과 같이 하면 충분히 그 목적을 이룰 수 있을 것입니다. 자, 앞서 살펴본 대로 암소에게 풀잎이나 채소나 나뭇잎 같은 것을 먹이로 주었다고 합시다. 이제 소젖을 더 많이 얻고 싶습니다. 어떻게 하면 좋겠습니까? 이럴 때 앞서 준 먹이에다 꽃 피우고 열매 맺는 과정을 잎이 나는 과정 속으로 끌어들이는 식물을 추가합니다. 콩과에 속하는 식물이 이런 성질을 가지고 있습니다. 특히 토끼풀 종류가 좋습니다. 토끼풀은 잎 성분 안에서 열매 맺는 성질을 잘 발달시킵니다. 암소에게 이런 먹이를 주었다고 해서 곧바로 그 소에게 많은 변화가 나타나는 것은 아닙니다. 그러나 이 소가 낳은 송아지는 이 다음에 젖을 잘 내는 소로 성장할 것입니다. 이런 식으로 먹이를 개량해서 먹이면 보통은 다음 세대에 그 결과가 나타납니다. 자, 이제 여기에서 다음 사실에 특히 주의를 기울여 보고 다음으로 넘어 갑시다.

농업 방면이나 다른 방면에서나 마찬가지로, 옛날에 본능으로 가지고 있던 지혜가 사라져 갔을 때, 사람들이 몇 가지는 그래도 붙들어 둘 수 있었습니다. 이것은 마치 의사들이 왜 잘 듣는지 그 원인은 모르지만 왠지 잘 듣는다는 이유로 몇 가지 전통적으로 내려온 치료제를 계속 붙들고 있는 것과 비슷합니다. 이렇게 농사를 지을 때 몇 가지는 옛날부터 전해 내려온 것을 (왜 쓰는지는 모르지만) 그대로 쓰고 나머지는 이것저것 무턱대고 실험을 해 봅니다. 그런 다음, 예를 들어 황소에게는 어느 만큼, 또 암소에게는 어느 만큼 어떤 먹이를 주어야 한다고 정합니다. 그러나 이렇게 무턱대고 실험을 해서 정하면, 특히 그 결과를 완전히 우연에 맡기면 다음과 같은 일이 일어납니다. 어떤 사람이 목이 아파서 사람들에게 도움을 청했다고 합시다. 그때 그 자리에 많은 사람이 있다면 어떻게 하면 나을 것이라고 너도나도 한 마디씩 건넬 것입니다. 그러면 반 시간도 채 지나지 않아 모든 약국 처방전을 얻습니다. 그리고 사람들이 말해 주는 것을 그대로 다 따르면 서로 그 작용이 달라 얼마 가지 않아서 위장까지 완전히 다 망칩니다. 그렇다고 목 아픈 것이 낫지도 않습니다. 따지고 보면 간단하게 치료될 수 있는 것이 오히려 더 복잡하게 변해 버립니다.

먹이를 가지고 무턱대고 이것저것 실험하는 것도 이와 아주 비슷합니다. 그렇지 않습니까? 어떤 한 가지를 먹이면 한쪽으로는 좋아도 다른 쪽이 또 모자랍니다. 그래서 다른 것을 먹여 봅니다. 그러나 그 결과는 마찬가지입니다. 이러다 보면 송아지나 황소에게 나름대로 좋다고 하는 먹이의 가짓수만 많아져서 전체를 파악할 수가 없습니다. 또는 먹이끼리 서로 반대 작용을 해서 그 효과를 없애 버리기도 합니다. 이런 일은 특히 농업을 이론으로 배운 사람들에게 많이 일어납니다. 이런 사람들은 책에 적혀 있는 대로, 또는 학교에서 배운 이론을 다시 떠올려 농사를 짓습니다. 그러나 때로는 책에 적혀 있는 것이 그때까지 책의 도움 없이 잘 하고 있던 것과 전혀 맞지 않을 수도 있습니다. 따라서 일을 이치에 맞게 하려면 내가 일러 준 방식대로 생각을 깊이 할 수 있어야 합니다. 이런 식으로 생각을 깊이 하면 동물 먹이에 대해서도 훨씬 간단하게 정리해서 체계를 세울 수 있고 전체를 파악할 수 있습니다.

자, 이제 여러분이 당근과 아마 씨앗이 서로 어떻게 작용하는지를 잘 안다고 합시다. 전체를 파악하고 있기 때문에 모든 것을 뒤죽박죽 섞지 않고 먹이들이 각각 어떤 작용을 불러일으키는지 잘 안다고 합시다. 여러분! 여러분이 이렇게 분명한 의식을 가지고 신중한 태도로 농사를 지으면 농사를 짓는 게 훨씬 달라지지 않겠습니까? 먹이를 주는 것도 그렇게 복잡하지 않고 오히려 단순해집니다. 물론 실험을 통해 조금씩 찾아낸 것 가운데 어떤 것은, 아니 어쩌면 많은 것이 맞을 수도 있습니다. 그러나 이렇게 무턱대고 찾아 내는 것은 주로 체계가 서지 않고 정확하지도 않습니다. 오늘날 사람들이 나름대로 정확하다며 적용하는 것은 거의가 다 실제로는 부정확합니다. 왜냐하면 사물을 뒤죽박죽 섞어 놓기 때문입니다. 왜냐하면 먹이가 서로 어떻게 작용하고 또 그 먹이가 동물 몸 안에 들어가서는 어떠한 작용을 일으키는가에 대한 전체를 파악할 수 없기 때문입니다. 이와는 달리 내가 일러 준 방법은 그 단순함 때문에 먹이가 서로 어떻게 작용하는가 하는 것에 대한 것뿐만 아니라 동물의 몸 안에 들어가서는 어떠한 작용을 일으키는가 하는 것에 대한 것까지 잘 살펴볼 수 있게 합니다. 자, 이제 다른 것으로 넘어갑시다.

이제 꽃 성질에 관한 것을 살펴봅시다. 꽃 안에서 일어나는 열매 맺는 작용에 관한 것을 살펴봅시다. 그리고 조금 더 들어가서 꽃 안에서뿐만 아니라 다른 부분에서도 열매 맺는 성질이 나타나는지 알아봅시다. 식물에는 괴테가 특별한 관심을 가지고 연구한 어떤 성질이 있습니다. 식물은 전체 부위에, 보통은 특정한 부위에만 나타나는 성질을 씨앗으로 갖고 있습니다. 식물을 다시 얻기 위해서는 주로 꽃에서 맺는 열매를 땅에 뿌립니다. 그러나 감자는 그렇게 하지 않습니다. 그렇지 않습니까? 감자는 눈을 땅에 심습니다. 다른 식물은 감자처럼 하지 않습니다. 보통 식물에게는 열매를 맺는 부분이 따로 있습니다. 자, 이렇게 자연에서 열매 맺는 과정까지 몰고 가지 않은 것을 (자연은 모든 것을 끝까지 몰고 가지는 않습니다) 연소 작용과 비슷한 과정을 통하여 앞으로 더 나아가도록 이끌 수 있습니다.

식물을 잘라서 말릴 때 뜨거운 김을 잠깐 쐬었다가 햇볕에 내놓으면 식물에 들어 있는 열매 맺는 성질이 조금 더 발달합니다. 정말 놀라울 정도로 대단한 본능이 밑바닥에 깔려 있습니다. 세상에서 일어나는 일을 보고 나름대로 이해를 하고자 하는 사람에게는 다음과 같은 의문이 일어날 것입니다. "사람은 왜 음식을 익히는 데까지 생각이 미쳤을까?" 아주 중요한 의문입니다. 그러나 사람들은 일상적인 일은 보통 잘 묻지 않습니다. 사람은 왜 음식을 익히는 데까지 생각이 미쳤겠습니까? 왜냐하면 사람들은 점점 음식을 끓이든지, 태우든지, 따뜻하게 하든지, 말리든지, 김을 쐬면 이런 과정이 열매 맺는 과정에 중요한 작용을 일으킨다는 것을 깨달았기 때문입니다. 왜냐하면 이런 과정들이 (무엇보다도 꽃이나 씨앗, 그리고 간접적으로 식물 윗부분에 이르기까지) 식물로 하여금 신진대사—사지 조직이 필요로 하는 힘을 강하게 발달시키는 데 아주 좋다는 것을 깨달았기 때문입니다. 우리가 꽃이나 씨앗을 방금 말한 과정 없이 그냥 주어도 신진대사-소화 조직에 작용합니다. 그러나 이때도 주로 자신들이 발달시킨 기운을 통해 작용하는 것이지 물질 성분을 통해서 작용하는 것은 아닙니다. 왜냐하면 신진대사-사지 조직은 지구 기운을 필요로 하기 때문입니다. 그리고 이 조직은 자신이 필요한 만큼 지구 기운을 받지 않으면 안 됩니다.

알프스 지역에서 풀을 뜯어먹고 자라는 동물을 한번 마음속에 떠올려 보십시오. 이 동물은 평지에서 지내는 동물과 같지 않습니다. 어려운 사정 아래 여기저기 다녀야 합니다. 땅바닥이 고르지 않기 때문에 살아가는 사정이 더 어렵습니다. 어떤 동물이 반반한 곳에서 지내는 것과 비탈진 곳에서 지내는 것은 같지 않습니다. 이런 동물에게는 네 다리에 의지를 강하게 발달시켜 줄 수 있는 것을 먹여야 합니다. 그렇지 않으면 이런 동물에게 일을 제대로 시킬 수도 없고 젖도 많이 못 얻고 좋은 고기도 얻을 수 없습니다. 이런 까닭으로 이런 동물에게는 태양과 자연이 끝까지 익힌 열매나 씨앗이 들어 있고 냄새도 풍부한 알프스 풀을 충분히 먹여야 합니다. 자연이 끝까지 익히지 않았으면 사람이 따로 익히거나 끓여서 먹여도 네 다리에 힘을 잘 불어넣어 줄 수 있습니다. 가장 좋은 것은 처음부터 잎이 많이 나지 않고 곧바로 꽃을 피우고 열매를 맺는 과정으로 넘어가는 식물입니다. 이런 식물을 익히거나 끓여서 주어야 합니다.

때때로 이런 일을 사람에 빗대어 살펴보는 것도 자신을 위해 좋을 것입니다. 그렇지 않으면 다음에 말하는 상태가 왜 굼뜨고 게으름 피우는 상태로 가는지 그 이유를 제대로 밝혀내지 못할 것입니다. 때때로 사람들은 자신도 모르게 잘못된 생각을 할 수가 있습니다. 따라서 쉽게 자신에게 이렇게 말할 수 있습니다. "내가 하루 종일 여기저기 바삐 돌아다니면 나는 올바른 신비주의자가 될 수 없다." "조용히 머물 수 있고 나 자신이나 주변 환경 때문에 내가 흔들리지 않을 때 비로소 나는 올바른 신비주의자가 될 수 있다." "내가 나를 둘러싸고 있는 사람들에게 '나는 이제 이 일 저 일을 할 기운이 없다'고 말할 수 있어야 비로소 나는 올바른 신비주의자가 될 수 있다." "이제 음식도 신비주의자가 될 수 있는 음식을 먹어야겠다." 이런 식으로 계속 나가면 이 사람은 생식주의자가 됩니다. 더 이상 음식을 익혀 먹지 않고 온전한 생식주의자가 됩니다.

그러나 여러분! 사물에는 많은 것이 감추어져 있습니다. 겉으로 보아서는 제대로 드러나지 않는 것이 아주 많습니다. 사실은 이렇습니다. 어떤 사람이 이런 식으로 신비주의에 쏠리면 생식주의자가 됩니다. 그 사람이 처음부터 매우 약한 신체 조건을 갖고 있었다면 일이 더 잘 진행되어 얼마 가지 않아 큰 발전을 이룰 것입니다. 점점 더 굼뜨게 될 것입니다. 점점 더 신비주의에 빠져들 것입니다. 사람에게서 볼 수 있는 이러한 모습을 동물에게도 분명히 적용할 수 있습니다. 따라서 동물을 활발하게 만들려면 어떻게 해야 하는가를 알 수 있을 것입니다.

다른 경우도 있을 수 있습니다. 그 사람이 처음부터 아주 강한 신체 조건을 가지고 있을 수도 있습니다. 그리고 뒤늦게야 신비주의자가 되려는 기발한 생각을 가질 수도 있습니다. 그러면 그 사람이 처음부터 몸 안에 가지고 있던 강한 힘과 그 사람이 익히지 않고 먹은 음식에 들어 있던 힘이 안에서 서로 마주쳐서 계속 어떤 작업을 하고, 또 발달시켜 나갑니다. 그러면 생식이 그 사람에게 해를 덜 끼칩니다. 그 사람이 생식을 통하여 몸 안에 있는 (불러일으키지 않으면 가만히 가라앉아 있으면서 관절염이나 중풍을 일으키게 하는) 기운을 불러내서 계속 작업을 시키면 생식으로 오히려 더욱 강해질 수도 있습니다.

모든 일은 마치 천칭이 두 저울판을 가지고 있듯이 두 가지 면을 가지고 있습니다. 따라서 모든 일에 제 나름대로 놓여 있는 개별 사정을 잘 알아야 합니다. 모든 사람에게 똑같이 적용시킬 수 있는 철칙을 세울 수는 없습니다. 이에 비하면 채식주의자는 장점을 많이 가지고 있습니다. 왜냐하면 채식을 하면 다음과 같은 이유로 사람을 강하게 만들기 때문입니다. 신체 조직 안에는 가만히 두면 그대로 남아 있는 기운이 있습니다. 이 기운은 바로 류머티즘이나 중풍이나 당뇨병을 일으키는 기운입니다. 채식을 하면 신체 안에서 쓰이지 않고 남아 있는 기운이 채소를 사람에게 알맞게 익혀 줍니다. 그러나 육식을 하면 이 기운이 쓰이지 않고 신체 조직 안에 저장됩니다. 이로 인해 이 기운은 신진대사 과정에서 나온 요소를 신체 내부 곳곳에 마음대로 저장시켜 두거나 사람의 신체 조직 안에 꼭 들어 있어야 할 것을 밖으로 내몰아서 자신이 쓸 목적으로 가로채 갑니다. 이런 현상은 당뇨병이나 그 밖에 다른 병에서 볼 수 있습니다. 이런 일은 실제 사물의 내부를 들여다볼 수 있어야 이해가 가능합니다.

자 이제 어떻게 하면 동물을 살찌울 수 있을지 알아봅시다. 살을 찌운다는 것은, 다르게 말하면 몸 주머니 안으로 될 수 있는 대로 많은 우주 요소를 실어 나르는 것이라 말할 수 있습니다. 살이 통통하게 찐 돼지를 보면 정말 하늘에 속한 동물을 보는 느낌이 듭니다. 왜냐하면 지방질이 풍부한 (신경–감각 조직을 제외한) 몸 안이 온통 우주 요소로 차 있기 때문입니다. 지구 성분이 아닙니다. 돼지들은 사방에서 받아들인 풍부한 우주 요소를 다시 온 몸으로 잘 나누기 위해서 먹는 것이 필요할 뿐입니다. 돼지들은 우주에서 들여온 성분을 나누기 위하여 많이 먹습니다. 돼지는 살찌는 다른 동물이나 마찬가지로 우주 성분을 나누기 위하여 몸 안에 기운이 있어야 합니다. 그렇기 때문에 짐승에게 열매 맺는 것을 될 수 있으면 익히거나 김을 쏘여서, 곧 한 단계 더 처리한 상태로 주면 살이 많이 찔 것입니다. 이런 짐승에게, 자신 안에 열매 맺는 성질이 이미 들어 있고, 또 한 단계가 더 발달한 상태에 이른 것을 주면 좋습니다. 원래 야생 상태보다 개량 재배를 통해 더 커진 순무 같은 식물이 여기에 들어갑니다.

살을 찌게 하고 싶은 짐승에게 무엇을 또 더 주어야 할지 봅시다. 지금까지 열매 맺는 상태에 가 있고 또 올바른 방법으로 처리를 더 한 것이 우주 기운을 몸에 잘 나눌 수 있다고 살펴보았습니다. 어떤 종류의 기름진 과자나 이와 비슷한 것도 이런 과제를 잘 이룰 수 있습니다. 그러나 이것만으로 충분하지 않습니다. 짐승 머리도 돌보아 주어야 합니다. 살을 찌게 하는 먹이에다 머리 안으로 들어갈 수 있는 지구 성분을 더 보태 주어야 합니다. 적은 양이면 됩니다. 많은 양은 머리가 필요하지 않기 때문입니다. 먹이에다 뿌리 같은 것을 조금 섞어 주어야 합니다.

자, 여러분! 여기에 별 특별한 과제를 맡고 있지는 않지만 중요한 성분이 하나 있습니다. 순수한 성분입니다. 뿌리는 인간의 신체 조직 안에서 머리에, 또 꽃은 신진대사-사지 조직에, 그리고 잎은 순환 조직에 (자신들이 가지고 있는 성분으로) 어떤 과제를 맡고 있다고 보통 말할 수 있습니다. 이에 비해 소금은 신체 조직 전체와 관계를 맺고 있습니다. 그러나 사람이나 동물이 먹는 것 자체에는 소금이 거의 들어 있지 않습니다. 따라서 따로 소금을 더 보태 주어야 합니다. 이때 중요한 것은 양이 아니고 질입니다. 양은 적어도 질이 좋으면 그 목적을 충분히 이룰 수 있습니다.

음식에 관하여 아주 중요한 사항을 한 가지 알려드리겠습니다. 여러분이 내가 지금 말하는 것을 여러 가지로 실험을 해서 더 정확하게 알아보기 바랍니다. 이 음식을 지나칠 정도로 즐겨 먹는 사람도 또 잘 살펴보십시오. 여러분도 잘 알고 있듯이 유럽에서 토마토를 먹기 시작한지는 그렇게 오래 되지 않았습니다. 그러나 요즈음은 많은 사람이 즐겨 먹습니다. 사실 토마토는 아주 중요한 연구 대상입니다. 토마토가 크는 것과 토마토를 즐겨 먹는 것에 관하여 연구하면 아주 많은 것을 배울 수 있습니다. 토마토에 관해서 어느 정도 깊이 생각한 사람들이 있습니다. 요즈음은 이런 사람들도 얼마든지 있습니다. 이 사람들이, 토마토를 먹는 것은 사람에게 아주 중요한 의미가 있다는 것을 찾아냈습니다. 동물에게도 토마토를 먹도록 길들일 수 있으므로 동물에게까지 범위를 넓혀서 생각할 수도 있습니다. 토마토는 특히 어떤 신체 조직으로 하여금 신체 조직 전체와 맺고 있는 관계에서 벗어나게 하고 자신들로만 이루어진 조직을 만들게 하는데 중요한 역할을 맡고 있다는 것을 찾아내었습니다. 이 연구 발표로 두 가지가 그 결과로 나타났습니다. 하나는 어떤 미국 사람이 다음과 같이 발표한 것을 인정할 수 있게 되었습니다. "경우에 따라서 토마토를 식이 요법으로 사용하면 병들 경향을 보이는 사람의 간에 좋은 영향을 미칠 수 있다. 왜냐하면 간은 인간의 신체 조직 안에서 가장 독립해 있기 때문이다. 따라서 간 질환(주로 동물의 간 질환) 치료에 효과가 있을 것이다."

이런 것을 보아도 식물과 동물 사이에는 분명 어떤 상관관계가 있다는 것을 알 수 있습니다. 다음 사항은 참고로 말합니다. 암은 인간의 신체 조직이나 동물의 몸 조직 안에 있는 어떤 부위를 처음부터 아예 독립시킵니다. 따라서 암을 앓고 있는 사람은 곧바로 토마토를 먹지 말아야 합니다. 자, 그러면 다음과 같은 질문을 던질 수 있습니다. 토마토와 신체 조직 안에서 혼자 따로 있으려는 부위 사이에는 어떤 관계가 있을까? 무엇이 토마토로 하여금 그런 작용을 일으키도록 할까?

이 질문은 바로 '토마토가 잘 자랄 수 있는 조건은 어떤 조건인가?'라는 질문과 관계가 있습니다. 토마토는 동물이 내놓은 똥이 아직 삭지 않고 처음 상태로 남아 있는 곳에서 자라기를 좋아합니다. 자연이 거름을 아직 그렇게 가공하지 않은 상태로 둔 곳이라든지, 음식 찌꺼기 같은 것이 아직 썩지 않고 그대로 있는 곳이라든지, 별다른 작업을 하지 않고 이제 막 쌓아 놓은 두엄 더미 같은 곳에다 토마토를 심으면 다른 어느 곳보다도 잘 자라는 것을 볼 것입니다. 그리고 거름 더미가 아예 토마토 자체로 이루어진 곳이면 토마토에게는 더욱 좋은 환경이 됩니다. 토마토는 자신의 밖으로 아예 나가려 하지 않습니다. 생명이 강하게 들어 있는 곳을 벗어나려고 하지 않습니다. 그 안에 남아 있으려 합니다. 토마토는 식물 세계에서 붙임성이 가장 뒤떨어지는 존재입니다. 외부에서 오는 것은 어떻게든 받아들이려 하지 않습니다. 무엇보다도 한 단계 작업이 이루어진 거름은 거절합니다. 받아들이지 않습니다. 이러한 토마토의 성질이 토마토로 하여금 사람이나 동물의 몸 안에 있는 독립된 기관에 영향을 미칠 수 있게 합니다.

방금 말한 토마토와 어느 정도 닮은 것이 감자입니다. 감자는 신체 안으로 들어가면 모든 소화 과정을 가볍게 그냥 지나 두뇌까지 들어가서 두뇌를 독립시킬 정도로 혼자서 행동하는 성질이 강합니다. 두뇌를 다른 신체 기관이 주는 영향에서 벗어나게 만듭니다. 유럽에 감자가 들어온 뒤 사람들이 지나치게 감자를 많이 먹은 것이 동물과 사람들로 하여금 물질주의에 빠져들게 한 원인이기도 합니다. 감자는 인간의 신체 안에서 두뇌 성질이나 머리 성질을 조금 자극하는 데서 그칠 정도로만 먹어야 합니다. 지나치게 많이 먹어서는 안 됩니다. 이런 관계가 또 농업과 일반 사회생활 사이에 놓여 있는 관계를 더욱 깊게 만듭니다. 이렇게 농업이 전 인간 생활과 뗄 수 없는 깊은 관계를 맺고 있다는 사실은 이루 말할 수 없이 중요한 사실입니다.

자, 여러분! 내가 지금까지 말한 것은 단지 몇 가지 방향 제시에 지나지 않습니다. 그러나 이것을 가지고 오랜 시간을 두고 여러 가지로 시도할 수 있는 밑바탕은 될 수 있을 것입니다. 또 지금까지 말했던 것을 가지고 여러분이 실제 실험을 통하여 더 깊이 파고 들어가면 그 전에 짐작하지 못했던 많은 사실까지도 찾아낼 수 있을 줄 압니다. 이렇게 스스로 깊이 연구하고 실험하는 것이 바로 여러분이 이번 강의에서 들은 것을 앞으로 어떻게 해 나갈 것인가에 대한 지침이 되어야 합니다. 이번에 결성한 농민 연합회에서는 이번 강의 때 다루었던 내용을 직접 여러 가지 실험을 통하여 뚜렷한 결과를 보기 전까지는 세상에 알리지 않은 채 오직 농민 연합회 테두리 안에서만 간직하고 있기로 결정했습니다. 나도 이 결정 사항에 전적으로 동의합니다.

여기에는 농사와 직접 관계를 맺고 있지 않는데도 농민들의 너그러운 마음씨 덕분에 이 강의에 참석하신 분들도 있습니다. 특히 이분들은 잘 알려진 오페라에서 나오는 한 장면처럼 자물쇠를 입에 채워서 때때로 인지학자들이 저지르는 잘못에 빠지지 않기를 바랍니다. 그 동안 몇몇 사람이 사물의 이치를 제대로 파악하지도 못한 채 들은 것을 세상에 알리는 바람에 피해를 많이 입었습니다,

농사에 관해서 농사를 직접 짓고 있는 사람이 말하는 것과 농사와는 거리가 먼 사람이 말하는 것 사이에는 커다란 차이가 있습니다. 농사와 거리가 먼 사람이 이번 강의에서 보고 들었던 모든 것을 인지학과 관련 있는 분야 가운데 흥미를 끄는 한 분야로 생각하고 단순히 세상에 알린다면 어떤 일이 일어나겠습니까? 다른 연속 강의가 끝난 뒤 몇 번 일어났던 일과 같은 일이 일어날 것입니다. 농사에 관한 일을 일반 사람뿐 아니라 농사를 직접 짓는 사람까지도 농사와 전혀 관계가 없는 사람에게서 듣게 될 것입니다. 우리가 다루었던 내용을 어느 한 농부가 같은 농부에게서 듣는다면 그 사람은 처음 한두 번은 "저 사람이 돌았군, 참 안됐네!" 하며 고개를 가로저을지 모릅니다. 그러다가 그 사람이 그 농부에게서 뭔가를 보게 될 수도 있습니다. 그러면 그때는 "아, 그 사람 한 말이 전혀 틀린 말은 아니군. 어디 다시 한번 자세히 살펴보아야겠군." 하고 생각할 수도 있습니다. 그러나 농사에 관해 아는 바가 없고 오직 관심이 조금 있는 정도에 그치는 사람으로부터 우리가 다루었던 내용을 듣는다면 아예 처음부터 귀담아듣지 않습니다. 이렇게 되면 우리가 추구하는 일은 발전은 커녕 오히려 어려움만 더 커질 것입니다. 따라서 농민 연합회에 들어 있지 않고 오직 관심이 있어서 이 강의에 참석한 사람들은 이번에 들었던 일을 자기 마음 속에만 간직하고 지금까지 많은 인지학자가 그랬던 것처럼 여러 곳에 퍼뜨리지 않기를 바랍니다. 앞서 알린 결정 사항은 우리가 존경하는 카이저링크 백작이 농민 연합회에서 결정된 것이라고 오늘 본인에게 전해 준 내용입니다. 나 자신도 이 결정 사항에 전적으로 동의한다고 다시 한번 이 자리에서 밝힙니다.

자, 이제 강의 시간도 나중에 있을 질의 응답 시간을 빼고는 거의 끝머리에 다가섰습니다. 여러분이 이곳에 와서 내가 하는 말을 듣고 또 계속해서 발전시켜 나가려 하는 움직임에 대해 내 마음도 아주 흡족하다는 것을 끝으로 나타내고 싶습니다. 그리고 여기서 이루어질 수 있었던 일이 정말 쓸모 있는 일임에 틀림없고 무엇과도 바꿀 수 없는 가치를 지니고 있다는 점에서는 여러분도 동의하리라 생각합니다.

여러분도 잘 알고 있듯이 이번 강의가 이루어지기까지 그 뒤에는 카이저링크 백작 부부와 이 집에서 여러 가지 일을 맡고 있는 사람들의 헌신이 있었습니다. 이 사람들의 강한 의지와 뚜렷한 목표 의식, 인지학에 바탕을 둔 현실 감각, 인지학에 대한 바른 이해, 희생 정신, 그리고 그 밖에 여러 가지가 이번 강의를 이루어질 수 있도록 이끌었습니다. 따라서 특히 이번 강의는 마치 큰 잔치라도 되는 듯이 모두들 푸근한 마음으로 참석할 수 있었습니다. 5분 뒤면 다시 그 작은 사례를 보게 될 것입니다. 여러분에게도 이번 강의가 쉬운 것만은 아니었을 것입니다. 그러나 그 결과 이제 전 인류를 위해 나아가야 할 높은 목표가 정해졌습니다. 마지막으로 지난 열흘 동안 많은 사람에게 편안한 잠자리와 넉넉한 식사를 마련해 주고 또 이번 강의가 오히려 농민들의 잔치로 변할 수 있게 온갖 정성을 다해 준 카이저링크 백작 부부와 백작 집안에서 여러 가지 일을 맡아 보고 있는 다른 분들에게 진심으로 다시 한번 깊은 감사를 드립니다.

질의 응답 IV
1924년 6월 16일

똥거름과 오줌 거름
별자리에 관한 질문
전기의 역할
사료의 산화에 대하여
도덕과 올바른 판단
인분의 사용에 대하여
녹비(충분히 썩지 않은 풋거름)

질 문: 오줌 거름도 똥거름처럼 자아-조직을 가지고 있습니까?

대 답: 중요한 것은 두 가지를 함께 섞어서 사용하는 것입니다. 그러면 두 가지가 함께 땅이 갖고 있는 형성력을 북돋아 줍니다. 자아와 관련이 있는 것은 순전히 똥거름입니다. 오줌 거름은 보통 자아와 관련이 없습니다. 왜냐하면 모든 자아는(똥거름에 들어 있는 자아가 될 소질도 마찬가지로) 어느 정도 아스트랄과 함께 작용해야 하기 때문입니다. 그렇지만 똥거름에 오줌 거름이 섞여 있지 않으면 아스트랄도 없습니다. 오줌 거름이 뒤에서 도와줍니다. 오줌 거름은 강한 아스트랄을 가지고 있습니다. 똥거름은 두뇌 쪽이고 오줌 거름은 두뇌 분비액이나 두뇌에 있는 물 성질 곧 뇌수 쪽입니다.

질 문: 연소 증폭제를 만들 때 알맞은 별자리를 지금 표시해 줄 수 있습니까?

대 답(엘리자베트 브레데): 지금 이 자리에서는 정확한 표시를 해 줄 수는 없습니다. 여기에는 복잡한 계산이 필요합니다. 그러나 대강 말한다면, 2월초에서 8월로 접어드는 시기 안에 태우면 될 것 같습니다. 들쥐를 물리치기 적당한 시기는 올해의 경우 대강 11월 15일에서 12월 15일 사이가 될 것 같습니다. 별자리 주기는 해마다 조금씩 달라집니다.

대 답(루돌프 슈타이너): 현재 만들 계획으로 있는(정신과학에 바탕을 두고 있는) 달력을 이런 점까지 생각해서 만들면 앞으로는 이 달력에 따라 정확한 날짜를 잡을 수 있을 것입니다.

질 문: 달에 관한 것입니다. 보름달이나 초승달이 뜨는 날은 바로 그날을 말합니까? 아니면 그 앞뒷날도 함께 넣습니까?

대 답: 예, 그 앞뒤의 기간을 포함해서 말합니다. 초승달 기간은 달이 대강 이 모양으로 보일 때부터 계산합니다.(그림25의 윗부분 참조)

이 모양으로 보인 뒤에는 사라집니다. 보름달 기간은 달이 이런 모양을 보일 때부터(그림25의 아랫부분 참조) 또 가느다란 낫처럼 보일 때까지 계산합니다. 한 기간이 약 12일에서 14일 정도 됩니다.

그림 25

질 문: 알려 준 별자리 시기에 벌레를 구하지 못할 때 다른 시기에 잡아서 보관해도 됩니까?

대 답: 언제 증폭제를 만들 것인가에 대해서는 앞으로 좀 더 정확하게 정해서 알릴 것입니다. 벌레들은 따로따로 보관할 수 있습니다.

질 문: 잡초 씨앗은 꼭 여름에 태워야 합니까? 아니면 어느 때라도 좋습니까?

대 답: 잡초 씨앗을 구한 뒤 그렇게 오래 지나지 않아 태우는 것이 좋습니다.

질 문: 땅에 전혀 닿지 않고 사는 벌레를 물리칠 때도 그 벌레를 태운 재를 땅에다 뿌려야 합니까?

대 답: 예, 마찬가지입니다. 땅에 닿도록 해야 합니다. 물론 재가 직접 벌레의 몸에 닿아서 작용하는 것은 아니고 동종요법에서 쓰는 대로 극히 적은 양 속에 들어 있는 성질이 작용합니다. 그러나 벌레들은 훨씬 다른 민감성을 가지고 있습니다. 준비한 재를 땅에 뿌려야 벌레는 그곳을 피해 달아납니다. 벌레가 직접 땅에 닿지 않고 살아도 그 효과가 적어지지 않습니다.

질 문: 농작물이 특히 토마토가 서리를 맞으면 어떤 피해를 입습니까? 그리고 서리는 우주 전체에서 보면 어떤 의미를 가지고 있습니까?

대 답: 토마토가 맛있고 크게 되려면 따뜻한 온도가 유지되어야 합니다. 토마토가 서리를 맞으면 피해를 크게 입습니다. 서리가 우주 전체에서 어떤 의미를 갖고 있는가를 알려면 무엇보다도 서리가 일으키는 작용 안에 나타나는 것이 무엇인가를 이해할 수 있어야 합니다. 서리가 내린다는 것은 땅속에서 일하고 있는 우주의 영향이 훨씬 강해진다는 것입니다. 이 우주의 영향은 특정한 기온 안에 서는 보통으로 미칩니다. 특정한 기온 안에서는 식물이 바로 필요한 것입니다. 그러나 서리가 너무 오랫동안 강하고 깊게 내리면 땅에 들어가는 하늘의 작용이 너무 큰 까닭으로 식물은 여러 방향으로 가지를 뻗고 가늘어지고 얇아집니다. 따라서 이런 상태에서 서리를 계속해서 맞으면 식물은

금방 그 영향을 받아들여 경우에 따라서는 죽게 됩니다. 서리가 지나치게 내리면 지나치게 많은 우주 기운이 땅속으로 들어오므로 식물의 성장에 커다란 피해를 끼칩니다.

질 문: 쇠파리를 태워서 얻은 재는 소에게 뿌려 줍니까? 아니면 목초지나 풀밭 위에 뿌립니까?

대 답: 동물이 지내는 목초지나 풀밭 위에 뿌립니다. 거름에 덧보태어 주는 것으로 생각하면 됩니다.

질 문: 개밀 씨앗을 얻기가 아주 힘들 경우에 어떻게 해야 가장 손쉽게 개밀을 물리칠 수 있겠습니까?

대 답: 씨앗을 맺지 못하는 개밀은 스스로 없어집니다. 씨앗이 없는데 어떻게 계속 번질 수 있겠습니까? 개밀이 아주 낮게 땅에 붙어서 번지더라도 여러분이 필요로 하는 분량의 씨앗은 분명 찾을 수 있을 것입니다. 아주 조금만 있어도 되기 때문입니다. 네잎짜리 토끼풀도 찾아내지 않습니까?

질 문: 전기를 사용해서 사료를 보관하는 것이 허용될 수 있는 일입니까?

대 답: 그렇게 해서 무엇을 얻으려고 합니까? 물론 전기가 미치는 영향을 자세히 알려면 자연에서 전기가 차지하는 역할이 도대체 어떤 것인지 먼저 살펴보아야 할 것입니다. 요즈음 이곳 유럽보다 관찰력이 더 뛰어난 미국에서 다음과 같은 사실을 찾아내고 이곳까지 전해지는 것을 한편으로 다행한 일이라고 여깁니다. "전류와 전파로 꽉 찬 대기 속에서 사람은 지금 같은 식으로 계속 발달할 수 없다. 전류와 전파로 꽉 찬 대기는 전 인류 발달에 어떤 영향을 미칠 것이다." 이 전기를 가지고 요즘 사람들이 계획하고 있는 모든 것을 다 실행에 옮긴다면 인

간 영혼과 내면의 삶이 커다랗게 달라질 것입니다. 어느 지역에 철도를 설치하고 증기 기관으로 움직이는 기차를 운행하느냐, 아니면 전기로 움직이는 기차를 운행하느냐는 매우 큰 차이가 있습니다. 증기 기관은 우리가 의식으로 이해할 수 있는 범위 안에 들지만 전기는 두려울 정도로 사람의 무의식에 작용합니다. 어떤 일이 어디에서 시작하는지 전혀 알 수 없습니다. 요즈음 시대가 변화하는 것을 관찰해 보면 앞으로 한 곳의 소식을 될 수 있는 대로 빨리 다른 곳으로 전달하기 위하여 전선을 까는 것에 그치지 않고 공중으로 전파를 쏘는 방법을 이용할 것이라는 것은 의심할 여지가 없습니다. 이렇게 전파의 힘으로 아주 짧은 시간 안에 여러 지역의 소식을 한꺼번에 받을 수 있겠지만 그 내용을 제대로 이해할 수는 없을 것입니다. 전파는 오히려 이해력을 없애는 작용을 합니다. 오늘날 벌써 이런 영향을 느낄 수 있습니다. 요즈음 사람들은 어떤 일을 이해하는데 몇십 년 전 사람들보다 훨씬 힘들어 합니다. 그래도 미국에서 이런 사실을 알고, 또 여러 곳으로 이런 사실에 대한 인식이 퍼지고 있는 것에 조금이나마 위안을 얻습니다. 세상의 일은 많은 경우 이렇습니다. 어떤 것이 새로 세상에 나타나면 처음에는 보통 치료제로 쓰입니다. 그러다가 시간이 조금 지나면 별별 예언자들이 다 나타나서 이것으로 무엇무엇을 할 수 있다고 떠벌리고 다닙니다. 아주 특이합니다. 어떤 것이 세상에 알려지면 정신세계에 속했던 아주 은밀한 일도 인간 세계의 일로 떨어집니다. 요즈음은 사람들에게 이 전기의 치유력을 (마치 그 전에는 거기까지 생각이 채 미치지 못했다는 듯이) 야단스럽게 예언을 하고 다니는 사람들이 있습니다. 이렇게 해서 나중에는 이 사람들이 떠들어대는 것이 유행하게 됩니다. 전기가 없었을 때는 전기를 통한 치료는 아예 생각조차 할 수 없었습니다. 그러나 이제는 전기가 있기 때문이 아니고 유행이 되었기 때문에 이 전기가 갑자기 치료제가 되었습니다. 전기가 통하는 가늘고 작은 바늘을 가지고 찌르는 것은 치료제가 될 수 있어도 전기를 전파로 사용하면 치료제 구실을 하지 못합니다. 전기가 아니라 바로 충격 작용이 치료 효과를 가져다 줍니다. 이 전기라는 것이 인간과 동물의 상위 조직인 머리 조직과, 이와 비유할 수 있는 식물의 뿌리 조직에 특히 아주 강한 영향을 미친다는 것을 잊어서는 안 됩니다. 전기를 통한 것을 동물에게 먹이면 동물로 하여금 천천히 경화증을 일으키도록 이끄는 것이나 같습니다. 이 과정은 아주 느리게 진행합니다. 처음에는 금방 느끼지 못할 것입니다. 처음에는 동물들이 왠지 제 수명보다 일찍 죽는구나하는 정도밖에 느끼지 못하면서 전기에서 그 원인을 찾지 않고 여러 가지 다른 이유를 갖다댈 것입니다. 전기라는 것을 살아 있는 존재 안으로 통하게 한다든지 살아 있는 존재의 기운을 더 북돋아 줄 목적으로 써서는 안 됩니다. 전기는 그렇게 할 수가 없기 때문입니다. 만일에 사람들이 전기라는 것이 살아 있는 존재보다 한 단계 낮게 놓여 있다는 것을 안다면 생명 존재가 높이 올라가면 갈수록 훨씬 더 이 전기를 밀쳐낸다는 것을 알 것입니다. 예, 밀쳐냅니다. 살아 있는 존재 안에 예방할 것이 전혀 없음에도 아랑곳하지 않고 예방약을 사용해대면 살아 있는 존재는 점점 신경과민이 되어 안절부절못하고 나중에는 경화증까지 일으킬 것입니다.

질 문: 사료를 보존하기 위해 사용하는 일반 산화 방법에 대하여 정신과학에서는 어떻게 봅니까?

대 답: 넓은 의미로 보면 소금 성질을 먹기 바로 전에 사료에 넣는 것이나 사료를 만들 때 미리 넣는 것이나 그리 큰 차이는 없습니다. 소

금은 동물의 먹이가 몸 조직 안으로 잘 가도록 이끌어 줍니다. 따라서 소금이 사료에 너무 적게 들어 있을 때 사료를 산화시키는 것은 결코 틀린 것이 아닙니다. 어느 지역에서 순무를 키운다고 합시다. 순무는 특히 머리 조직에 가서 작용하기 때문에 특히 어린 동물에게 아주 좋은 먹이가 됩니다. 그런데 어느 지역에서 이 순무가 동물로 하여금 털갈이를 너무 일찍, 또 지나칠 정도로 심하게 시킨다는 것을 알게 된다면 사료에다 소금을 조금 넣어 줍니다. 왜냐하면 이 상태는 사료가 동물의 몸에 들어가 가야 할 자리에 제대로 가서 쌓이지 못했다는 것을 나타내기 때문입니다. 소금은 보통 몸 조직 안에서 음식물이 가야 할 곳으로 바로 가게 하는데 아주 큰 작용을 합니다.

질문: 순무 잎이나 다른 식물의 푸른 잎이나 줄기를 산화시키는데 대하여 정신과학에서는 어떻게 봅니까?

대답: 이 경우에는 먼저 산화 물질을 어느 만큼 넣는게 가장 적당한지 찾아내야 할 것입니다. 왜냐하면 바로 이 소금 성분은 몸 조직 안에서 그대로 남아 있는 성질이 가장 강하기 때문입니다. 사료를 산화시킬 때 산화 물질을 지나치게 많이만 넣지 않으면 보통은 그렇게 해를 끼치지 않습니다. 신체 조직은(동물도 마찬가지지만 신체 조직은 더욱) 받아들이는 모든 성분을 갖가지 방법으로 바꿉니다. 예를 들면 위장을 통해 들어간 어떤 단백질이 변하지 않고 처음대로 계속해서 쓰여질 것이라고 믿는 것은 선입견에 지나지 않습니다. 이 단백질은 먼저 완전히 죽은 성분으로 바뀌어야 합니다. 그 뒤 동물이나 사람 자체의 에테르체로 말미암아 동물이나 사람에게 맞는 특정 단백질로 다시 바뀌어야 합니다. 어떤 것이든지 신체 조직 안으로 들어가는 것은 모조리 바뀌어야 합니다. 이 사정은 일반 온기에 대해서도 마찬가지라고

말할 수 있습니다. 아주 간단한 그림을 그려서 나타내 보겠습니다.(그림26 참조)

이것이(그림 26의 왼쪽) 살아 있는 신체 조직이라고 합시다.(오렌지색 선) 그리고 이 둘레가 온기라고 칩시다.(빨강 선) 그리고 이것은(그림26의 오른쪽) 죽은 나무라고 합시다. 비록 처음에는 생명 조직에서 만들어졌지만 지금은 죽어 있습니다. 이 죽은 나무 둘레에도 온기가 있습니다. 이 온기라는 것은 살아 있는 신체 조직 안으로 그냥 파고들어가지 못합니다. 만일 온기가 신체 조직 범위 안으로 들어오면 금방 신체 조직이 일을 해서 자기에게 알맞은 온기로 바꿉니다. 다르게 되어서는 안 됩니다. 그러나 나무토막 안으로는 온기가 막힘없이 그냥 들어갑니다. 따라서 나무토막 안과 밖의 온기가 똑같아집니다. 온기가 우리 자신 안으로 마치 죽은 나무토막 안으로 들어가듯이 바뀌지 않은 채 그대로 들어오면 바로 그때 우리는 감기가 듭니다. 바깥에서 생명 조직 안으로 들어오는 것은 바깥 상태 그대로 남아 있어서는 안 됩

\\\\\\ 빨강
(///// 오렌지

그림 26

니다. 금방 바뀌어야 합니다. 이 과정은 소금 안에서는 거의 이루어지지 않습니다. 이런 까닭으로 사료를 산화시킬 때 조금 주의해서 소금이 지나치게 많이 들어가지 않게 하면 그렇게 큰 피해는 주지 않을 것입니다. 소금이 지나치게 많이 들어 있으면 동물들이 벌써 그 맛을 알고 먹지 않습니다. 이런 식으로 보존하는 게 꼭 필요하면 동물이 먹지 않는 단계까지가 소금을 넣을 수 있는 경계입니다.

질문: 소금을 쓰지 않고 사료를 산화시키는 것은 권할 만합니까?

대답: 이 과정은 지나치게 앞으로 나간 과정입니다. 이 과정은 생명 조직 너머에서 이루어지는 과정입니다. 때에 따라서는 동물에게 어마어마한 해를 끼칩니다.

질문: 산화 작용을 누그러뜨리는데 횟가루를 쓰면 동물에게 해가 됩니까?

대답: 대부분의 동물은 횟가루를 전혀 소화시키지 못해 병에 걸립니다. 몇몇 동물은 소화를 시키기도 합니다. 그러나 구체적으로 어떤 동물인지 말해줄 수 없습니다. 보통은 이롭게 하기보다는 오히려 병들게 만듭니다.

질문: 이뿐만 아니라 횟가루는 위액을 약하게 만든다고 생각합니다. 그렇지 않습니까?

대답: 위액을 쓸모없게 만듭니다.

질문: 어떤 일을 할 때 어떤 마음으로 다가가느냐가 아주 중요하다고 생각합니다. 곡식을 뿌리는 것과 뭔가 죽이기 위한 것을 뿌리는 것 사이에는 커다란 차이가 있습니다. 여기서 알려 준 방법대로 벌레를 상대하는 것이 몇몇 경우에는 기계 장치가 붙은 도구를 써서 동물을 죽이는 것에 비해 어마어마하게 더 큰 카르마가 되지 않습니까?

대 답: 마음가짐에 있어서 가장 중요한 것은 좋은 마음을 갖느냐, 아니면 나쁜 마음을 갖느냐에 있습니다. 어떤 뜻으로 죽인다는 말을 했습니까? 이런 일에 관한 것을 살펴볼 때는 전체를 생각해야 합니다. 오늘 강의에서 내가 어떤 점에 여러분이 주의를 기울이도록 했는지 한 번 생각해 보십시오. 자연 안에 있는 존재들이 서로 맺고 있는 관계에 대하여 먼저 살펴보았습니다. 그리고 아마 씨앗과 당근을 겉에서 살펴보고 또 이 씨앗과 당근이 동물 몸 안에 들어가서는 어떤 과정을 거치는지도 살펴보았습니다. 이런 식으로 사물을 이치에 맞게 살펴보면 존재에 대한 어떤 경건한 마음이 들지 않으리라고는 전혀 생각할 수 없습니다. 그뿐만 아니라 이런 식으로 사물을 이치에 맞게 살펴본다면 여러분이 인류나 우주 전체를 위해 어떤 것이든 봉사를 하고 싶은 마음도 일어날 것입니다. 나쁜 의도를 갖지 않는 한 다른 피해는 일어나지 않을 것입니다. 처음부터 아예 나쁜 의도를 가져야만 할 것입니다. 도덕도 함께 심어지면 이런 일이 나쁜 방향으로 작용하리라고는 생각하기 어렵습니다. 동물 뒤를 쫓아가서 직접 죽이는 것은 덜 나쁘다고 여깁니까?

질 문: 기계를 사용해서 파괴하느냐, 아니면 우주 성질로 파괴하느냐에 따라 차이가 있지 않을까하고 생각했습니다.

대 답: 이 문제는 그렇게 단순하지만은 않습니다. 여러 가지를 함께 생각해 보아야 합니다. 그렇지만 이 문제에 대한 바른 해답은 전체에서 이 문제를 볼 수 있느냐 없느냐에 달려 있습니다. 누군가가 바다에서 생선 한 마리를 잡아서 죽였다고 합시다. 한 생명을 죽였습니다. 이때 이루어진 과정은 어떤 특정한 차원에서 이루어진 과정입니다. 또 누군가가 어떤 목적으로 생선의 알이 많이 들어 있는 바닷물을 그릇

에 가득 길어와 썼다고 합시다. 겉으로 얼핏 보기에는 알이 없었습니다. 그러나 그 결과는 수많은 생명을 죽인 것과 마찬가지입니다. 생선 한 마리를 죽인 것과는 전혀 다릅니다. 전혀 다른 차원에서 이루어진 것입니다. 자연 안에 있는 어떤 생명 존재가 다 자란 상태까지 넘어갔다고 합시다. 그러면 이때는 어떤 과정이 끝까지 이루어진 것이 됩니다. 만일에 여러분이 이 과정을 이루어지지 않게 하면 그때 여러분은 어떤 혼란을 불러일으킨 것이 됩니다. 내가 이미 완성된 생명 존재를 죽이는 것과 완성되기 전에 방해하는 것은 같지 않습니다. 따라서 이제 방금 내건 문제를 다음과 같이 간추리지 않을 수 없습니다. 동물 껍질로 재를 얻는 것이 왜 옳지 않다고 생각합니까? 그 재를 뿌려서 멀리 쫓은 동물은 이제 별로 상관하지 않아도 됩니다. 그 동물은 다른 구역에서 계속 살아가기 때문입니다. 중요한 것은 재를 얻기 위해 얼마나 많은 동물을 죽이느냐는 것입니다. 내가 말한 방법을 따르면 어떤 동물을 골라내어 어떤 방법으로든 죽여야 하는 숫자보다 훨씬 적게 죽여도 된다는 것이 대부분의 경우에 바로 드러날 것입니다. 추상 이론에 치우치지 않고 실제에 비추어 끝까지 잘 생각하면 내가 말한 것이 그렇게 터무니없는 말은 아니라는 것이 드러날 것입니다.

질 문: 사람에게서 나온 배설물도 거름으로 써도 됩니까? 써도 된다면 그 전에 어떤 처리를 해야 합니까?

대 답: 물론 되도록이면 적게 써야 합니다. 사람에게서 나온 배설물은 거름 역할을 거의 하지 못할 뿐 아니라 오히려 다른 거름에 비해 훨씬 더 많은 해를 끼칩니다. 그래도 쓰고 싶으면 농가나 농장에서 나오는 양만큼만 쓰는 것으로 충분합니다. 한 농가나 농장에서 생활하는 사람들이 내보내는 양만큼 다른 거름과 섞어 쓰면 그렇게 많이 해롭

지는 않을 것입니다. 보통 한 도시에서 나오는 배설물의 양은 굉장히 많습니다. 이렇게 많은 양을 한 농가나 농장에서 쓴다면 그것은 어리석은 일 가운데서도 가장 어리석은 일에 들어갈 것입니다. 생각해 보십시오! 예를 들어 전 베를린시에서 나오는 어마어마한 양의 배설물을 이 도시 옆에 있는 작은 들판에 쏟아붓는다는 것은 정말 정신나간 생각 아니겠습니까? 사람에게서 나온 배설물을 먹고 자란 식물을 한번 먹어 보십시오. 그러면 곧 알게 될 것입니다. 아스파라거스나 그 밖에 아주 정직하게 자신의 상태를 나타내는 식물을 가지고 실험을 한번 해 보면 그 결과가 어떤가를 잘 알 것입니다. 특히 사람에게서 나온 배설물로 자란 식물을 동물이 먹으면 아주 해로운 결과가 나타납니다. 사람에게서 나온 배설물 안에는 이미 사람 수준까지 다다른 것이 많이 들어 있습니다. 아스파라거스 같은 식물이 사람 신체 조직 안을 거쳐서 나중에 나오는 것은 이미 사람 수준에 다다른 것입니다. 그렇기 때문에 사람에게서 나온 배설물을 거름으로 쓰는 것은 무지에서 저지르는 엄청나게 어리석은 일이라고 말할 수 있습니다.

질문: 돼지 단독(丹毒, erysipelas)은 어떻게 치료할 수 있습니까?

대답: 이 질문은 아마 수의사에게 가야 할 질문 같습니다. 지금까지 아무도 이런 문제를 묻지 않았기 때문에 이 문제에 대해 특별히 따로 생각한 것은 없습니다. 그러나 내 생각으로는 회색 안티몬 광석을 특정한 배합으로 섞어 만든 것을 가지고 문질러 주면 치료할 수 있을 것 같습니다. 이 단독은 사실 의학에서 다루어야 하는 병에 들어갑니다.

질문: 잡종에 들어가는 야생 무도 같은 방법으로 가루를 써서 나지 않게 할 수 있습니까?

대답: 어떤 식물로 만든 가루는 그 식물에만 효과가 있습니다. 이

런 까닭으로 어떤 식물이 다른 종류와 교배가 이루어져 실제로 새로운 종자가 생겨났으면 그 새로운 식물에게는 그 전에 원 식물로 만든 가루가 영향을 미치지 못합니다. 어떤 식물에 공생하는 식물 종류에도 마찬가지입니다.

질 문: 녹비에 대하여 어떻게 생각합니까?

대 답: 녹비도 나름대로 좋은 점을 가지고 있습니다. 특히 과일 나무에 쓰면 좋을 것입니다. 그러나 모든 식물에 적용할 수는 없습니다. 어떤 경우에는 녹비도 유용하게 쓰입니다. 잎을 많이 내고 싶은 식물에는 녹비를 알맞게 추가해도 좋을 것입니다.

루돌프 슈타이너의 생애와 작업

1861 2월 27일 오스트리아 남부 철노청 소속 공무원의 아들로
크랄예베치(지금은 크로아티에 속함)에서 태어남. 오스트리아
동북부 출신의 부모 밑에서 오스트리아의 여러 지방에서 유년기와
청소년기를 보냄

1872 비너 노이슈타트 실업계 학교에 입학해 1879년 대학 입학 전까지
수학

1879 빈 공과 대학에 입학. 수학과 자연 과학을 비롯하여 문학, 철학,
역사를 공부하고 괴테에 관한 기초 연구 시작

1882 최초의 저술 활동 시작

1882~1897 요세프 퀴르쉬너가 주도하는 <독일 민족 문학 전집>에서
괴테의 자연 과학 논문에 서문과 주해를 덧붙이는 일을 맡아
『괴테의 자연 과학 저술에 대한 도입문과 주석』 5권(GA1a~e) 발간

1884~1890 빈의 한 가정에서 가정 교사로 생활

1886 소피'판 괴테 작품집 발간에 공동 작업자로 초빙.
『실러를 각별히 고려한 괴테 세계관의 인식론 기본 노선들』(GA2)

1888 빈에서 <독일 주간지> 발간. 빈의 괴테 회에서 강연
『인지학의 방법론적 근거: 철학, 자연 과학, 미학과 영혼에 관한
논설집』(GA30)

1890~1897 바이마르에 체류하면서 괴테/실러 문서실에서 공동 작업.
괴테의 자연 과학 저작물 발간

1891   로스토크 대학에서 철학 박사 학위를 취득하고 이듬해에
      박사 학위 논문 증보판 출판. <진실과 과학: 『자유의 철학』 서곡>(GA3)

1894   『자유의 철학: 현대 세계관의 근본 특징, 자연 과학적 방법에 따른
      영적인 관찰 결과』(GA4)

1895   『프리드리히 니체, 시대에 저항한 전사』(GA5)

1897   『괴테의 세계관』(GA6) 베를린으로 거주지를 옮기고
      오토 에리히 하르트레벤과 함께 <문학 잡지>와
      <극 전문지> 발행.(GA29~32) '자유 문학 협회',
      '기오르다노 브르노 연맹', '미래인' 등에서 활동

1899~1904 빌헬름 리프크네히트가 세운 베를린 '노동자 양성 학교'에서
      교사로 활동

1900~1901 『19세기의 세계관과 인생관』 집필.(1914년 확장판으로
      『철학의 수수께끼』(GA18) 발표) 베를린 신지학 협회
      초대로 <인지학> 강의 『근대 정신생활 여명기의 신비학, 그리고
      현대 세계관에 대한 그 관계』(GA7)

1902~1912   <인지학>을 수립하고 정기적인 공개 강연(베를린)과 유럽
      전역을 대상으로 하는 강의 활동시작. 지속적인 협력자로 마리 폰
      지버스(1914년 슈타이너와 결혼, 이후
      마리 슈타이너)를 만남

1902   『신비적 사실로서 기독교와 고대의 신비 성지』(GA8)

1903   잡지 <루시퍼>(GA34, 나중에 <루시퍼-그로노스>로 바꿈) 창간

1904 『신지학: 초감각적 세계 인식과 인간 규정성에 관하여』(GA9)

1904~1905 『고차 세계의 인식으로 가는 길』(GA10),
      『아카샤 연대기에서』(GA11),
      『고차 인식의 단계』(GA12)

1909 『윤곽으로 그린 신비학』(GA13)

1901~1913 뮌헨에서 『네 편의 신비극』(GA14) 초연

1911 『인간과 인류의 정신적 인도』(GA15)

1912 『진실의 힘으로 빚어 낸 말들』(GA40)
      『인간 자아 인식으로 가는 하나의 길』(GA16)

1913 신지학 협회와 결별. 인지학 협회 창립. 『정신세계의 문지방』(GA17)

1913~1922 첫 번째 괴테아눔(목재로 된 이중 돔형 건축물로 스위스
      도르나흐에 있는 인지학 본부) 건축

1914~1923 도르나흐와 베를린에 체류하면서 유럽 전역을 순회하며 강의
      및 강좌 활동. 이를 통해 예술, 교육, 자연 과학, 사회생활, 의학, 신학
      등 수많은 영역에서 쇄신이 일어나도록 자극. 동작 예술 오이리트미
      (Eurythmie, 1912년 마리 슈타이너와 함께 만듦)를 발전시키고
      교육

1914 『인간의 수수께끼에 관하여』(GA20)
      『영혼의 수수께끼에 관하여』(GA21)
      『<파우스트>와 <초록뱀과 아름다운 백합>을 통해 드러나는 괴테의
      정신성』(GA22)

1919   남부 독일 지역에서 논문과 강의를 통해 '사회 유기체의 삼지적
        구조' 사상을 주장. 『현재와 미래 생활의 불가피한 사항에 있어서
        사회 문제의 핵심』(GA23),
        『사회 유기체의 삼지성과 시대 상황(1915~1921)에 대한 논설』
        (GA24). 같은 해 10월에 슈투트가르트에 죽을 때까지 이끌어 가는
        '자유 발도르프학교' 세움

1920   제1차 인지학 대학 강좌 시작. 아직 완성되지 않은 괴테아눔에서
        예술과 강의 등 행사를 정기적으로 개최

1921   본인의 논문과 기고문을 정기적으로 싣는 주간지
        <괴테아눔>(GA36) 창간

1922   『우주론, 종교 그리고 철학』(GA25). 12월 31일 방화로 괴테아눔
        소실(이후 콘크리트로 다시 지을 두 번째 괴테아눔의 외부 형태
        설계)

1923   지속적인 강의와 강의 여행. 성탄절에 '인지학 협회'를
        '일반 인지학 협회'로 재창립

1923~1925 미완의 자서전 『내 삶의 발자취』(GA28) 및
        『인지학적 기본 원칙』(GA26) 그리고 이타 베그만 박사와 함께
        『정신과학적 인식에 따른 의술 확장을 위한 기초』(GA27)를 집필

1924   강의 활동을 늘리면서 수많은 강좌 개설. 유럽에서 마지막 강의
        여행. 9월 28일 회원들에게 마지막 강의. 병상 생활 시작

1925   3월 30일 도르나흐에 있는 괴테아눔 작업실에서 눈을 감다.

농업 강의 칠판 그림

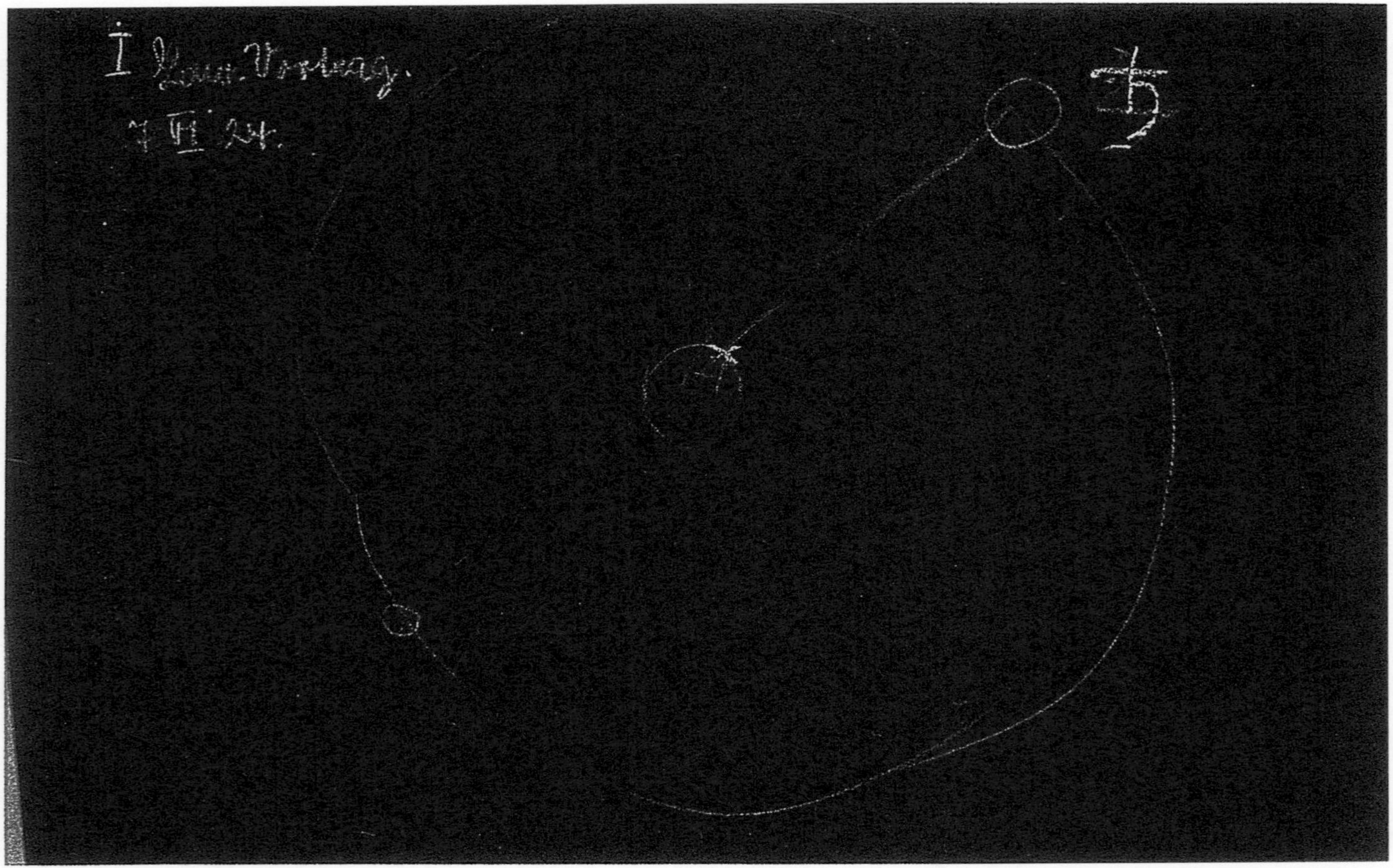
I Landw. Vortrag.
7 VI 24.

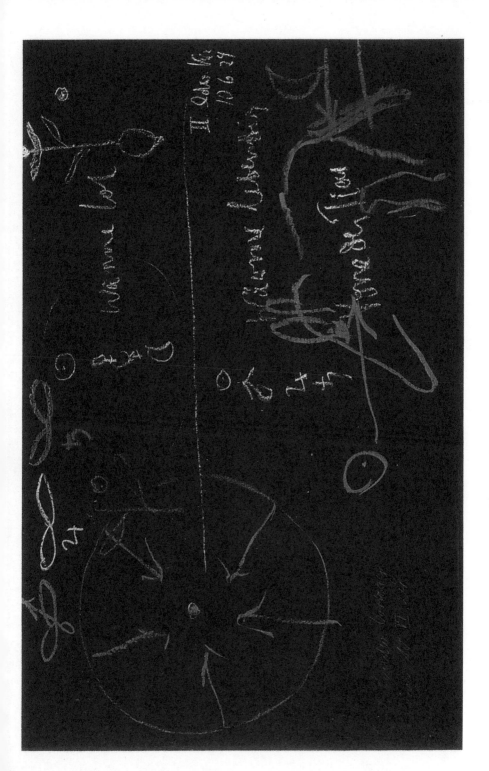

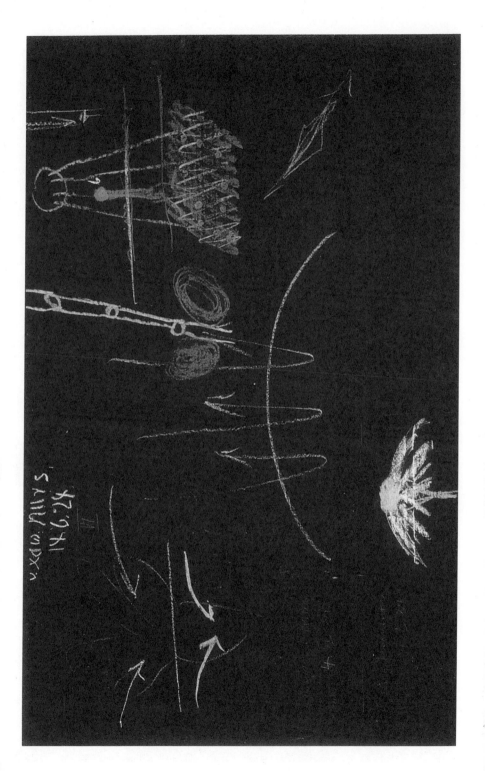

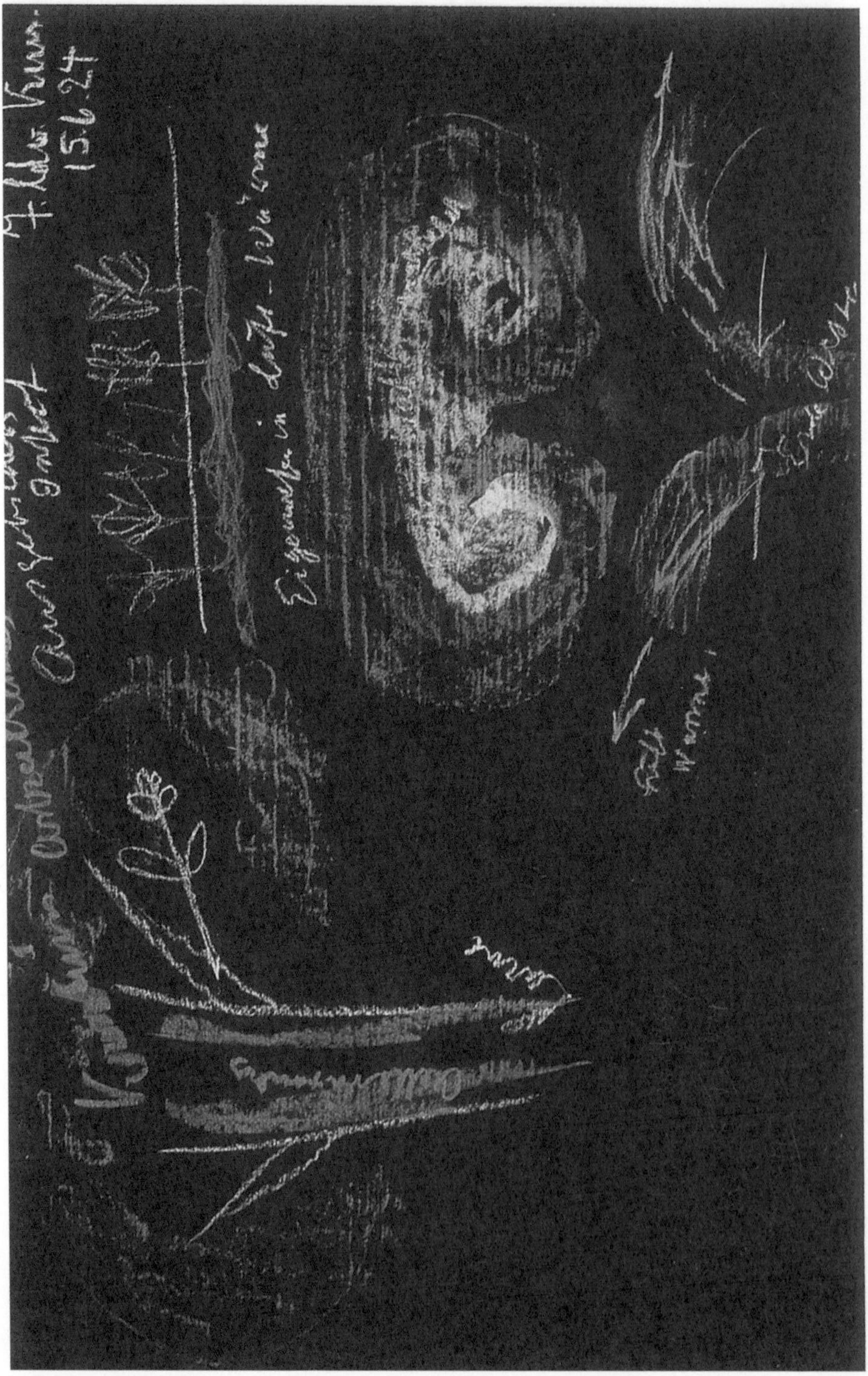
15.6.24

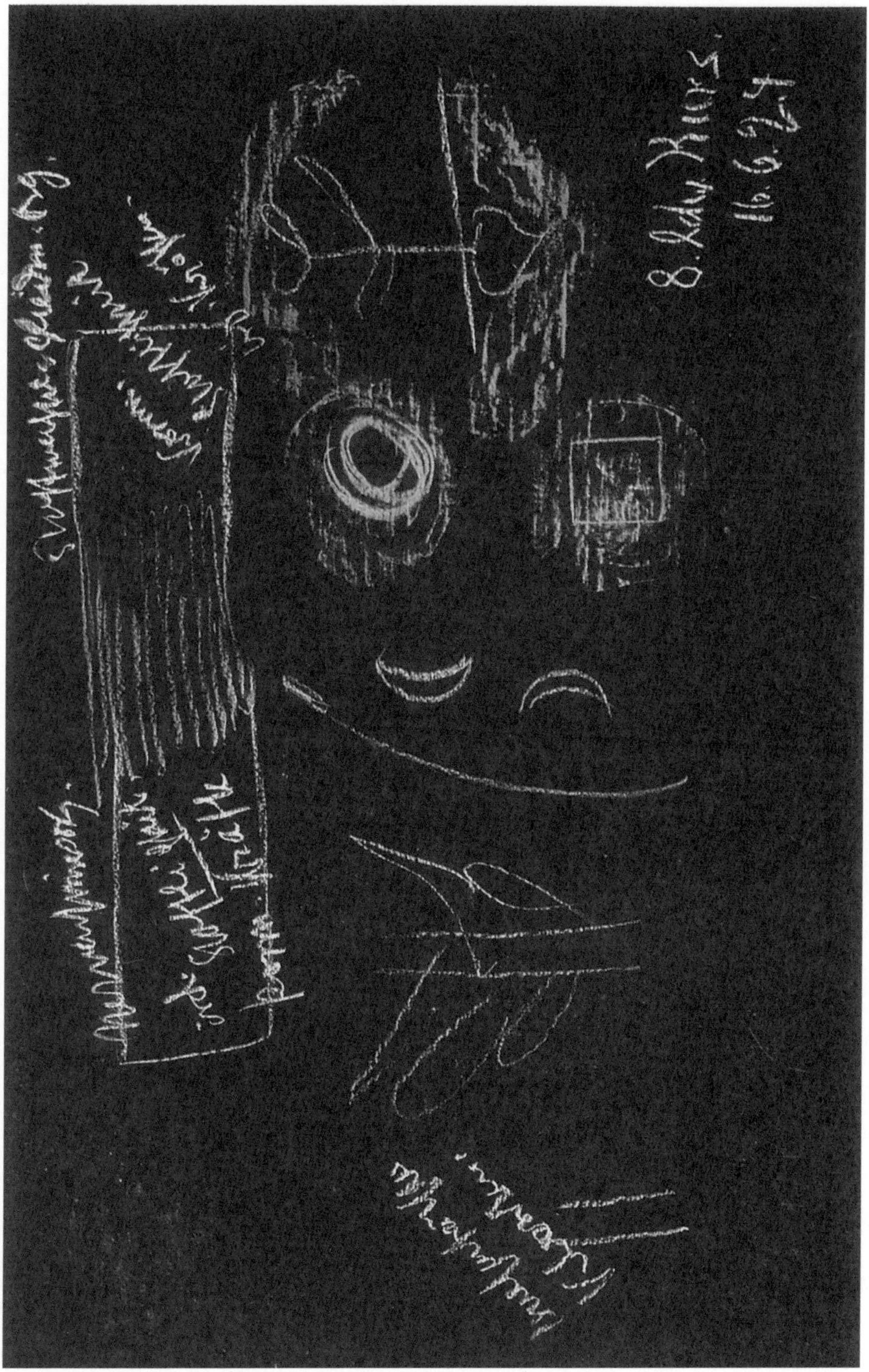
8. Ldw. Kurs.
16.6.24

이 책의 초판 1쇄(2002년 1월 20일), 2쇄(2005년 3월 30일), 재판 1쇄(2015년 1월 5일)가
출판 등록이 되어 있지 않아 1판 1쇄로 기재합니다.

자연과 사람을 되살리는 길_루돌프 슈타이너의 농업 강의

루돌프 슈타이너 강의 변종인 옮김

1판 1쇄　　2023년 10월 30일

펴낸이　　김준권

발행　　평화나무출판사

　　등록번호 제 5604)14-000003호 **등록일자** 2014.9.23
　　주소 경기도 포천시 관인면 창동로 1071번길 57
　　전화 031-534-1877 **팩스** 031-534-1878 **메일** peacefarm@hanmail.net

표지 디자인　　김 선 아

값 20,000원
ISBN 979-11-984810-0-9(03520)